EXIT

HERAUSGEGEBEN VON
HELMUT ORTNER

EXIT

WARUM WIR WENIGER
RELIGION BRAUCHEN

EINE ABRECHNUNG

nomen

Gestaltung:
BlazekGrafik, Rudolf Blazek, Frankfurt am Main

Druck und Bindung: CPI books GmbH, Leck

ISBN 978-3-939816-61-4

Copyright © der deutschsprachigen Originalausgabe:
Nomen Verlag, Frankfurt am Main 2019
www.nomen-verlag.de
Printed in Germany

1. Auflage Mai 2019
© 2019 NomenVerlag

Alle Rechte vorbehalten.
Das Werk einschließlich seiner Teile ist urheberrechtlich geschützt.
Jede Verwertung außerhalb der engen Grenzen des Urheberrechtsgesetzes
ist ohne Zustimmung des Verlags unzulässig und strafbar.
Das gilt insbesondere für Übersetzungen, Kopien, Einspeicherung
und Verarbeitung in elektronischen Systemen.

»Verstand beginnt mit einem lebensbejahenden Atheismus.
Er befreit die Seele von Aberglauben, Schrecken,
Duckmäusertum, gemeiner Willfährigkeit und Heuchelei.«
George Bernard Shaw

»Auch Götter sterben, wenn niemand mehr an sie glaubt.«
Jean-Paul Sartre

Für Bibi Steffen-Binot und Herbert Steffen

HELMUT ORTNER
Glaube. Macht. Gott.
Warum die Welt weniger Religion braucht –
und der Glaube Privatsache sein sollte
11

MICHAEL SCHMIDT-SALOMON
Vor dem Gesetz sind nicht alle gleich
70 Jahre Grundgesetz – 100 Jahre Verfassungsbruch:
Warum wir die Kirchenrepublik überwinden müssen
31

CARSTEN FRERK
Seid umschlungen Millionen!
Die Kirchen und unser Geld –
Über Vermögen, Subventionen, Immobilien und andere zweifelhafte
Besitzstände
49

CONSTANZE KLEIS
Fifty Shades of Gott
Die Weltreligionen stimmen in seltener Eintracht seit Jahrtausenden
darin überein, die Frau als ein Mängelexemplar zu betrachten
69

HAMED ABDEL-SAMAD
»Generation Allah« und der politische Islam
Warum wir eine neue Integrationspolitik brauchen –
und eine konsequentere Trennung von Staat und Religion
81

HELMUT ORTNER
Lautes Schweigen
Über sexuellen Missbrauch, klerikales Vertuschen und Verschweigen –
oder: Das Versagen des Rechtsstaats
97

MARTIN STAUDINGER, ROBERT TREICHLER, CHRISTOPH ZOTTER
Du sollst nicht schweigen!
Österreichs Kirche lässt sich als Vorbild für
die Aufarbeitung von klerikalen Sexverbrechen feiern –
Über eine optische und faktische Täuschung
117

KLAUS UNGERER
Die frohe Botschaft
Warum wir keinen Gott brauchen und jede Religion
immer und überall kritisieren sollten
131

Jacqueline Neumann
Streit um Gott
Kreuz-Erlass in Bayern und Lehrerinnen-Kopftuch
Zwei exemplarische Fälle – ein Verfassungsbruch
143

Gunnar Schedel
Markenschutz für Gott & Co.
Über Blasphemie und Politik und warum der
Gotteslästerungsvorwurf noch immer ein Repressionsinstrument ist
157

Katja Thorwarth
Sei uns gnädig, Herrgottnochmal!
Über öffentlich-rechtliche Gottes-Botschaften, kirchliche Schleichwerbung
und kostenfreies mediales Religions-Lobbying
173

Corinna Gekeler
»Eine Kirchenmitgliedschaft wird erwartet ...«
Grundrechte für Beschäftigte? Nicht bei Deutschlands zweitgrößtem
Arbeitgeber! Wie sich Betroffene erfolgreich wehren
183

Michael Herl
Himmel und Hölle
Über irdische Gottesfurcht, himmlische Wunder
und anderen religiösen Mumpitz
203

Adrian Gillmann
Menschen, zur Säkularität, zur Freiheit!
Laizität als Religions- und Weltanschauungspolitik für das 21. Jahrhundert –
oder: Warum der Bürger immer vor dem Gläubigen kommt
219

Ingrid Matthäus-Maier
Staatskirche oder Rechtsstaat?
Was ich von einem weltanschaulich-religiös neutralen Staat erwarte
Zwanzig notwendige Korrekturen
231

Philipp Möller
Das Ketzer-Jubiläum
Bekenntnisse eines ehemals Unreligiösen und wie er zum
»Atheisten-Aktionisten« wurde – Eine Chronik
253

Andreas Altmann
Hochheilige Narreteien
Über Kreuzzüge, gen Himmel fahrende Jungfrauen
und anhaltenden Gotteswahn – Ein Schurkenstück
269

Georg Diez
Die letzte Freiheit
Vom Recht, sein eigenes Ende selbst zu bestimmen –
oder: Warum die freie Verfügung über sein eigenes Leben ein
Gradmesser der Freiheit ist
285

Richard Dawkins
»Religion ist Unsinn!«
Ein Gespräch mit Daniela Wakonigg
299

Johann-Albrecht Haupt
Die Privilegien der Kirchen
Gesetze und Verfassungen –
Eine Dokumentation
321

Anmerkungen und Hinweise
Die Autorinnen und Autoren – Der Herausgeber
346

Helmut Ortner

Glaube. Macht. Gott.

Warum die Welt weniger Religion braucht –
und der Glaube Privatsache sein sollte

Unser Land darf weiterhin auf göttlichen Beistand hoffen. Ein überwiegend christliches Kabinett setzte auch im März 2018 im Berliner Reichstag auf gewohnte Dramaturgie: zwölf Bundesministerinnen und -minister beendeten ihren Amtseid mit der Formel »So wahr mir Gott helfe«. In den Niederungen der Realpolitik mag eine Dosis göttlicher Eingebung mitunter durchaus hilfreich sein, doch möglich ist es den Ministerinnen und Ministern auch, ihren Eid »ohne religiöse Beteuerung« zu leisten. Sie sagen dann nur: »Ich schwöre es!« Drei der neuen Minister nutzten die Formel ohne religiöse Beteuerung: Bundesfinanzminister Olaf Scholz, Bundesjustizministerin Bärbel Barley und Bundesumweltministerin Svenja Schulze (allesamt SPD). Schon Kanzler Gerhard Schröder hatte einst auf das religiöse Beiwerk verzichtet, ebenso wie sein grüner Außenminister Joschka Fischer und Umweltminister Jürgen Trittin. Die moralischen Grundwerte des rot-grünen Abendlandes gerieten – trotz leicht atheistischer Einfärbung – nicht in ernsthafte Gefahr. Immerhin.

Auch ohne Gottesschwur: Gott mischt kräftig mit in der deutschen Politik. In den Parlamenten, den Parteien, den Institutionen. »Dabei wird so getan, als hätte er ein ganz natürliches Anrecht darauf, als gehörte er zur politischen Grundausstattung, zum politischen Personal der Bundesrepublik, zur deutschen Demokratie«, konstatiert Dirk Kurbjuweit.

Nicht nur in der deutschen Politik, vor allem in deutschen Gerichtssälen, wird viel geschworen. Bei der Vereidigung vor Gericht geht dem Amts-Eid stets die Eingangsformel »Sie schwören ...« (bei Gott dem Allmächtigen und Allwissenden) voraus. Im Strafverfahren wird nach § 64 StPO angemahnt: »... dass Sie nach bestem Wissen die reine Wahrheit gesagt und nichts verschwiegen haben. «Die Ironie dabei ist: es wird ausgerechnet auf ein Buch geschworen, das viele Irrtümer, Erfindungen und Mythen enthält. Trotz allem: von der Kanzlerin bis zum Gerichtszeugen – auf göttliche Beschwörung, vor allem christliche Beteuerung, wird hierzulande also noch immer gerne vertraut.

Dass unsere heutige Demokratie unbestreitbar auf einem Menschenbild gründet, das viel mit dem Christentum zu tun hat, will niemand infrage stellen. Aber die Geschichte zeigt, dass die christlichen Kirchen nicht unbedingt Trägerinnen der Demokratie waren – und sind. Was heute Staat und Staatsbürger ausmacht, ist gegen die christlichen Kirchen erkämpft worden.

Hierzulande herrscht Glaubensfreiheit. Ob einer Christ oder Muslim, Buddhist oder Jude ist, darf keine Rolle dabei spielen, ob er als Bürger dieses Landes willkommen ist. Das Ideal eines Staatsbürgers sieht so aus: Er sollte die abendländische Trennungsgeschichte von Staat und Kirche akzeptieren, die Werte der Aufklärung respektieren und die Gesetze dieses Staates achten. Das reicht.

Wer Beamter, Staatsanwalt oder Richter werden möchte, schwört auf die Verfassung, nicht auf die Bibel oder den

Koran. Deutschland ist ein Verfassungs- und kein Gottes-Staat. Und das, sagt der Rechtsphilosoph und Staatsrechtler Horst Dreier, ist die Voraussetzung für Religionsfreiheit. Alle Bürger dürfen ihren Gott, auch ihre Götter haben – der Staat aber muss in einer modernen, säkularen Grundrechtsdemokratie gottlos sein. Freilich: Wenn Verfassungsrechtler vom *säkularen Staat* sprechen, dann meinen sie keineswegs einen a-religiösen, laizistischen Staat, sondern einen, der Religions- und Weltanschauungsfreiheit garantiert und religiös-weltanschauliche Neutralität praktiziert. Entscheidend sind nicht religiöse Präferenzen, sondern Verfassungstreue.

Vorbei sind die Zeiten, als die beiden großen christlichen Konfessionen über Jahrzehnte das gesellschaftliche, politische Leben hierzulande beherrschten und die Religion aufgrund der kulturellen Harmonie eine integrierende und stabilisierende Größe war. Laut einer Umfrage sagen 33 Prozent der Deutschen, »mit dem Glauben an Gott nichts anfangen zu können«. Sie gehören zu den Bürgern, die in Deutschland keiner Glaubensgemeinschaft angehören – mit 36,2 Prozent der Bevölkerung –; das ist die Mehrheit. 28,5 Prozent (römisch-katholische Kirche) und 26,5 Prozent (evangelische Kirche) folgen – danach kommen weitere 4,9 Prozent (konfessionsgebundene Moslems) sowie 3,9 Prozent sonstige Religionsgemeinschaften (darunter: orthodoxe Kirchen – 1,9 Prozent, Judentum – 0,1 Prozent und Buddhismus – 0,2 Prozent). Wir sind also eine pluralistische, multi-ethnische, multi-religiöse Gesellschaft. Gläubige, Andersgläubige und Ungläubige müssen miteinander auskommen.

Deutlich wird: Die großen Konfessionen verlieren stetig an Mitgliedern – und an Vertrauen. Dennoch genießen sie nach wie vor eine Vielzahl von Privilegien, die eklatant gegen das staatliche Neutralitätsgebot verstoßen. Die Trennung von Kirche und Staat findet nicht statt: nicht in der Gesetzgebung, nicht in der Fiskalpolitik, nicht in der Medienpolitik, schon gar nicht in den Hochämtern und Niederungen der Politik.

Jüngste Beispiele? So verabschiedete die CSU-Landesgruppe Anfang 2019 auf ihrer Klausurtagung im bayrischen Kloster Seeon ein Strategie-Papier mit dem Titel »Innovation gestalten, Orientierung geben, Ethik bewahren«, in dem schon in der Einleitung die Rede davon ist, dass sowohl Rechtsstaat als auch Grundgesetz »untrennbar« mit dem christlichen Menschenbild verbunden sind. Auch Sozialstaat und soziale Marktwirtschaft sind »undenkbar« ohne die christliche Soziallehre. Und was auf keinen Fall fehlen darf: »Deutschland ist ein christliches Land« – der Klassiker.

Bayerischen CSU-Parlamentariern sei ihre religiöse Standfestigkeit unbenommen, nur: das staatliche Neutralitätsgebot hat Vorrang, vor allem, wenn es um die Umsetzung praktischer Politik von Mandatsträgern geht. So sieht es das Grundgesetz vor.

Nicht so in Bayern. Dort hat man demonstrativ und offensiv christliche Zeichen gesetzt: Kaum im Amt, ließ Ministerpräsident Söder in allen Amtstuben und Schulen des Landes das Kruzifix anbringen. Im CSU-freundlichen *Bayerischen Rundfunk* achtet man auf ein grund-solides christliches Programm, auch wenn es sich um keinen Kirchenfunk, sondern um eine öffentlich-rechtliche Anstalt handelt – die mithin von allen Steuerzahlern, also auch von Konfessionslosen und Ungläubigen, finanziert wird. Staatliches Neutralitätsgebot? Mitnichten.

Beispiel »stille Feiertage«: An »Allerheiligen«, einem katholischen Feiertag, herrscht in Bayern Tanzverbot. Nach Artikel 3 des »Bayerischen Feiertagsgesetzes« sind dem Ernst des jeweiligen stillen Tages entsprechend öffentliche Tanzveranstaltungen verboten. Dazu zählen: der Volkstrauertag, der Buß- und Bettag, der Totensonntag, der Heiligabend, der Aschermittwoch, der Gründonnerstag sowie der Karfreitag und Karsamstag. Besonders restriktiv sind die Einschränkungen am Karfreitag, an dem die bayerischen Behörden keinerlei Ausnahmen zulassen: »In den meisten Musiksparten gibt es eine Auswahl stiller, ruhiger Titel, die zum Charakter des stillen Tages passen können«, lässt etwa die Stadt München auf ihrer Internetseite verlauten. Die Programm-Macher – nicht nur im *Bayerischen Rundfunk* – halten sich im vorauseilenden Gehorsam daran. Auch alle anderen *ARD*-Sender zügeln Sound und Rhythmus. Die Vorgabe: »Jazz ja, Hardrock nein!« Selbst Spielhallen müssen im christlichen Bayern an Karfreitagen geschlossen bleiben, wie im Übrigen generell während der Hauptgottesdienst-Zeit an Sonntagen und gesetzlichen Feiertagen von sieben bis elf Uhr.

Keine Real-Satire, sondern Realität in einem demokratischen Bundesland, das sich dem Neutralitätsgebot verpflichtet hat. Erst 2016 hat das Bundesverfassungsgericht das bayerische Feiertagsgesetz als »grundsätzlich verfassungskonform« bestätigt. Willkommen im Gottesstaat Deutschland.

Auch über Bayern hinaus wird das staatliche Neutralitätsgebot massiv und beständig missachtet. Ob Subventionen für Kirchentage, Finanzierung theologischer Fakultäten an staatlichen Universitäten, Kirchenredaktionen in Landes-Rundfunkanstalten bis hin zum wöchentlichen »Wort zum Sonntag« – einem der ältesten Fernseh-Formate des Deutschen Fernsehens. Jeden Samstagabend, meist nach den »Tagesthemen«

und vor dem Spätfilm, gibt es für die christlich-abendländische TV-Nation vier Minuten geistige Durchlüftung. Immer im Wechsel, darf ein evangelischer Pfarrer mal über die Wohltaten Luthers referieren, mal ein katholischer Kollege die Jungfrau Maria loben. Rabbiner, Imame, Buddhisten und Atheisten haben kein Rederecht. Der ehemalige Ratsvorsitzende der Evangelischen Kirche Deutschlands, Nikolaus Schneider, sieht die Sendung als einen »niedrigschwelligen Berührungspunkt mit dem Evangelium«. Sie gleicht eher einem vierminutigen religiösen Frontalunterricht.

Das alles ist in unseren Rundfunkgesetzen geregelt. Diese verpflichten die Sender dazu, Gottesdienste, Morgenandachten und allerlei andere Kirchen-Botschaften auszustrahlen. Die Öffentlich-Rechtlichen produzieren und finanzieren diese Sendungen selbst – will heißen: mit Geldern aus GEZ-Gebühren, die alle bezahlen, auch Konfessionslose und Ungläubige.

Noch einmal: Deutschland ist ein säkularer Verfassungsstaat. Ob eine religiöse Gemeinschaft oder ein Einzelner dennoch Sonderrechte beanspruche können, darüber herrscht mitunter Unstimmigkeit. Ist eine rituelle Genitalbeschneidung bei Jungen ein akzeptables religiöses Ritual oder eine schmerzhafte Körperverletzung?

So hatte das Landgericht Köln im Mai 2012 über einen operativen Notfall zu urteilen, bei dem es nach einer Beschneidung in Folge von Nachblutungen zu Komplikationen gekommen war. Nüchtern stellte der Richter fest: »Die operative Entfernung der Penisvorhaut des minderjährigen Patienten hatte ohne medizinische Notwendigkeit stattgefunden.« Und weil die Amputation eines gesunden Körperteils zwingend der Aufklärung und schriftlichen Einwilligung des

Patienten bedarf, der in diesem Fall nicht einwilligungsfähig war, warf die Staatsanwaltschaft dem »Beschneider« vor, »eine andere Person mittels eines gefährlichen Werkzeugs körperlich misshandelt und an der Gesundheit geschädigt zu haben«. Oder deutlicher: Das Gericht bezeichnete die rituelle Beschneidung als Körperverletzung.

Ein Sturm der Entrüstung brach los – im Epizentrum die brisante Frage: Was wird in Deutschland höher bewertet – das Recht männlicher Kinder, die religiöse Eltern haben, auf körperliche Unversehrtheit oder das Recht religiöser Eltern, ihre Rituale auf ihre Söhne zu übertragen, auch wenn dies einen schmerzhaften Eingriff zur Folge hat. Kindeswohl contra Religionsfreiheit? Diese sahen die religiösen Eltern mit dem Kölner Urteilspruch in Gefahr und sie bekamen lautstarke Unterstützung von Seiten ihrer offiziellen Religions-Funktionäre – unisono, ob vom Zentralrat der Juden, moslemischen Gemeinden, Deutschen Bischöfen. Sie alle werteten das Urteil als eklatanten Angriff auf die Ausübung ihres Glaubens.

Jüdische Glaubensfunktionäre behaupteten, die ganze Welt akzeptiere die Beschneidungspraxis – nur die Deutschen nicht. Wer sich für das Kindeswohl einsetzte, galt schnell als Antisemit. Auch wenn es hier nicht um ein generelles Verbot der Beschneidung, sondern um ein Verbot der Zwangsbeschneidung von Minderjährigen ging – in den Gottes-Communities rumorte es kräftig.

Der Deutsche Bundestag verabschiedete im Rekordtempo auf Initiative der Bundesregierung (und mit Mehrheit) ein »Gesetz über den Umgang der Personensorge bei einer Beschneidung des männlichen Kindes« und legalisierte damit rituelle Beschneidungen. Und so sind hierzulande nur

Mädchen vor rituellen Genitalbeschneidungen geschützt, Jungen indes darf aus religiösen Gründen weiterhin straffrei die Vorhaut amputiert werden, auch wenn die Ausführenden keine Ärzte sind, sondern von Religionsgemeinschaften dazu intern ausgebildet wurden. Zwar heißt es in der Kinderrechtskonvention der Vereinten Nationen, die 1992 auch in Deutschland in Kraft trat, im Artikel 19: »Die Staaten treffen alle Maßnahmen, um Kinder vor jeglicher Form von Gewaltanwendung, Schadenszufügung oder Misshandlung zu schützen« – die schmerzhaften Beschneidungen scheinen hier ausgenommen zu sein.

Tatsache ist: Was Religion ist und wie sie praktiziert wird, liegt nach Auffassung des Bundestags (und auch des Bundesverfassungsgerichts) stellenweise noch immer in der Definitionshoheit der Religionsgemeinschaften selbst. Man kann dieses expansive Verständnis von Religionsfreiheit – das einerseits die Standards unseres liberalen Verfassungssystems in Anspruch nimmt, andererseits auf Sonderrechte pocht – als Ausdruck einer konstanten Missachtung des staatlichen Neutralitätsbegriffs sehen.

Die Frage drängt sich auf: Wie säkular soll, ja muss die Justiz selbst sein? Wie viele religiöse Symbole verträgt die dritte Gewalt in einer multireligiösen Gesellschaft? Das Bundesverfassungsgericht hat im Zusammenhang mit dem Urteil zum Kopftuchverbot für Lehrerinnen 2003 angemahnt, die »Pflicht des Staates zu weltanschaulich-religiöser Neutralität« strenger zu handhaben, um Konflikte zwischen den Religionen zu vermeiden.

Für Richterinnen oder Staatsanwältinnen ist die Rechtslage hier eindeutig: Landesgesetze, wie das Berliner »Weltanschauungssymbolgesetz«, schreiben vor, keine »sichtbaren religiösen oder weltanschaulichen Symbole zu tragen«. In Hessen ist Musliminnen während der Referendarzeit das Tragen von Kopftüchern innerhalb von Dienstgebäuden untersagt, bei Schöffinnen mit Kopftuch zeigt sich die Justiz mal tolerant, mal ablehnend. Die Justiz reagiert eher hilf- und orientierungslos. Zwei Wege sind möglich: »Einübung in die Toleranz«, etwa das Aufeinandertreffen eines jüdischen Angeklagten mit Kipa, der vor einer muslimischen Schöffin mit Kopftuch im Gerichtssaal steht – unter einem christlichen Kreuz. Oder aber, wie im laizistischen Frankreich, das Verbot jeglicher religiöser Symbolik im Gerichtssaal – selbstredend auch Verzicht auf das obligate Kruzifix an der Wand.

Oder: Wie säkular soll, ja muss der Alltag in unseren Schulen sein? Religionsunterricht gibt es flächendeckend in staatlichen Schulen, zunehmend auch für moslemische Schüler, unterrichtet von eignes dazu ausgebildeten moslemischen Religionspädagogen. In den Kultusministerien sieht man darin ein zeitgemäßes Spiegelbild unserer multi-religiösen Gesellschaft. Der Psychologe Ahmad Mansour, Mitbegründer der »Initiative Säkularer Islam«, lehnt das ab. Er fordert: Kein Religionsunterricht, sondern Religionskunde. Dort könnten Kinder und Jugendliche erfahren, was es mit den Religionen auf sich hat, woher sie kommen, wie sie entstanden sind, wie sie unsere Gesellschaft, unseren Alltag geprägt haben und noch immer prägen. In einem Rundfunkinterview kritisierte Mansour, es sei nicht mehr zeitgemäß, an einem bekenntnisorientierten Religionsunterricht festzuhalten, getrennt nach religiöser Zugehörigkeit. »Ich halte es für hochproblematisch, dass wir Kindern schon mit acht oder neun Jahren sagen; Ja, Du bist Christ, Protestant – dann gehe in die Klasse A. Die Moslems gehen in die Klasse B und die

Juden in die Klasse C«, so der islamkritische Psychologe. Gerade in Zeiten von Vorurteilen müsse das Wissen übereinander gefördert werden, so Mansour. Er plädiert stattdessen für einen nicht-bekenntnisorientierten Unterricht für alle Konfessionen gemeinsam. Es würde Muslimen gut tun, mehr über das Christentum und das Judentum zu erfahren »und zwar nicht in den Hinterhofmoscheen in Neukölln, sondern in einer staatlichen Schule von einem Religionslehrer, der gut ausgebildet ist, der ein Demokrat ist, der Aufklärung verstanden hat«, so dessen Kritik.

Man möchte Herrn Mansour beipflichten – und ihm zurufen: Wie wäre es, vielleicht ganz auf den Religionsunterricht an staatlichen Schulen zu verzichten? Stattdessen eine Einführung in den evolutionären Humanismus, von Lehrerinnen und Lehrern, die sich der säkularen Aufklärung widmen? Aber es wird hierzulande vorerst beim bekenntnisorientierten Religionsunterricht bleiben, ordentlich separiert nach Konfessionen. Und nicht nur in Bayern unter einem Kruzifix an der Wand des Klassenzimmers.

Ob im Gerichtssaal oder im Klassenzimmer: es geht nicht um die »Austreibung Gottes« aus der Welt. Glaubens- und Religionsfreiheit ist Menschenrecht. Im Gegenteil: Demokratische Staaten garantieren religiösen Gruppen, Gemeinschaften oder Kirchen, dass sie frei agieren können, soweit sie nicht die Freiheiten anderer gefährden oder die Gesetze verletzen. Aber wir hätten keinerlei Einwände, wenn das Neutralitätsgebot endlich Anwendung fände und der Einfluss der Religionen – hierzulande vor allem der beiden großen christlichen Konfessionen – entscheidend eingeschränkt und zurückgedrängt würde, inklusive aller Privilegien und Ressourcen, Subventionen und Ordnungsfelder. Und der

Gottesbezug in der Präambel unseres Grundgesetzes? Auch der darf gerne gestrichen werden. Unser Grundgesetz sollte gottlos sein.

Dass es an der Zeit ist, die »Kirchenrepublik Deutschland« hinter uns zu lassen und dafür zu sorgen, dass aus Verfassungstext endlich Verfassungswirklichkeit wird, wurde einmal mehr sichtbar, als im Februar 2019 im Deutschen Nationaltheater in Weimar der offizielle Festakt zu »70 Jahre Grundgesetz« und »100 Jahre Weimarer Verfassung« stattfand. Die Jubiläums-Dramaturgie sah wie selbstverständlich einen ökumenischen Gottesdienst mit der evangelischen Landesbischöfin und dem katholischen Erfurter Bischof vor. Dabei wurde gerade das, was die elementaren Bürgerrechte betrifft – von Meinungsfreiheit bis Frauenrechte – kurz das, was heute Staat und Staatsbürger ausmacht, gegen den Klerus erkämpft.

An diesem grundsätzlichen Mangel an demokratischen Standards wird, so ist zu befürchten, sich in naher Gegenwart wenig ändern. Dafür sorgt die politische Klasse, allen voran die C-Parteien. So inszenierte sich die neue Parteivorsitzende der CDU, Annegret Kramp-Karrenbauer, der große Chancen eingeräumt werden, Angela Merkel als Bundeskanzlerin zu folgen, wiederholt als Retterin des christlichen Abendlandes. Sie ist nicht nur Mitglied des Zentralkomitees der deutschen Katholiken (ZdK), sondern demonstriert auch immer wieder ihre Frömmigkeit, wenn es um politische Inhalte geht. Eine Entscheidung des Saarbrücker Amtsgerichts, Kreuze aus den Sitzungssälen entfernen zu lassen, mochte sie nicht nachvollziehen: »Das Kreuz verdeutlicht, dass der Mensch nicht das Maß aller Dinge ist«, so Kramp-Karrenbauer im *Saarländischen Rundfunk*. Nirgendwo sieht die

CDU-Frontfrau Änderungsbedarf, was den Status quo der genannten Privilegien, Subventionen und Zuwendungen betrifft, auch das staatliche Neutralitätsgebot sieht sie nicht verletzt. Alles soll so bleiben, wie es ist. Beispielsweise auch der »Blasphemie-Paragraph« (§ 166 StGB). Dort heißt es:

»... Wer öffentlich oder durch Verbreiten von Schriften (§ 11 Abs. 3) den Inhalt des religiösen oder weltanschaulichen Bekenntnisses anderer in einer Weise beschimpft, die geeignet ist, den öffentlichen Frieden zu stören, wird mit Freiheitsstrafe bis zu drei Jahren oder mit Geldstrafe bestraft. ...«

Kurz nach dem Attentat auf die Redaktion der Satirezeitschrift *Charlie Hebdo* sprach sich Kramp-Karrenbauer gegen eine Streichung aus, denn dieser Paragraph verdeutliche, »dass Religion und die damit verbundenen Gefühle der Menschen ein schützenswertes Rechtsgut« seien. Die CDU-Politikerin ist sich in der Beschwörung des »Respekt[s] vor religiösen Anschauungen« mit eifernden Glaubens-Fundamentalisten aller Religionen einig: Ob Adepten des Katholizismus, Vertreter eines Islams oder orthodoxen Judentums – sie alle reklamieren ständig und allerorten »Respekt!«. Einige fordern sogar einen neuen, schärferen Blasphemie-Paragraphen.

Die Blasphemie ist eine Konstruktion und hat eine lange und wechselhafte Geschichte. In Frankreich wurde sie als »imaginäres Verbrechen«, als strafwürdiges Delikt 1791 abgeschafft. Lange war sie im modernen, aufgeklärten Europa verschwunden. Spätestens seit den Mord-Drohungen gegen die Herausgeber und Redakteure einer dänischen Tageszeitung, die Mohammed-Karikaturen veröffentlich hatte (was in der moslemischen Welt zu einem Sturm der Entrüstung führte), aber kehrte die Diskussion um ein Blasphemie-Verbot zurück. Wendepunkt war dann der terroristische Angriff am 7. Januar 2015 auf die Pariser Redaktion des Satireblatts *Charlie Hebdo*, bei dem zwölf Redaktionsmitglieder von moslemischen Glaubensfanatikern ermordet wurden. In den Tagen danach distanzierten sich zwar zahlreiche muslimische Organisationen von dem Anschlag, doch einige konnten der Versuchung nicht widerstehen, dem Ganzen ein »Aber« hinzuzufügen. Man verurteilte die Terroristen wegen ihrer Gewalttat, doch im gleichen Atemzug wurde – auch von linken Intellektuellen – der Zeitschrift vorgeworfen, sie habe die »Gefühle von Millionen Muslimen überall auf der Welt verletzt«.

Das Prinzip der Rede- und Meinungsfreiheit, aber auch das der Pressefreiheit im Zusammenhang mit den islam-kritischen Zeichnungen war schon vor dem Attentat »im Namen des Respekts vor Religion« immer wieder kritisch thematisiert worden. Gegen solcherlei Vorwürfe und Attacken wehrte sich das Blatt.

Der Zeichner und Chefredakteur Charb schrieb an die Kritiker einen längeren Text mit der Überschrift »Brief an die Heuchler« (der später in Buchform erschien). Er konnte nicht ahnen, dass er zwei Tage, nachdem er das Manuskript abgeschlossen hatte, nicht mehr leben sollte – ermordet von fanatischen Killern, die behaupteten, im Namen Allahs zu handeln.

»Ein Fanatiker ist ein Mensch, der nur bis eins zählen kann«, beschreibt Amos Oz, weltweit gelesener und vielfach ausgezeichneter israelischer Schriftsteller (unter anderem mit dem Friedenspreis des Deutschen Buchhandels 1992) das autistische Weltbild dieser mörderischen Irrläufer:

»Die fanatischen Kämpfer sind uns von Gott gesandt, um die Welt zu reinigen, um uns von all dem Schmutz zu befreien, der an uns haftet. ... In den Augen moslemischer wie auch anderer Glaubensfanatiker ist die Befolgung sämtlicher religiöser Gesetze in ihrer schärfsten Form die einzige Medizin gegen alle Krankheiten der Menschheit.«

Ihr mörderischer Irrsinn ist zeitlos. Noch heute arbeitet die *Charlie Hebdo*-Redaktion an einem geheimen Ort in Paris, der mit Panzertüren gesichert ist, rund um die Uhr bewacht von einem privaten Sicherheitsdienst. Immer wieder gibt es Drohungen, vor allem im Internet.

Warum aber sollte man Religionen einen besonderen Respekt entgegenbringen? Es ist eine Errungenschaft der Aufklärung, dass es in einer freiheitlichen Demokratie keine »Meinungsdelikte« – definiert von Kardinälen, Imamen oder Rabbinern – gibt. In einer säkularisierten Gesellschaft schützt der Staat immer den Gläubigen, nie aber eine einzige Religion. Und deswegen müssen Religionen, welche es auch immer sein mögen, Spott aushalten, ganz gleich, ob es ihren Gott oder ihre Propheten trifft.

Ich halte es hier gerne mit Rowan Atkinson, besser bekannt als der zappelnde Kino-Komiker »Mr. Bean«, welcher der Meinung ist, man dürfe grundsätzlich über alles Witze machen, selbstverständlich auch über Glaube und Religion. Der britische Ex-Außenminister Boris Johnson, ein Politiker, der Witz und Spott zum Stilmittel in der Politik erhob, hatte Burka-Trägerinnen als »Briefkästen« bezeichnet – und damit in seinem Land heftigen Protest ausgelöst. Mr. Bean, alias Rowan Atkinson, sprang ihm bei und erinnerte an den Grundsatz der Rede- und Meinungsfreiheit:

»Wir dürfen auch Witze über Burka-Trägerinnen machen, denn das Prinzip der Redefreiheit ist ein zwingender Bestandteil einer funktionierenden und selbstbewussten Demokratie. ... Ich bin auch manchmal beleidigt, wenn jemand was sagt, was mir nicht gefällt. Schlimm ist es nur, wenn Menschen für das Recht kämpfen, nicht beleidigt zu werden. Dann geht es der Meinungsfreiheit an den Kragen.«

Großartig, dieser Mr. Bean!

Keine Frage: Das Bekenntnis gläubiger Menschen verdient Achtung, doch es darf nicht mit den Dogmen und Institutionen verwechselt werden, deren rückhaltlose Kritik immer möglich sein muss – jedenfalls überall dort, wo Meinungsfreiheit ein Verfassungsrecht ist. Und so warnt Jacques de Saint Victor, Professor für Rechtsgeschichte an der Universität Vincennes-Saint-Denis, vor einer wiederkehrenden Kriminalisierung der Blasphemie aufgrund dieser Verwechslung von persönlichem Glauben und religiöser Doktrin (»einer geistigen Konfusion«). Außer dem Schutz der Gläubigen dürfe der Staat nichts unternehmen. Die Beleidigung und Kritik jedweder religiösen Doktrin dürfe als der Preis betrachtet werden, der für den Vorzug der Freiheit zu zahlen ist.

Das müssen auch Allahs Religions-Funktionäre und allerlei beseelte Imame akzeptieren, die unter uns – und manchmal auch mit uns – leben. Mohammed, ihr Prophet, steht hierzulande nicht unter Denkmalschutz. Im siebten Jahrhundert geboren, hat er die Zeiten überdauert und ist vielen Muslimen bis heute ein moralisches, religiöses und mitunter auch politisches Vorbild. Ein Abgesandter Gottes.

Seine Worte geben Millionen Muslimen Orientierung, spenden ihnen Trost und Heil. Die überlieferten Beteuerungen und Verheißungen des Propheten haben Einfluss auf die politische Situation in mehreren islamischen Staaten und auf deren Gesetzgebung, sie bestimmen noch immer die Beziehung zwischen Männern und Frauen, auch zwischen Muslimen und Nicht-Muslimen – also zwischen »Gläubigen« und »Un-Gläubigen«. Viele Moslems sind noch immer der Meinung, die Beleidigung des Propheten müsse bestraft werden. Allenfalls hinsichtlich der Härte der Strafe sind sie uneins. Satire missverstehen sie als Angriff auf ihre religiöse Identität.

Ob moslemische Gottes-Fanatiker, christliche Fundamentalisten, ob Hardliner des Vatikans oder alt-testamentarische Rabbiner – sie alle müssen zur Kenntnis nehmen: Wir leben in einem säkularen Verfassungs-Staat, alle Bürger dürfen ihren Gott, auch ihre Götter haben, der Staat aber ist in einer modernen Grundrechtsdemokratie gottlos. Jeder hat das Recht, sich über »Monty Python«-Filme zu erregen, Mohammed-Karikaturisten zu verurteilen oder den von mir so geschätzten Mr. Bean in die Hölle zu wünschen. Jeder hat das Recht, sich beleidigt zu fühlen. Doch das sollte er aushalten. Den Rest klärt in einem Rechtsstaat die Justiz.

Um Religion geht es in diesem Buch. Zu mächtig, zu selbstherrlich und zu arrogant tritt sie allerorten auf. Zwar gehen ihrem Bodenpersonal die Rechtfertigungen aus, zwar verliert die Institution Kirche massiv an Glaubwürdigkeit und Deutungsmacht – und doch ist es ungebrochen vorhanden: das Verlangen nach einem Gott.

Woher aber kommt die Sehnsucht nach einem Gott, einer Religion, die stets etwas huldigt, das oberhalb und jenseits des irdischen Daseins steht? Woher der Glaube an eine heilige

Jungfrau Maria, der »Unbefleckten«, woher der blinde Gehorsam gegenüber einem Gott, der den Menschen so sehr misstraut, dass er ihnen die Vernunft verbietet? Warum wird überall auf der Welt so andauernd und inbrünstig zu einem Gott gebetet, in dessen Namen gemordet und gemetzelt wird, einem Gott, der die Sünde erfindet, damit er die Vergebung versprechen kann, einem Gott, der niemanden neben sich duldet und schon gar nicht den Menschen? Ist es diese »Phantasma-Orgie aus Angst, Schuld und Himmelsglocken« (Andreas Altmann), seit Jahrtausenden verkündet in Kirchen, Moscheen und Synagogen? Ist es dieses immerwährende Glücksversprechen, flankiert von einer monströsen Angstmaschine, die den Menschen zum Gläubigen machen? Wohl beides.

Dass »es Religionen vor allem darum geht, die weltliche Ordnung zu zementieren«, darauf verweist Yuval Noah Harari. Religion sei eine angstbesetzte Übereinkunft. Wohlverhalten, Demut und Gottesfürchtigkeit: Nur wer Gott gehorcht (und seinen irdischen Verkündern und Verwaltern), der findet Aufnahme im Paradies, im Himmel oder in einem bislang unbekannten göttlichen Disneyland. »Gott existiert« – das ist Drohung, Rechtfertigung und Versprechen zugleich. Er befiehlt den Gläubigen, wie sie zu leben und sich zu verhalten haben. Wer sich ihm nicht unterwirft, wer sich weigert oder zweifelt, dem droht Ungemach und Verdammnis – die Hölle.

Monotheistische Religionen behaupten, nur der Mensch verfüge über eine unsterbliche Seele. Wer gibt da dem Himmel nicht den Vorrang? Sanftes »Seelenheil forever«, – eine grandiose Versprechung. Das alles ist kein Märchen aus der Kita, sondern ein äußerst wirkmächtiger Mythos, der auch

Anfang des 21. Jahrhunderts noch das Leben von Milliarden von Menschen bestimmt. Die Überzeugung, Menschen hätten eine unsterbliche Seele, bildet noch immer den Überbau unseres rechtlichen, politischen und gesellschaftlichen Lebens. »Sie reden über die Glückseligkeit im Jenseits, wollen aber die Macht im Diesseits«, sagt Christopher Hitchens.

Die wichtigsten Stützen für den Machterhalt sind nicht evolutionäre Fakten, auch nicht moralische Prinzipien (die am wenigsten), sondern Tatsachenbehauptungen, wie: »Gott existiert« oder »Der Papst ist unfehlbar« oder auch »Allah ist der Allmächtige«. Nicht wissen soll der Mensch (der Sünder), sondern glauben. Dieses Modell – man darf es Geschäftsmodell nennen – hat sich seit Jahrtausenden in allen Religionen bewährt. Die Macht der Kirche nährt sich seit Jahrtausenden vom schlechten Gewissen der Gläubigen.

Augenfällig ist: Für alles Schöne und Gute im Basar der Glückseligkeit reklamiert der Liebe Gott gerne die Urheber- und Patenschaft. Für Unglück, Katastrophen und Scheußlichkeiten jeder Art ist der sündhafte Mensch verantwortlich. Erdbeben, Überschwemmungen und Tsunamis gehen auf das Konto teuflischer Kräfte. Ein moderates Erklärungsmodell. Gott ist immer der Gewinner.

Immerhin: Der Einfluss schwindet. Wo die Religion einst durch völlige Kontrolle der Weltsicht in der Lage war, das Aufkommen der Rivalen, der Abtrünnigen und Zweifler zu verhindern oder zu bekämpfen – hat sie ihr Angst-Instrumentarium verloren. Ob Menschen, gerade geboren, durch das Entfernen der Vorhaut traktiert werden, andere sich auf den beschwerlichen Weg nach Lourdes machen, wieder andere in die richtige Himmelsrichtung beten oder eine Hostie zu sich nehmen, um »errettet« zu werden – es darf und sollte nur für den Einzelnen bedeutungsvoll sein. Für den Lauf der Zeit ist es völlig irrelevant. Der Glaube kann Gläubige im Sinne des Wortes glückselig machen. Er kann für Menschen etwas Wunderbares sein: als Privatsache.

Welche Rolle also soll die Religion heute spielen? So wenig wie möglich – wenn es nach den Autorinnen und Autoren dieses Bandes geht. So vielfältig die Themen, so unterschiedlich die Tonalität der Texte – es gibt eine große Übereinkunft: Wir brauchen weniger Religion in dieser Welt. Nach wie vor lehrt sie vor allem das Fürchten, steht für Gewalt, Intoleranz und Unterdrückung. Ungläubige und Gottlose werden in vielen Ländern noch immer verfolgt, bestraft, getötet. Der Irrsinn himmlischer Bodentruppen ist grenzenlos. Noch immer ist ihr Einfluss auf Politik und Gesellschaft stark und unheilvoll. Ob als autoritäre Staatsdoktrin oder gesellschaftliches Sinnstiftungsangebot – es braucht keine Religion für ein friedvolles Zusammenleben und einen furchtlosen Ausblick in die Zukunft. Die Welt dreht sich weiter – ohne Gott. Die Autorinnen und Autoren sind sich einig: Der Bürger kommt vor dem Gläubigen!

»Die Religion vergiftet alles«, konstatiert Christopher Hitchens. Die Texte auf den folgenden Seiten verstehen sich als Entgiftungs-Lektüre.

MICHAEL SCHMIDT-SALOMON

Vor dem Gesetz sind nicht alle gleich

70 Jahre Grundgesetz – 100 Jahre Verfassungsbruch
Warum wir die Kirchenrepublik überwinden müssen

Eineinhalb Jahrtausende waren Thron und Altar miteinander vermählt, seit 100 Jahren leben Staat und Kirche in Deutschland voneinander getrennt. Zumindest ist dies die offizielle Version. In Wahrheit jedoch wurden die Scheidungspapiere der beiden »Elitepartner« niemals unterzeichnet. Denn die verantwortlichen Politikerinnen und Politiker haben es seit 1919 nicht gewagt, einen Schlussstrich unter die gescheiterte Beziehung von Staat und Religion zu ziehen und reinen Tisch zu machen. Dies ist der Grund dafür, dass der deutsche Staat noch immer Milliardenbeträge an die Kirchen zahlt, dass der Schwangerschaftsabbruch noch immer als »Unrecht« gilt und dass schwerstkranken Patienten die Chance verwehrt wird, selbstbestimmt zu sterben.

Fakt ist: Die Freiheiten der Bürgerinnen und Bürger werden noch immer in beträchtlichem Maß durch religiöse Normen beschnitten – und zwar von der Wiege bis zur Bahre, ja sogar darüber hinaus, nämlich vom Embryonenschutz bis zum Friedhofszwang. Dies wiederum geht zwingend mit einem Verstoß gegen das *Verfassungsgebot der weltanschaulichen Neutralität des Staates* einher – wodurch die beiden Jubiläen, die der demokratische Verfassungsstaat 2019 feiern kann, einen bitteren Beigeschmack erhalten. Denn »70 Jahre Grundgesetz« und »100 Jahre Weimarer Verfassung« bedeuten nicht zuletzt auch 70 bzw. 100 Jahre Verfassungsbruch.

Die Spitze des Eisbergs

Am einfachsten lässt sich dies wohl an den Artikeln 136 bis 141 der Weimarer Verfassung (WRV) aufzeigen, die 1949 in das Grundgesetz (GG) der Bundesrepublik Deutschland aufgenommen wurden (Art. 140 GG). Die Väter und Mütter der Weimarer Verfassung, die 1919 den Grundstein für die Demokratie in Deutschland legten, hatten wirklich versucht, die überkommene, für nicht wenige Menschen tödliche Verbindung von Politik und Religion zu beenden. Daher verfügten sie nicht nur, dass es keine Staatskirche gibt und dass Religions- und religionsfreie Weltanschauungsgemeinschaften gleichberechtigt sind (Art. 137 WRV), sie forderten auch, die finanziellen Verflechtungen von Staat und Kirche aufzulösen. Dazu heißt es in Artikel 138 der Weimarer Reichsverfassung (bzw. in Art. 140 des Grundgesetzes): »Die auf Gesetz, Vertrag oder besonderen Rechtstiteln beruhenden Staatsleistungen an die Religionsgesellschaften werden durch die Landesgesetzgebung abgelöst. Die Grundsätze hierfür stellt das Reich auf.«

Es ist bemerkenswert, dass dieser »Ablösebefehl« der Verfassung bis zum heutigen Tag nicht erfüllt wurde, was zur Folge hat, dass die Gehälter katholischer und evangelischer Bischöfe nicht zuletzt auch mit den Steuergeldern konfessionsfreier Menschen bestritten werden. Allein 2018 lagen diese aus dem allgemeinen Steuertopf aufgebrachten Staatsleistungen an die Kirchen bei über 538 Millionen Euro. Warum, so fragt man sich, werden diese Staatsleistungen noch immer gezahlt? Einige Politikerinnen und Politiker behaupten, der Staat könne sich eine Ablösung gar nicht leisten, da er auf einen Schlag eine sehr hohe Summe aufbringen müsste. Doch dieses Argument ist völlig abwegig. Denn durch die Milliardenbeträge, die der Staat den Kirchen – gegen den Auftrag der Verfassung – seit 100 Jahren gezahlt hat, ist jede Ablösesumme, die man 1919 theoretisch hätte veranschlagen können, längst schon abgegolten.

Nun sind diese jährlichen Zahlungen von mehr als 500 Millionen nur Peanuts, wenn man sie mit den jährlichen Kirchensteuereinnahmen in Höhe von zehn Milliarden Euro vergleicht. Allerdings kommen für diese Einnahmen – im Unterschied zu den »Staatsleistungen« – nicht alle Steuerzahler auf, sondern bloß diejenigen, die Kirchenmitglieder sind. Wo also liegt das Problem? Ganz einfach: In Artikel 136 der Weimarer Verfassung (und damit auch in Art. 140 des Grundgesetzes) heißt es: »Niemand ist verpflichtet, seine religiöse Überzeugung zu offenbaren. Die Behörden haben nur soweit das Recht, nach der Zugehörigkeit zu einer Religionsgesellschaft zu fragen, als davon Rechte und Pflichten abhängen.« Die Weimarer Republik hat sich an diese Verfassungsvorgabe gehalten – nicht jedoch die Bundesrepublik Deutschland, die stattdessen auf eine Nazi-Regelung aus dem Jahr 1934 zurückgegriffen hat, nämlich auf den Eintrag der Konfessionszugehörigkeit auf der Lohnsteuerkarte, durch den nicht nur staatliche Behörden, sondern auch sämtliche Arbeitgeber von der etwaigen Religionszugehörigkeit oder Konfessionsfreiheit ihrer Arbeitnehmer in Kenntnis gesetzt werden.

Dieser seit 70 Jahren bestehende Verfassungsbruch hat gravierende Folgen – nicht zuletzt deshalb, weil die kirchlichen Sozialkonzerne Caritas und Diakonie die größten nichtstaatlichen Arbeitgeber Europas sind. Dank der massiven Unterstützung des Staates dominieren sie seit Jahrzehnten die sogenannte »freie Wohlfahrtspflege« von der Medizin über die Kinder- und Jugendhilfe bis hin zur Altenpflege. Menschen, die in diesen Segmenten tätig sind, unter anderem ErzieherInnen, AltenpflegerInnen, ÄrztInnen, PsychologInnen und PädagogInnen, können es sich in vielen Fällen gar nicht leisten, aus der Kirche auszutreten, da sie befürchten müssen, von einem kirchlichen Arbeitgeber entweder entlassen oder gar nicht erst angestellt zu werden. Für sie steht das Recht auf Religionsfreiheit nur auf dem Papier. Dieses Problem ließe sich jedoch leicht entschärfen, wenn der Staat sich endlich an seine Verfassung halten und den automatischen Einzug der Kirchensteuer über den Arbeitgeber abschaffen würde. Dass er stattdessen zugunsten der Kirchen auf eine verfassungswidrige Nazi-Regelung zurückgreift, ist ein Skandal, der viel zu wenig Beachtung findet.

Der milliardenschwere Wohlfahrtsmarkt, auf dem Caritas und Diakonie Umsätze erzielen, vor denen Dax-Unternehmen neidvoll erblassen, zeigt in besonderem Maße, wie intim das Verhältnis der angeblich getrennten Partner Staat und Kirche noch immer ist: Nicht ohne Grund hat die Monopolkommission der Bundesregierung bereits vor 20 Jahren die »kartellartigen Absprachen« zwischen dem Staat und den Wohlfahrtsverbänden angeprangert, da sie den Wettbewerb blockieren und den Status quo schützen, in dem die kirchlichen Anbieter den Markt beherrschen. Geändert hat sich durch die scharfe Rüge der Monopolkommission kaum etwas: In vielen ländlichen Regionen gibt es noch immer keine Alternativen zu Caritas und Diakonie, was dazu führt, das religionsfreie Menschen ausgerechnet in besonders schwierigen Phasen ihres Lebens auf die Unterstützung von Institutionen angewiesen sind, denen sie möglicherweise zutiefst misstrauen. Man denke nur an die vielen Tausende von Heimkindern, die in konfessionellen Einrichtungen als billige Arbeitskräfte ausgebeutet, körperlich und psychisch misshandelt oder sexuell missbraucht wurden – und nun befürchten müssen, ihre letzten Jahre ausgerechnet in einem konfessionellen Altersheim zu verbringen.

Die wissenschaftliche Aufarbeitung der Geschichte der Heimkinder hat gezeigt, dass in kirchlichen Heimen die wohl schwersten Menschenrechtsverletzungen auf deutschem Boden seit dem Zweiten Weltkrieg stattgefunden haben. Doch der Staat griff nicht ein. Statt die Opfer zu schützen, schützte er die Täter – damals (durch die Verletzung der Aufsichtspflicht) wie heute (durch das Aushandeln von »Entschädigungen«, die im internationalen Vergleich empörend gering sind!). Hier zeigen sich die Folgen der Missachtung eines weiteren 100-jährigen Verfassungsgebots, nämlich des Artikels 137 Absatz 3 der Weimarer Verfassung (über Art. 140 ebenfalls Bestandteil des bundesdeutschen Grundgesetzes), der da lautet: »Jede Religionsgesellschaft ordnet und verwaltet ihre Angelegenheiten selbständig innerhalb der Schranken des für alle geltenden Gesetzes.« Wichtig ist in diesem Fall der oft vernachlässigte Zusatz »innerhalb des für alle geltenden Gesetzes«, denn er besagt, dass die Religionen keineswegs über dem Gesetz stehen und dass der Staat es unter keinen Umständen zulassen darf, dass Religionsgemeinschaften Verstöße gegen allgemeine Gesetze als »interne Angelegenheiten« regeln. Letzteres geschieht jedoch immer wieder, wie der jüngste Missbrauchsskandal der katholischen

Kirche gezeigt hat. Klar ist: Hätte die Mafia einen anonymisierten Forschungsbericht über den massenhaften sexuellen Missbrauch innerhalb der eigenen Organisation vorgelegt, wäre schon am nächsten Morgen ein ganzes Bataillon von Polizisten ausgerückt, um die Archive zu durchsuchen. Als jedoch die Katholische Kirche im September 2018 einen Bericht veröffentlichte, der nachwies, dass sich in ihren Reihen 1670 Kleriker befinden, die in mehr als 6000 Fällen sexuellen Missbrauch begangen haben, geschah rein gar nichts! Es bedurfte schon bundesweiter Strafanzeigen durch das Institut für Weltanschauungsrecht (ifw) sowie sechs renommierte Juraprofessoren, bis zumindest einige Staatsanwaltschaften in Erwägung zogen, in dieser Angelegenheit vielleicht doch einmal tätig zu werden. Mit rechtsstaatlichem Handeln hat dies wenig zu tun.

So skandalös all dies ist, es handelt sich bloß um die Spitze des Eisbergs. Denn die weltanschauliche Schieflage des deutschen Staates zeigt sich nicht nur in den offenkundigen Privilegien der Kirchen, die als »Körperschaften des öffentlichen Rechts« als »Staaten im Staate« agieren können, mit öffentlichen Geldern Kinder indoktrinieren dürfen (»Missionsbefehl«) und in nahezu allen öffentlichen Gremien (vom Ethikrat bis zum Rundfunkrat) stark überrepräsentiert sind. Die Greifarme der »Kirchenrepublik Deutschland« reichen tiefer: Sie haben Einfluss auf fast alle Aspekte des menschlichen Lebens.

Vor dem Gesetz sind alle gleich? Nicht in Deutschland!

Um den gesamten Umfang der religiös bedingten Beschneidungen der bürgerlichen Freiheiten zu erfassen, müssen wir uns die Grundprinzipien des liberalen Rechtsstaates vor Augen führen. Im Kern sind sie bereits in Artikel 1 der UN-Menschenrechtserklärung von 1948 enthalten, auf die sich das deutsche Grundgesetz von 1949 stützt: »Alle Menschen sind frei und gleich an Würde und Rechten geboren.« Wir alle kennen den Wortlaut dieses ersten Menschenrechtsartikels, vermutlich aber ist nur wenigen bewusst, dass er gleich *drei fundamentale Rechtsprinzipien* enthält, die für den modernen Rechtsstaat verbindlich sind:

- das *Prinzip der Liberalität*, das mit dem Wort »frei« angesprochen wird. Es besagt, dass mündige Bürgerinnen und Bürger tun und lassen dürfen, was immer sie wollen, solange sie nicht gegen geschützte Interessen Dritter verstoßen. (Im deutschen Grundgesetz spiegelt sich dies in Artikel 2 wider, der die »freie Entfaltung der Persönlichkeit« zum Inhalt hat)
- das *Prinzip der Egalität*, das mit dem Wort »gleich« angedeutet wird. Es verbietet jegliche Diskriminierung von Menschen aufgrund ihrer Religion oder Weltanschauung, ihrer Herkunft, ihres Geschlechts oder ihrer sexuellen Orientierung. (Im Grundgesetz wird dies in Artikel 3, der »Gleichheit vor dem Gesetz«, abgehandelt.)
- das *Prinzip der Individualität*, welches mit dem Begriff der »Würde« einhergeht. Denn die unantastbare Menschenwürde, deren Achtung und Schutz nach Artikel 1 des Grundgesetzes »Verpflichtung aller staatlichen Gewalt« ist, kann nicht über die Köpfe der Betroffenen hinweg definiert werden. Vielmehr gilt: Die Würde des Einzelnen ist dadurch bestimmt, dass der Einzelne über seine Würde bestimmt – nicht der Staat oder eine wie auch immer geartete Religions- oder Weltanschauungsgemeinschaft.

Aufgrund dieser Verfassungsvorgaben darf der Gesetzgeber nur dann in die bürgerlichen Freiheiten eingreifen, wenn er hierfür eine rationale, evidenzbasierte und weltanschaulich neutrale Begründung vorlegen kann. Was heißt das? Nun, der Staat muss bei jeder Rechtsnorm nachweisen können, a) dass diese widerspruchsfrei aus der Verfassung abgeleitet wurde (würde der Gesetzgeber aus der »Gleichheit vor dem Gesetz« die Ungleichbehandlung von Mann und Frau folgern, wäre dies nicht »rational«), b) dass ein unterstellter Sachverhalt auch empirisch feststellbar ist (wenn keine Belege dafür vorliegen, dass eine angeblich justiziable Handlung reale Interessen verletzt, ist das Eingreifen des Staates nicht »evidenzbasiert«) und c) dass die Rechtsnorm nicht auf spezifischen weltanschaulichen Überzeugungen beruht (wenn ein Gesetz nur vor dem Hintergrund der »katholischen Sittenlehre« verständlich erscheint, ist es nicht »weltanschaulich neutral«). Gelingt dem Gesetzgeber ein solcher dreifacher Nachweis nicht, so darf er die Freiheitsrechte der Bürgerinnen und Bürger in keiner Weise einschränken.

So weit, so klar. Leider aber wird diese Verfassungsvorgabe häufig ignoriert. Tatsächlich wird der Rechtsgrundsatz »In dubio pro libertate« (»Im Zweifel für die Freiheit«) in Deutschland oft in ein »In dubio pro ecclesia« (»Im Zweifel für die Kirche«) umgemünzt. Aus diesem Grund sind vor dem deutschen Gesetz auch längst nicht alle Menschen gleich. Denn das Gesetz ist in vielen Fällen parteiisch zugunsten der Vertreterinnen und Vertreter überholter christlicher Sittlichkeitsvorstellungen – zwar nicht mehr so offenkundig wie noch in den 1950er Jahren, als das Bundesverfassungsgericht (!) die staatliche Verfolgung der Schwulen mit dem »christlichen Sittengesetz« begründete, aber dennoch in einem Ausmaß, das atemberaubend ist. Eine Folge dieser weltanschaulichen Schieflage des Staates ist, dass Richter mitunter gezwungen sind, Menschen zu verurteilen, deren Anliegen sie eigentlich teilen, und denen Recht zu geben, die nach rationalen Kriterien objektiv im Unrecht sind.

Freiheitsbeschränkungen von der Wiege bis zur Bahre

Letzteres wurde mir wieder einmal bewusst, als ich im Herbst 2018 den Prozess gegen die Ärztin Kristina Hänel im Landgericht Gießen verfolgte. Hänel war in erster Instanz verurteilt worden, weil sie auf ihrer Webseite darauf hingewiesen hatte, sie würde Schwangerschaftsabbrüche durchführen, was nach § 219a Strafgesetzbuch (Werbung für den Abbruch der Schwangerschaft) bis Anfang 2019 strikt verboten war. (Übrigens folgte die Bundesrepublik Deutschland auch hier der Nazigesetzgebung, nämlich dem »Gesetz zur Abänderung strafrechtlicher Vorschriften« vom 26. Mai 1933). Der Richter machte in der Berufungsverhandlung deutlich, dass er große Sympathien für das Anliegen Kristina Hänels hege und dass der Staat in gravierender Weise in die Grundrechte von ÄrztInnen und ungewollt schwangeren Frauen eingreife. Dies sei aber nach herrschender Rechtsmeinung (Urteile des Bundesverfassungsgerichts in den 1970er und 1990er Jahren) dadurch legitimiert, dass bereits der Embryo »Menschenwürde« besäße und Träger von Grundrechten sei, weshalb das Urteil der ersten Instanz bedauerlicherweise nicht aufgehoben werden könne.

Jetzt, da ich dies schreibe (Ende Januar 2019), hat die Bundesregierung einen »Kompromiss« ausgehandelt, um die Proteste zu entschärfen, welche die Verurteilung Kristina

Hänels ausgelöst haben. Danach dürfen Ärztinnen und Ärzte zwar darüber informieren, dass sie Abtreibungen vornehmen, müssen sich dabei aber auf amtliche Informationen beschränken. Ansonsten bleibt alles beim Alten: Der Schwangerschaftsabbruch soll weiterhin als »rechtswidrig« gelten und die betroffenen Frauen müssen sich weiterhin einer Zwangsberatung unterziehen, in dessen Zentrum der »Schutz des ungeborenen Lebens« steht, um einer Strafverfolgung zu entgehen. Legitimiert werden diese Eingriffe in die Selbstbestimmungsrechte der Frauen weiterhin mit der »herrschenden Meinung«, dass schon der Embryo »Menschenwürde« besäße.

Womit aber lässt sich diese »herrschende Meinung« begründen? Der Verweis auf Artikel 1 des deutschen Grundgesetzes »Die Würde des Menschen ist unantastbar« gibt dies nicht her. Im Gegenteil! Denn die »unantastbare Würde« des Menschen wird hier mit den »unverletzlichen und unveräußerlichen Menschenrechten« in Verbindung gebracht. In Artikel 1 der Menschenrechtserklärung steht aber klar und deutlich, dass alle Menschen mit gleicher Würde und gleichen Rechten geboren sind – mit gutem Grund heißt es dort nicht, dass sie mit gleicher Würde und gleichen Rechten gezeugt wurden.

Sucht man nach der eigentlichen Quelle für die merkwürdige deutsche Gesetzgebung zum Schwangerschaftsabbruch und Embryonenschutz, so landet man nicht bei der UN-Menschenrechtserklärung, sondern bei einem der größten Verächter der Menschenrechtsidee: Papst Pius IX. Dieser als besonders rückständig bekannte Pontifex hatte 1869 das Konzept der »Simultanbeseelung« (Beseelung im Moment der Befruchtung der Eizelle) zur unhinterfragbaren

»Glaubens-Wahrheit« gemacht. Zuvor waren Katholiken oft von dem alternativen Konzept der »Sukzessivbeseelung« ausgegangen, welches besagt, dass sich die »Seele« in den ersten drei Schwangerschaftsmonaten erst entwickelt, was Abbrüche bis zu diesem Zeitpunkt erlaubte.

Theologisch begründet war die Entscheidung des Papstes durch ein besonders obskures Dogma, das er bereits 15 Jahre zuvor erlassen hatte, nämlich das »Dogma der unbefleckten Empfängnis Mariens«, wonach nicht nur der »Heiland«, sondern schon dessen Mutter »erbsündenrein« empfangen wurde. Offenkundig litt Pius IX. nach der Verkündigung dieses Dogmas im Jahre 1854 sehr unter dem Gedanken, dass die »sündenfrei« empfangene Gottesmutter nach dem Konzept der »Sukzessivbeseelung« in den ersten drei Schwangerschaftsmonaten »vernunft- und seelenlose Materie« gewesen sein könnte. Also erhob er 1869 zu Ehren der »Heiligen Jungfrau« die »Simultanbeseelung« zur verbindlichen »Glaubens-Wahrheit« – eine Posse, über die man schmunzeln könnte, würde sie nicht noch heute die Gesetze des angeblich »säkularen Staates« bestimmen!

Indem der deutsche Gesetzgeber das katholische Glaubensdogma der »Simultanbeseelung« (wenn auch in leicht abgeschwächter Form) zur allgemein gültigen Norm erhebt (nämlich in den Paragraphen 218 bis 219b Strafgesetzbuch/StGB, die den Schwangerschaftsabbruch regeln), verstößt er in empfindlicher Weise gegen das Verfassungsgebot der weltanschaulichen Neutralität. Er privilegiert Menschen, die mit den Vorgaben der katholischen Amtskirche übereinstimmen (zweifellos nur eine kleine Teilmenge der Kirchenmitglieder) und diskriminiert all jene, die diese Überzeugungen nicht teilen – nicht nur die vielen Menschen, die religiöse Konzepte per se ablehnen, sondern beispielsweise auch gläubige Juden (für die das menschliche Leben erst mit der Geburt beginnt) oder Muslime (für die der Fötus erst ab dem 120. Tag der Schwangerschaft beseelt ist).

Wie müsste demgegenüber eine Gesetzgebung aussehen, die den auch grundlegenden Anforderungen einer rationalen, evidenzbasierten, weltanschaulich neutralen Begründung genügt? Nun, zunächst einmal müsste sie die empirischen Fakten zur Kenntnis nehmen, die für die ethische und juristische Bewertung des Schwangerschaftsabbruchs relevant sind. Interessant sind dabei unter anderem die folgenden beiden Punkte:

– Erwiesenermaßen geht etwa die Hälfte der befruchteten Eizellen spontan wieder ab, was nur in knapp 20 Prozent der Fälle überhaupt bemerkt wird. Angesichts dieser Häufigkeit des natürlichen Aborts ist es geradezu absurd, dass der Gesetzgeber die Folgen des künstlichen Aborts, also des Schwangerschaftsabbruchs, derart dramatisiert, dass er den betroffenen Frauen eine »zumutbare Opfergrenze« (§ 219 StGB) abverlangt. (Nebenbei bringt diese empirische Tatsache auch die Anhänger der »Simultanbeseelung« in Bedrängnis: Denn warum sollte »Gott« jedem Embryo eine »ewige Seele« einhauchen – und sie kurz darauf der Hälfte von ihnen wieder aushauchen? Ist der »Allmächtige« etwa verwirrt oder hat er gar »Spaß« am Abort?)

– Embryonen verfügen nachweislich nicht über personale Eigenschaften (etwa Ich-Bewusstsein), sie sind nicht einmal leidensfähig, haben daher auch keinerlei Interessen, die in einem Konflikt ethisch oder gar juristisch berücksichtigt werden könnten. Erst mit der 20. Schwangerschaftswoche beginnt die Entwicklung der Großhirnrinde, so dass wir es ab einer bestimmten Entwicklungsstufe des Fötus (nicht des Embryos.) mit einem empfindungsfähigen Lebewesen zu tun haben, dessen »Interessen« in einer Güterabwägung beachtet werden können.

Daraus ist zu folgern: Der Gesetzgeber kann zwar mit rationalen, evidenzbasierten, weltanschaulich neutralen Gründen verfügen, dass Spätabtreibungen nur in Ausnahmefällen zulässig sind, um entwickelten Föten Leid zu ersparen. Derartige Gründe liegen aber nicht vor, wenn der Staat bewusstseins- und empfindungsunfähigen Embryonen »ein eigenes Recht auf Leben« einräumt und dieses vermeintliche »Recht« gegen die Selbstbestimmungsrechte der Frauen ausspielt. Deshalb sind die aktuell geltenden Bestimmungen zum Schwangerschaftsabbruch in Deutschland eindeutig verfassungswidrig – auch wenn das Bundesverfassungsgericht in den 1970er und 1990er Jahren von katholischen Lobbyisten so stark bedrängt wurde, dass es diesen klaren Verfassungsbruch nicht als solchen erkennen konnte bzw. wollte! Wenn also ungewollt schwangere Frauen weiterhin Zwangsberatungen über sich ergehen lassen müssen, wenn es dabei bleibt, dass der Schwangerschaftsabbruch als »prinzipiell rechtswidrig« eingestuft wird, so handelt es sich dabei um nichts anderes als um religiöse Schikane, die dem demokratischen Verfassungsstaat zwingend untersagt ist!

Was ich hier für die Frage des Schwangerschaftsabbruchs kurz skizziert habe, trifft in ähnlicher Form auf viele andere Bereiche unseres Lebens zu. Tatsächlich bestimmen nicht zuletzt irrationale, kontrafaktische, weltanschaulich parteiische (mit christlichen Glaubensvorstellungen begründete) Vorgaben darüber, was man uns in öffentlichen Bildungsinstitutionen beibringt, welche Rechte wir als Kinder haben, für welche

Zwecke unsere Steuergelder ausgegeben werden, was in den öffentlichen Medien gesendet wird, was wir offiziell zu feiern haben, ja sogar, welche Drogen wir konsumieren dürfen und welche nicht. Auf all diese Punkte kann ich im Rahmen dieses Textes nicht eingehen. Springen wir stattdessen von der ersten Phase des Lebens zur letzten Phase.

Auch bei den Regelungen zur Sterbehilfe muss der liberale Rechtsstaat peinlich genau darauf achten, dass seine Gesetze die Pluralität der Würdedefinitionen seiner Bürgerinnen und Bürger berücksichtigen. So muss er es einem strenggläubigen Katholiken ermöglichen, den Überzeugungen von Papst Johannes Paul II. zu folgen, der meinte, man müsse als Sterbender das »Kreuz Christi« auf sich nehmen und das Leiden akzeptieren, da das Leben ein »Geschenk Gottes« sei, über das der Mensch nicht verfügen dürfe. Er muss es aber auch einem Anhänger der Philosophie Friedrich Nietzsches erlauben, »frei zum Tode und frei im Tode« zu sein.

Zwischen der Ächtung des Suizids bei Johannes Paul II. und dem Lob des Freitods bei Nietzsche gibt es ein breites Spektrum an unterschiedlichen weltanschaulich geprägten Wertehaltungen, über die seit Jahrhunderten gestritten wird. An diesem Streit darf sich selbstverständlich jedes Mitglied der Zivilgesellschaft beteiligen, der liberale Rechtsstaat muss sich dabei jedoch zurückhalten. Auf gar keinen Fall darf er sich – wie dies 2015 bei der Verabschiedung des »Sterbehilfeverhinderungsgesetzes« § 217 StGB (Geschäftsmäßige Förderung der Selbsttötung) geschehen ist – zum Anwalt einer spezifischen, nämlich christlichen Weltanschauung machen und deren Werte zur allgemeinverbindlichen Norm erheben.

Man mache sich diese Ungeheuerlichkeit bewusst: Obgleich 80 Prozent der Bürgerinnen und Bürger (!) für eine

Liberalisierung der Sterbehilfe votierten, beschlossen deren parlamentarische Vertreterinnen und Vertreter die Kriminalisierung, indem sie die ärztliche Freitodhilfe unter Strafe stellten. Die Parlamentarier folgten den Vorgaben der katholischen Amtskirche so weit, dass sie ein Gesetz verabschiedeten, das schwerstkranke Menschen katastrophalen Risiken ausliefert und ihnen die letzte Chance auf Selbstbestimmung nimmt, weil verantwortungsvolle Ärzte von nun an mit empfindlichen Strafen bedroht werden, wenn sie ihren Patienten in deren schwersten Stunden zur Seite stehen. (Falls Sie also irgendwann einmal qualvoll sterben müssen, wissen Sie, wem Sie das zu verdanken haben!)

Viele, die 2015 für das »Sterbehilfeverhinderungsgesetz« stimmten, begründeten dies mit ihrem »Gewissen« als Christen, wobei sie sich auf Artikel 38 Absatz 1 des Grundgesetzes beriefen, wo es heißt, dass die Abgeordneten des Deutschen Bundestages als »Vertreter des ganzen Volkes ... an Aufträge und Weisungen nicht gebunden und nur ihrem Gewissen unterworfen« sind. Tatsächlich aber zielt die »Gewissensformel« der Verfassung, die 1919 durch den jüdischen Sozialisten Oskar Cohn eingebracht wurde, keineswegs auf das private, womöglich gar religiös aufgeladene Gewissen des Abgeordneten ab, sondern auf das professionelle Gewissen eines Berufspolitikers, der seine Entscheidungen »nach bestem Wissen und Gewissen« treffen sollte.

Es geht hier also nicht um die religiöse »Verantwortung vor Gott«, sondern einzig und allein um die politische Verantwortung gegenüber den Menschen, deren Interessen im Parlament vertreten werden, sowie um die rechtsstaatliche Verantwortung gegenüber den Vorgaben der Verfassung, die bei jeder parlamentarischen Entscheidung zu berücksichtigen sind. Mit anderen Worten: Gerade gewissenhafte Politikerinnen und Politiker sollten sich der Tatsache bewusst sein, dass sie gar nicht das Recht besitzen, ihre privaten Glaubensüberzeugungen zur allgemeinen Rechtsnorm zu erheben, nach der sich Andersdenkende richten müssen. Gerade sie müssten dem Verfassungsgebot der weltanschaulichen Neutralität des Staates folgen – notfalls auch gegen anderslautende (weltanschaulich parteiische) Vorgaben der eigenen Fraktion.

Wie weit die Fangarme der »Kirchenrepublik Deutschland« tatsächlich greifen, zeigt der Umstand, dass man sich ihnen nicht einmal durch den Tod entziehen kann. Denn in Deutschland herrscht Friedhofszwang – auch dies ein Rückgriff auf die Gesetzgebung der Nazis, nämlich auf das von Adolf Hitler und Wilhelm Frick unterzeichnete Gesetz zur Feuerbestattung aus dem Jahr 1934. Daher dürfen Angehörige in Deutschland nicht tun, was in vielen anderen Ländern der Welt erlaubt ist, nämlich den Wunsch der Verstorbenen erfüllen, ihre Asche im eigenen Garten zu verstreuen. Theologischer Hintergrund des Friedhofszwangs ist die Vorstellung von der »leiblichen Auferstehung der Toten«, die bis zum Tag des Jüngsten Gerichts in »geweihter Erde« ruhen sollen. Wir sehen: Wie so viele andere Normen des Staates beruhen auch die Bestattungsgesetze auf einem weltanschaulich parteiischen, vordemokratischen Rechtsverständnis, das dringend der Korrektur bedarf.

Es ist Zeit für einen grundlegenden Wandel!

Nun fragt man sich vielleicht, wie es sein kann, dass so viele Gesetze gegen die Verfassung verstoßen, ohne dass dies einen

Aufschrei beispielsweise in den Rechtswissenschaften hervorruft. Ich führe dies auf ein Phänomen zurück, das ich als »blinden Fleck des deutschen Rechtssystems« bezeichne. In diesem Zusammenhang ist zu beachten, dass Deutschland lange Zeit ein genuin christliches Land war, in dem deutlich mehr als 90 Prozent der Bevölkerung der katholischen oder evangelischen Kirche angehörten (1871: 98,6 Prozent, 1939: 95 Prozent, 1970: 93,6 Prozent). Vor dem homogenen Hintergrund einer christlich geprägten Gesellschaft fiel den meisten Rechtsexperten offenbar gar nicht auf, dass weder die Gesetze des Staates noch ihre juristische Auslegung dem Gebot der weltanschaulichen Neutralität genügten. Dies ist wohl erst jetzt in einer weitgehend säkularisierten, entchristlichten, weltanschaulich pluralen Gesellschaft erkennbar geworden, weshalb sich auch jetzt erst der Druck erhöht, grundlegende Reformen einzuleiten.

Fakt ist, dass in den letzten 50 Jahren ein fundamentaler gesellschaftlicher Wandel stattgefunden hat. Die Kirchen haben einen beträchtlichen Teil ihrer Mitglieder verloren, der Bevölkerungsanteil der »praktizierenden Gläubigen« ist auf magere 12 Prozent zurückgegangen. Inzwischen leben in Deutschland deutlich mehr konfessionsfreie Menschen als Katholiken oder Protestanten. In vielen Großstädten stellen sie bereits heute über 50 Prozent der Bevölkerung, und in absehbarer Zeit wird dies auf ganz Deutschland zutreffen. Politische Mehrheiten wird es daher in Zukunft nicht mehr gegen die Interessen der konfessionsfreien Menschen geben, sondern nur noch im Einklang mit ihren Interessen.

Daher ist nun endgültig der Zeitpunkt gekommen, um die Privilegien der Kirchen abzuschaffen. Sie sollten nicht mehr Rechte besitzen als andere gesellschaftliche Organisationen auch. (Damit könnte man in eleganter Weise auch dem Bestreben der Islamverbände entgegentreten, die für sich ebenfalls »religiöse Sonderrechte« reklamieren.) Machen wir den verantwortlichen Politikerinnen und Politikern des Landes also unmissverständlich klar, dass eine weitere Missachtung des Gebots der weltanschaulichen Neutralität des Staates nicht länger toleriert werden kann!

Die Verurteilung der Ärztin Kristina Hänel hat in den letzten Monaten Tausende von Menschen dazu gebracht, auf die Straße zu gehen, um gegen die Gängelungen des § 219a StGB und für eine Stärkung des sexuellen und reproduktiven Selbstbestimmungsrechts zu demonstrieren. Aber §219a StGB ist, wie wir gesehen haben, kein Einzelfall: Es gibt in Deutschland unzählige Gesetze, die bürgerliche Freiheiten aufgrund von irrationalen, kontrafaktischen, weltanschaulich parteiischen Vorgaben beschneiden. Nutzen wir also das Jahr 2019 mit seinen Verfassungsjubiläen »70 Jahre Grundgesetz« und »100 Jahre Weimarer Verfassung«, um diesen rechtspolitischen Skandal ins öffentliche Bewusstsein zu bringen! 100 Jahre Verfassungsbruch sind wahrlich mehr als genug! Es ist an der Zeit, die »Kirchenrepublik Deutschland« hinter uns zu lassen und dafür zu sorgen, dass aus Verfassungstext endlich Verfassungswirklichkeit wird.

Carsten Frerk

Seid umschlungen Millionen!

Die Kirchen und unser Geld
Über Vermögen, Subventionen, Immobilien –
und andere zweifelhafte Besitzstände

»Die Kirche ist reich – an Menschen«, so lautete jahrzehntelang eine der beständigsten Antworten von Kirchenfunktionären, wenn sie zu den Finanzen und dem Vermögen der Kirchen in Deutschland befragt werden. Dazu passt dann auch das Sprichwort: »Arm wie eine Kirchenmaus«. Warum? Weil es in den Kirchen keine Speisekammern gibt.

Das hat in Deutschland insofern Tradition, da – im Unterschied zu den USA – nur eine arme Kirche als glaubwürdig angesehen wird, getreu dem Jesus-Wort: »Mein Reich ist nicht von dieser Welt.«

Im Herbst 2013 gab es allerdings den »Finanzskandal« um den Bischof von Limburg, Franz-Peter Tebartz-van Elst, der als »Prunk- und Protzbischof« geschmäht wurde. Im Zentrum der Medien- und Empörungswelle stand vor allem die vorgeblich 15.000 Euro teure Badewanne, und der Präsident der Caritas warnte seine Kirche: »Die Spenden brechen ein!«

Dass der Bischöfliche Stuhl des Bistums Limburg, als Rechtsträger, ein institutionelles Vermögen des Bischofs von mehr als 100 Millionen Euro besitzt, ging dabei unter. Schließlich musste der Bischof seinen Platz räumen, aber die ganzen Emotionen hatten zur Folge, dass die beiden Kirchen in eine überraschende Transparenz-Offensive gingen. Hatten sie jahrzehntelang geschwiegen, so legten die meisten Bistümer und Landeskirchen in den vergangenen Jahren nun Finanzberichte bzw. Bilanzen vor.

Das ist ein Anfang, denn sie wurden nach den Prinzipien des Handelsgesetzbuches angefertigt, das heißt alle Bewertungen erfolgen nach dem Niederstwertprinzip. Bei Beteiligungen brauchen nur die Anteile an den Stammeinlagen genannt zu werden, und Immobilien werden linear abgeschrieben und stehen nach 30 bzw. 40 Jahren nur noch mit dem »Erinnerungswert« von einem Euro in der Bilanz – auch wenn es eine 1a-Geschäftslage ist, mit einem aktuellen Marktwert von beispielsweise 30 Millionen Euro. Die vielen Immobilien im Kirchenbesitz (rund 87.000 Gebäude – ohne die 38.000 Kirchengebäude, die in Deutschland stehen) sind noch nicht bewertet, und in den Finanzberichten ist also noch »viel Luft nach oben«.

Die in den Finanzberichten vorrangig genannten Kapitalvermögen waren aber bereits überraschend hoch. Das Erzbistum Paderborn nennt (2015) ein Vermögen von 4,2 Milliarden Euro, das Erzbistum Köln 3,5 Milliarden Euro, das Erzbistum München und Freising 3,3 Milliarden Euro usw. Rechnet man die bisher veröffentlichten Zahlen der katholischen Bistümer zusammen, ergibt das 20,4 Milliarden Euro. Für die evangelischen Landeskirchen sind es 4,6 Milliarden Euro (Württemberg), 3,5 Milliarden (Bayern), 1,8 Milliarden (Rheinland) usw., zusammen 12,5 Milliarden Euro. Beide Kirchen nennen also insgesamt 32,9 Milliarden Euro Vermögen – nach dem Niederstwertprinzip. Diese Angaben beziehen sich zudem nur auf die Rechtsträger Bistum bzw. Landeskirche, in ihnen sind keinerlei Finanzen und Vermögen der Kirchengemeinden, der kirchlichen Organisationen und Stiftungen oder der Ordensgemeinschaften enthalten.

Obwohl es ein lobenswerter Anfang ist, gibt es dazu auch

innerkirchlichen Widerspruch, der das traditionelle Schweigen weiter erhalten will.

Ein vielzitierter bekannter deutscher Dichter, Johann Wolfgang von Goethe, stellte in seinen Gesprächen mit Eckermann am 11. März 1832 fest: »Es ist gar viel Dummes in den Satzungen der Kirche. Aber sie will herrschen, und da muss sie eine borniere Masse haben, die sich duckt und die geneigt ist, sich beherrschen zu lassen. Die hohe reichdotierte Geistlichkeit fürchtet nichts mehr als die Aufklärung der untern Massen.« Und das zu Recht.

Als eine Recherche ergab, dass die Kirchen zur Finanzierung ihrer beiden Wohlfahrtsverbände Caritas und Diakonie nur 1,8 Prozent beitragen (alles andere zahlen die Krankenkassen, die Pflegekassen, die Patienten und der Staat) wurden von der Forschungsgruppen Weltanschauungen in Deutschland (fowid.de) 1000 Kirchenmitglieder befragt, wie sie dazu stünden. Die Frage lautete:

»Die Kirche unterhält mit den Einnahmen aus der Kirchensteuer ja auch viele soziale Einrichtungen. Einmal angenommen, die Kirche würde von den Einnahmen aus der Kirchensteuer nur einen sehr geringen Teil oder gar nichts für soziale Zwecke ausgeben. Wäre das für Sie persönlich ein Grund, aus der Kirche auszutreten, oder wäre das für Sie kein Grund?«

Immerhin: 46 Prozent der befragten Kirchenmitglieder antworteten, dass sie aus der Kirche austreten würden, wenn es so wäre – wir wissen, dass es so ist. Also: Reden ist Silber, Schweigen ist Gold. Das Gesamtvermögen der beiden Kirchen in Deutschland wird auf ein Volumen von bis zu rund 400 Milliarden Euro geschätzt. Der wirtschaftliche Jahresumsatz aller kirchlichen Organisationen auf rund 130 Milliarden Euro.

Wie ist es dazu gekommen, nicht nur in Deutschland, sondern generell, und gilt dieses Wirtschaftsvolumen auch in anderen Teilen der Welt? Gehen wir also zurück in die Entstehungsgeschichte des Christentums und betrachten – in aller Kürze – die Entstehung und die Eigenarten der Organisation »Christliche Kirche«. Es geht also um ihre Weltlichkeit, vor allem um das Marketing der Kirchen, insbesondere der katholischen, weltumfassenden Kirche.

Kirche und Marketing

Die Geschichte der Unternehmensmarke »Christliche Kirche« lässt sich – in aller Kürze – auch mit Begriffen des Marktverhaltens und des Marketings beschreiben.

Paulus von Tharsus, der sich nach einem Erweckungserlebnis für den maßgeblichen Apostel hielt, startete eine feindliche Übernahme der Jesus-Gruppen, indem er die Zielgruppe erweiterte (Jesus hatte nur beschnittene Juden als Adressaten), das Vertriebsgebiet ausbaute (Missionsreisen im Imperium Romanum) und Prinzipien aufstellte, die neu sind: Die Auferstehung Jesu, der Gehorsam vor der Obrigkeit in Rom, die Bezahlung der Priester, das Schweigen der Frauen. Während Petrus, so viel wir wissen, sich als Vorsteher der Gemeinde in Jerusalem, als Manager verhielt (Organisation, Qualitätssicherung und Risikomanagement) hatte Paulus offensichtlich »Leadership Quality« (Vision, Kommunikation und Begeisterung). Seine Genialität zeigte sich unter anderem in der perfekten Beherrschung des »Advertising«, insbesondere des »Direktmarketings« in Mailings (Kettenbriefe an die Korinther, Galater, Epheser und viele andere) und in der Beeinflussung von »Opinion Leaders« vor Ort (Timotheus, Titus, Philemon). In seiner Kommunikation von »Unique Leadership« war das »Superiority Statement« für das Christentum konsequent.

Parallel entstand dazu in den ersten drei Jahrhunderten ein umfangreiches »Mission Statement« (Neues Testament) – mit dem man, in seiner Widersprüchlichkeit, alles begründen kann – und es wurde eine der größten »Positioning Operations« der europäischen Geschichte realisiert. Durch »Produktpiraterie« wird der beliebte Mithras-Kult (Sol invictus) und die weitverbreitete, aus Ägypten stammende Horus-/Isis-Verehrung als Jesus/Maria inkorporiert. Horus, der Falkengott, verschmilzt mit dem Auferstandenen, dem über den Tod siegreichen Christus. Unter dem Christusmonogramm PX (nicht mit dem lateinischen Kreuz) führte Kaiser Konstantin seine Legionen in die Schlacht, die man bekanntlich nicht mit Nächstenliebe gewinnt.

Insbesondere durch die Übernahme der heidnischen Feste – wie Weihnachten und Ostern – warf das Christentum die tradierte heidnische Spiritualität nicht über den Haufen, sondern dockte an bestehende Gemeinschaften an. Eine effiziente Form des »Community Marketing«. Werbeagenturen bezeichnen diese Strategie des »Trittbrettfahrens« auch als »Movement Marketing«.

Konstantin verschaffte der christlichen Gemeinde im Jahre 310 den offiziellen »Marktzugang« in Rom, und Kaiser Theodosius 380 die »Monopolstellung« als Staatsreligion. Damit war die »Uniqueness« erreicht und es begann die erfolgreiche Geschäftspartnerschaft zwischen Kirche und

Staat. Beiden war bekannt, was der römische Historiker Titus Livius – er lebte von 59 vor bis 17 nach Christus – bereits festgestellt hatte: »Not lehrt beten!«

Damit waren alle Elemente für eine erfolgreiche Konzeption der »Copy Strategy« des Christentums beisammen. Wesentlich waren dabei: Der »Consumer Benefit« (das Versprechen der Gleichheit aller Menschen – nicht auf der Erde, aber vor Gott), die »Unique Selling Proposition«, das wesentliche Alleinstellungsmerkmal einer allumfassenden (katholischen) Staatsreligion, mit überzeugenden »Testimonials« (Jesus als Christus, Kaiser Konstantin und Kaiser Theodosius). Und das »Reason Why« war das Versprechen der Auferstehung von den Toten. Für alle.

Für die Kirche war die Bildung eines hierarchisch organisierten Klerus die Grundlage für den Geschäftsbetrieb ihres Machtwillens: Innerhalb der religiösen Gemeinschaft besteht eine Gruppe von geweihten Amtsträgern mit priesterlichen Funktionen (die Kleriker), die deutlich von den übrigen Gläubigen (den Laien) abgehoben sind. Das Basiskonzept ist dabei eine einfache, duale und robuste Unterscheidung, die auch Menschen verstehen, die nicht lesen und schreiben können: Die Menschen leben in einem Jammertal, da sie alle Sünder sind, Lügner, die in die Hölle kommen werden, wo sie unsägliche Qualen erleiden. Und Sterben tun sie alle, und dann sind sie tot. Davor kann sie nur eine einzige Organisation retten, die Kirche. Auch wenn der Mensch aus dem Paradies vertrieben wurde, so kann er doch durch Gott und seine Kirche Vergebung erlangen, die Wahrheit erkennen, ins Himmelreich kommen und erlöst werden. Den Tod braucht man nicht zu fürchten, er ist ein Doppelpunkt, für das wahre Leben und die Auferstehung. Und: Für alles das braucht es keine »Supporting

Evidence«. Diese Ansatzpunkte wirken perfekt. Der einzelne Mensch, der um seine Schwäche weiß, wird von Kindesbeinen an in kirchliche Rituale eingeübt, die er verinnerlicht, und er wird in eine sozial-religiöse Gemeinschaft eingebunden, die ihm Halt gibt. Durch die partielle oder komplette Infantilisierung der Mitglieder, die den anmaßenden Klerus mit »Vater« anzusprechen haben, bleiben sie dem Vater – vom einfachen Pater über den Heiligen Vater bis hin zum Gott-Vater – dankbar für seine Sorge und seinen Schutz, und gleichzeitig haben sie Angst vor einer Bestrafung durch ihn, wenn sie sich falsch verhalten. Das nennt sich Ehrfurcht und ist staatliches Erziehungsziel in Bayern und in Nordrhein-Westfalen.

Und es entsteht ein ungewöhnlicher Nebeneffekt: Aus der Idee, dass alle Menschen Sünder seien, gibt es auch für den Klerus, das »Bodenpersonal« Gottes, keine Produkthaftung!

Mit anderen Worten: Jeder Mensch macht Fehler, wird Sünder, und trägt keine Verantwortung für sein Handeln oder seine Versprechen, wenn er mit Gott wieder im Reinen ist, und das geht – in der Beichte – nur mithilfe des geweihten Klerus.

Der Klerus ist eine »Flache Hierarchie« (»heilige Ordnung«) und über das »Corporate Design« des Collars (Priesterkragen) leicht erkennbar in drei Varianten: Pater/Priester (Soutane und Zingulum = Gürtel sind schwarz), Bischöfe (schwarze oder rote Soutane, rotes Zingulum), Papst (Soutane und Zingulum in weiß). Diese »Corporate Identity« gilt auch für alle Mönchs- und Nonnenorden, die an ihrem Habit (ihrer Kleidung) zu erkennen sind, das für alle Mitglieder genau gleich ist.

Im »Branding« ist die Einzigartigkeit des Markenzeichens »Christliches Kreuz« so stark, dass es diverse Untermarken integrieren kann und immer erkennbar bleibt. Das Ganze wird eingebettet in »Give Aways« (Andachtsbildchen und Fleißkarten), »Promotions« (Herz-Jesu-Bilder usw.) und Fan-Artikel (Devotionalien). »Merchandising« zu übersichtlichen Preisen!

Unübersehbar ist zudem die Anzahl der »Points of Sale« (Kirchengebäude), von denen es mehr als zehn Mal so viele gibt wie Filialen von ALDI Nord und ALDI Süd zusammen. Auch wenn die »Branded Utility« der Kirchturmglocken als Zeitangabe nicht mehr so stark ist, bleibt der »Flagship Store« in Rom ein Touristenmagnet.

Kirche und Membership Economy

Das besonders in Deutschland wirtschaftliche Erfolgsmodell »Katholische Kirche« beruht neben der exklusiven Geschäftspartnerschaft mit dem Staat auf einer »Membership Economy«, will heißen: Von der katholischen Kirche wird alles getan, um die Kirchenmitgliedschaft und damit das Zahlen der Kirchensteuer zu gewährleisten, was mithilfe des staatlichen Inkassos geschieht. Dazu zwei Beispiele:

Taufe, Firmung und Eucharistie sind die drei Sakramente, durch die der Mensch in die katholische Kirche eingegliedert wird. Die Taufe ist einerseits gleichsam ein Versprechen der Eltern, das Kind christlich zu erziehen, und andererseits der Beginn einer Kirchenmitgliedschaft. Damit diese Taufe und die Kirchenmitgliedschaft jedoch vollständig werden, ist katechetisch und kirchenrechtlich die Firmung zwingend vorgeschrieben. Das heißt, erst durch die Firmung des mit 14 Jahren kirchenrechtlich Erwachsenen wird die Kirchenmitgliedschaft bestätigt und endgültig.

Nun ist es aber so, dass sich beispielsweise im Erzbistum Köln nur rund 50 Prozent der Täuflinge auch firmen lassen.

Ihre ohne ihre Zustimmung begonnene Kirchenmitgliedschaft müsste also von Seiten des Bistums beendet werden. Das geschieht jedoch nicht.

Noch ein weiterer Aspekt. Lange war umstritten, ob beim Austritt aus Religionsgemeinschaften, deren Mitgliedschaftsrecht an die staatlichen Austrittsgesetze anknüpft, erklärt werden kann, der Austritt solle nur für den staatlichen Bereich gelten, die Mitgliedschaft aber bestehen lassen. Die Folge dieses »Kirchenaustritt mit nur bürgerlicher Wirkung« wäre eine Mitgliedschaft ohne entsprechende Verpflichtungen (z. B. keine Zahlung von Kirchensteuer). Die Streitfrage hat sich aber dadurch erledigt, dass die staatlichen Kirchenaustrittsgesetze insoweit geändert wurden, als sie Zusätze und Bedingungen zur Austrittserklärung nicht mehr zulassen.

Tritt man in Deutschland aus der katholischen Kirche aus, wird man exkommuniziert, das heißt von den Sakramenten ausgeschlossen. Das hatte Papst Benedikt XVI. als unverhältnismäßig hart kritisiert, da die Exkommunikation nur bei Glaubensabfall oder Ungehorsam gegen einen Bischof vorgesehen sei. Die deutsche Bischofskonferenz erwiderte daraufhin, man werde bei der bewährten Praxis bleiben. Das entspräche dem Canon 222 des katholischen Kirchenrechts: »Die Gläubigen sind verpflichtet, für die Erfordernisse der Kirche Beiträge zu leisten.«

Diese beiden Beispiele zeigen, dass die katholische Kirche für den Geschäftserfolg auch pragmatisch bereit ist, katechetische Erfordernisse oder staatliche Gesetze zu missachten. Ein Blick auf die Zahlen zeigt, dass die Bischöfe der katholischen Kirche in Deutschland sich mit diesen kompromisslosen Maßnahmen ökonomisch – im Hinblick auf die »Membership Economy« – absolut richtig verhalten.

Ein erster Blick scheint anderes zu bedeuten. Es ist richtig, dass sich der Filialbesuch in den »Points of Sale« (der regelmäßige Gottesdienstbesuch) von 1950 bis 2017 von 50 Prozent der Kirchenmitglieder auf zehn Prozent reduziert hat. Aber die Markentreue der Kundschaft zur Marke Kirche verringert sich vergleichsweise nur gering. Es sind im Mittel der Jahre von 1980 bis 2017 nur 0,6 Prozent pro Jahr. Das bleibt im Bereich des Überschaubaren.

Und vor allem zeigt es im Bereich der Ökonomie keine Auswirkungen, denn die Umsätze mit den Einnahmen aus der Kirchensteuer steigen – und das ist ja das Ziel der »Membership Economy«. 2015 wurde die Sechs-Milliarden-Euro-Grenze überschritten. Das mittlere Wachstum der Kirchensteuereinnahmen der katholischen Bistümer (von 1991 bis 2017) liegt bei 2,1 Prozent. Und diese Einnahmen werden, trotz Mitgliederverlusten, weiter steigen. Das Institut der deutschen Wirtschaft hat in einer Prognose (IW-Kurzbericht 78/2018) begründet geschätzt, dass die Kirchensteuereinnahmen der katholischen Bistümer bis zum Jahr 2023 auf 8,2 Milliarden Euro steigen werden und die der evangelischen Landeskirchen auf sieben Milliarden.

Es gibt allerdings auch Grenzen dieses Konzepts, denn als zur Beendigung der »Schummelei« der Kirchenmitglieder bei Zinserträgen 2015 die kompliziert organisierte Kapitalertragskirchensteuer in einem automatisierten Verfahren eingeführt wurde, mit einer anonymen, aber (so wörtlich) »gläubigerscharfen Abführung« der berechneten Kirchensteuer auf Kapitalerträge, häuften sich die Kirchenaustritte, vor allem die älterer Mitglieder, welche dies als unmoralischen Zugriff auf ihre sauer verdienten Spargroschen empfanden.

Dieser bemerkenswerte Erfolg der »Membership Economy« in Deutschland zeigt sich auch im Vergleich zu Österreich. Weil in Österreich der Kirchenbeitrag nicht an die staatliche Steuer gebunden ist, müssen die Kirchen selbst ermitteln, wer bei ihnen Mitglied ist und wie hoch das Einkommen – nach Selbsteinschätzung – dieser Mitglieder ist, und den Einzug des Beitrags selbst organisieren. In Deutschland sind die Mitgliederdaten der religiösen Körperschaften weitestgehend staatlich erfasst, und es wird in einer engen Geschäftspartnerschaft von Staat und Kirche bei der staatlich organisierten Steuerberechnung gleich mitberechnet, was von den Arbeitgebern für die Lohn- und Gehaltsabhängigen kostenlos monatlich zu berechnen und zu überweisen ist. Dieses finanzverfassungsrechtliche Unikat des staatlichen Inkassos erwirtschaftet für die beiden großen Amtskirchen in Deutschland an Einnahmen das vergleichsweise Dreifache von dem, was die Kirchenbeitragsstellen in Österreich realisieren.

Die Marketingexpertin Robbie Kellman-Baxter wurde einmal gefragt: »Was hat eine Firma von Mitgliedern?« Ihre Antwort: »Ein lebenslanger Kunde ist die Gans, die goldene Eier legt. Ich streiche jeden Monat Umsatz ein, das hilft unter anderem bei der Finanzplanung.« Dieses Phänomen »Leere Kirchen – volle Kassen« nennen andere Ökonomen: »Cash Cow«.

Staatsmonopolistischer Kapitalismus

In marxistischer Sicht gab (und gibt) es eine Beschreibung des Verhältnisses von Staat und Wirtschaft in den westlichen Demokratien, die »Staatsmonopolistischer Kapitalismus (Stamokap)« genannt wurde. Kurz gesagt war es die Sichtweise, dass der Staat die Herausbildung von wenigen Konzernen fördere und diese institutionell wie finanziell bevorzuge. In kürzester Form wird es auf das Prinzip reduziert: »Einnahmen/Gewinne werden privatisiert, Kosten/Verluste sozialisiert«, das heißt von der Allgemeinheit bezahlt.

Konzerne wie Microsoft, Apple und Amazon suchen sich trickreich Länder wie Irland oder Luxemburg als Europasitz aus, weil sie dort am wenigsten Steuern zahlen. Die beiden Kirchen in Deutschland können insofern getrost zu Hause bleiben, denn ihre Einnahmen und Gewinne bleiben komplett steuerfrei. Für die beiden Kirchen waren das 2016, nur aus der Kirchensteuer, zusammen 11,6 Milliarden Euro.

Die Kosten hingegen werden weitgehend sozialisiert, das heißt, aus allgemeinen Steuergeldern werden die Kirchen, die Kirchenmitglieder und die kirchlichen Einrichtungen finanziert. Das waren (im Jahr 2009, aber die Größenordnung bleibt dieselbe) 19,3 Milliarden Euro. Größte Einzelpositionen sind dabei die Zuschüsse zu den konfessionellen Kindertagesstätten (3,9 Milliarden Euro), die Steuergelder, auf deren Einnahme der Staat durch die komplette Absetzbarkeit der gezahlten Kirchensteuer als Sonderausgabe verzichtet (3,9 Milliarden Euro), die Steuerbefreiung der Kirchen (2,3 Milliarden Euro) sowie die Zuschüsse zu den Konfessionsschulen (2,3 Milliarden Euro).

Kirchensteuer und 1933

Die Geschäftspartnerschaft von Kirche und Staat hat die Besonderheit, dass der Juniorpartner Kirche sich so entwickelte, dass er den Anspruch hatte, der Seniorpartner mit Führungsanspruch zu sein. Frage: Wer ist in der »Pole Position« Nummer 1, der Staat oder die Kirche? Das ist eigentlich ganz einfach zu beantworten. Man betrachte sich ein Bild von der Krönung

Kaiser Karls im Jahr 800 in Rom: Wer steht bei der Kaiserkrönung und wer kniet? Das ist eindeutig: Der Kaiser kniet.

Im Kölner Dom wird die lange Geschäftsverbindung von Kirche und Staat mit zwei Kirchenfenstern gewürdigt. Das eine zeigt Bonifatius, den Apostel der Deutschen, und das andere Kaiser Karl, genannt der Große, der den Zehnten zur Kirchenfinanzierung einführte. Die moderne Form davon ist: Die Kirchensteuer.

In der Weimarer Nationalversammlung musste 1919 die Frage der Staatskirche geklärt werden, und man entschied sich für das Konzept von »Freier Staat und Freie Kirche«, das heißt der institutionellen und finanziellen Trennung. Zur Sicherung der kirchlichen Bedürfnisse wurde dann in der Weimarer Reichsverfassung die Kirchensteuer im Deutschen Reich eingeführt. Da der Staat sowieso die bürgerlichen Steuerlisten bearbeitete, wurde ab 1920 vereinbart, dass der Staat nach der eingereichten Steuererklärung auch die Kirchensteuern berechnen sollte.

In dieser Geschäftspartnerschaft von Kirche und Staat gab es kein »Schummeln« zwischen Kirchenmitglied und Kirchen über die zu zahlende Steuer. Das Ganze funktionierte als »Vergangenheitssteuer«, da ja erst die staatliche Steuer festgesetzt werden musste, bevor die Kirchensteuer zum Zuge kam. Das wurde dann 13 Jahre später verbessert.

Vom Reichsfinanzminister wird im September 1933 angeordnet, dass auf der Lohnsteuerkarte, die 1925 eingeführt worden war, ab 1934 ein Religionseintrag vorzunehmen wäre. Das war nach der Weimarer Reichsverfassung verfassungswidrig. In Artikel 136 Absatz 3 heißt es: »Niemand ist verpflichtet, seine religiöse Überzeugung zu offenbaren.« Das hat aber die Nationalsozialisten nicht interessiert.

1949 wurde dieser Artikel der Weimarer Reichsverfassung in das Grundgesetz übernommen und so blieb – auf Wunsch der evangelischen Kirche und der USA – der Eintrag der Religionszugehörigkeit auf der Lohnsteuerkarte bestehen. Vom Bundesverfassungsgericht sind bisher alle Klagen dagegen abgewiesen worden mit der Begründung: Dies sei nur ein marginaler Eingriff in die Grundrechte und für das staatliche Inkasso notwendig. Dieser Eingriff macht die Kirchensteuer sehr effizient, und es ist ein finanzverfassungsrechtliches Unikum auf der Welt, dass der Staat als Inkassounternehmen für eine nicht-staatliche Organisation tätig wird.

Durch diesen Eintrag auf der Lohnsteuerkarte wird die Kirchensteuer zur »Gegenwartssteuer«. Nur die wenigsten Kirchenmitglieder kennen die genaue Höhe ihrer Kirchensteuer, da sie im Vergleich zu den Sozialversicherungs- und Krankenkassenbeiträgen eher gering ist.

Was heißt das für die Geschäftspartnerschaft Kirche und Staat? Für das staatliche Inkasso erhalten die Finanzbehörden rund drei Prozent des Kirchensteueraufkommens. Das sind rund 300 Millionen Euro. Der Staat erspart dadurch den Kirchen eigene Kirchensteuerämter, deren Kosten sich auf rund 2,4 Milliarden Euro belaufen würden. Ersparnis der Kirchen: rund 2,1 Milliarden Euro. Die kostenlose Berechnung durch die Arbeitgeber (in der gleichen Größenordnung wie die Staatspauschale) spart rund 300 Millionen Euro. Die Summe der Stützungsmaßnahmen beläuft sich somit auf rund 2,4 Milliarden Euro. Als ein konfessionsfreier Unternehmer sich weigerte, diese Kirchensteuerberechnung durch seine Buchhaltung vornehmen zu lassen, ging der Instanzenzug sehr schnell bis zum Bundesverfassungsgericht, und das entschied: Der Arbeitgeber habe das zu tun, da es sich nicht um eine Pflicht gegenüber den Kirchen, sondern gegenüber dem staatlichen Fiskus handele.

Staatsleistungen und Subventionen

Aber das ist noch nicht alles an direkten Leistungen, welche der Staat für die Kirchen erbringt. Ein besonders strittiger Punkt sind dabei die Staatsleistungen.

Die Weimarer Reichsverfassung (1919) und das Grundgesetz (1949) verlangen, dass diese Staatsleistungen beendet, das heißt abgelöst werden. Geschehen ist seither nichts. Seit 1949 gibt es beinahe durchgehend einen Anstieg dieser »Staatsleistungen«: 2018 sind es 538 Millionen Euro.

Die Steigerungen kommen dadurch zustande, dass diese Zahlungen – als Personaldotationen – durch eine Anpassungsklausel an die Gehaltssteigerungen eines Staatsbeamten im mittleren nicht-technischen Dienst, Gehaltstufe 7, gebunden sind (evangelisch mit 2 Kindern, katholisch keine Kinder). 14 der 16 Bundesländer zahlen diese Personaldotationen, die Freien und Hansestädte Hamburg und Bremen nicht.

In Hamburg gilt der Grundsatz: »Ein Hanseat kniet vor niemandem, auch nicht vor der Kirche.« Ein Bild im Festsaal des Hamburger Rathauses musste 1896, als dessen Neubau besichtigt wurde, dementsprechend überarbeitet werden, da vor Bischof Ansgar, einem Hamburger Bischof des Mittelalters, ein Knabe kniete, als Symbol für die Stadt Hamburg. Er wurde übermalt, und es blieb nur der leere Boden, wo vorher der Knabe gekniet hatte. Und als der Erste Bürgermeister Henning Voscherau 1994 – anlässlich der Errichtung des Erzbistums Hamburg – um Staatsdotationen angefragt wurde, soll er gesagt haben: »Wir haben seit 800 Jahren freiwillig kein Geld an Dritte gezahlt. Und dabei soll es bleiben.« In anderen Bundesländern wird das offensichtlich anders gesehen.

In den Subventionsberichten der Bundesregierung wird auch aufgelistet, dass der Staat durch die Absetzbarkeit der gezahlten Kirchensteuer von der Lohn- und Einkommensteuer als Sonderausgabe einen Einnahmeverzicht von rund 3,9 Milliarden Euro hinnimmt. Offizielle Begründung: »Begünstigung anerkannter Religionsgesellschaften und ihnen gleichgestellter Religionsgemeinschaften aus kirchen- und sozialpolitischen Erwägungen.« Historisch gesehen wollte man 1949, unter Freunden, dadurch das sozialpolitische Engagement der Kirchen würdigen, die über Gemeindekrankenschwestern und anderes einen Teil der Gesundheits- und Sozialpolitik aus eigenen Mitteln mittrugen. Das ist aber historisch überholt, da alle diese Dienstleistungen – als Teil von Caritas und Diakonie – heute weitestgehend nicht mehr von den Kirchen finanziert werden. Die Begünstigung blieb dennoch erhalten – laut Subventionsbericht: »Unbefristet.«

Caritas und Diakonie

Die beiden kirchlichen Wohlfahrtsverbände Caritas (katholisch) und Diakonie (evangelisch) gehören weltweit zu den privaten Firmen mit den meisten Mitarbeitern: 617.000 bei der Caritas und 526.000 bei der Diakonie, zusammen 1.143.000. Ihr Umsatz beläuft sich zusammen auf rund 45 Milliarden Euro pro Jahr, von denen 98,2 Prozent öffentlich finanziert werden (Krankenkassen, Pflegeversicherung, Patienten und Staat).

Ein Vergleich mit bekannten deutschen Konzernen zeigt diese ökonomische Glanzrolle der kirchlichen Wohlfahrtsverbände in Deutschland. Sie beschäftigen ein Mehrfaches an Mitarbeitern in Deutschland als die Industriekonzerne und übertreffen sogar den Umsatz der Volkswagen AG in Deutschland.

Es haben: Siemens AG (118.000 Mitarbeiter – 11,1 Milliarden Euro Umsatz), Post AG (215.802 Mitarbeiter – 18,4 Milliarden Euro Umsatz), Daimler AG (170.034 Mitarbeiter – 23,9 Milliarden Euro Umsatz), Deutsche Bahn AG (197.985 Mitarbeiter – 24,1 Milliarden Umsatz) und Volkswagen AG (281.395 Mitarbeiter – 43,7 Milliarden Euro Umsatz).

Von der Wiege bis zur Bahre ...

Aber auch außerhalb der bisher genannten drei Finanzräume, der verfassten Kirchen, der Caritas und der Diakonie, sowie den Dienstleistungen, die aus Steuergeldern finanziert werden, gibt es weitere Wirtschaftsbereiche, in denen die Kirchen ökonomisch aktiv sind.

Dazu gab es einen Leitsatz: »Von der Wiege bis zur Bahre: Christliche Talare!« Das will besagen: Sie werden in einem kirchlichen Krankenhaus geboren, gehen in eine kirchliche Kita und in eine Konfessionsschule, machen eine Lehre in einem der vielen kirchlichen Betriebe oder studieren an der Katholischen Universität Eichstätt bzw. einer der vielen kirchlichen Fachhochschulen, arbeiten dann bei einem kirchlichen Unternehmen, lesen eine Kirchenzeitung, schauen *Bibel-TV* und hören *Domradio*, fahren mit »Biblischen Reisen« in Urlaub, trinken Bier als »Klosterbräu« oder »Bischofswein«, lassen sich in kirchlichen Krankenhäusern behandeln und gehen, wenn sie alt geworden sind, in ein kirchliches Altersheim, dann in ein kirchliches Hospiz und werden auf einem kirchlichen Friedhof, dem »Gottesacker«, begraben.

Das alles lässt sich auch ökonomisch darstellen: Rechnet man die genannten Finanzkreise zusammen, so kommt man auf eine Größenordnung von rund 130 Milliarden Euro. Die deutsche Automobilindustrie hatte 2013 mit Produktion, Handel und Reparaturen einen Inlandsumsatz von 123 Milliarden Euro – also eine vergleichbare Größenordnung.

Kirche: Beste Geschäftsidee

Damit können Rücklagen gebildet werden, von denen Industriekonzerne nur träumen können. Plausible Schätzungen nennen für beide Amtskirchen eine Größenordnung ihres kirchlichen Vermögens von 300 bis 400 Milliarden Euro. Ihr Grundbesitz beläuft sich dabei auf rund 830.000 Hektar, ihnen gehören, zusätzlich zu den Kirchengebäuden, rund 87.000 Immobilien.

Ist das nun eine spezifische deutsche Situation? Die Antwort ist: Ja und Nein. Die Größenordnung in anderen Ländern ist zumeist eine andere, und die innige Geschäftspartnerschaft mit dem Staat in Deutschland ist insofern einmalig. Aber um nur einige Beispiele zu nennen: Für die Konfessionsschulen gibt es aus Steuergeldern in Österreich 453 Millionen, in Deutschland 2,3 Milliarden, in Italien 530 Millionen und in Spanien 4,4 Milliarden Euro. Für Religionslehrer zahlt der Staat aus Steuergeldern in Österreich 253 Millionen, in Deutschland 1,7 Milliarden, in Italien 500 Millionen und in Spanien 600 Millionen Euro.

Für die USA haben Brian und Melissa Grimm eine empirische Analyse zum »Sozio-ökonomischen Beitrag der Religion für die amerikanische Gesellschaft« vorgelegt (*Interdisciplinary Journal of Research on Religion*, Vol. 12, 2016). Sie untersuchten verschiedene Teilbereiche und kommen zu einer Gesamtschätzung von 1.159,2 Milliarden US-Dollar. Das ist mehr, als die zehn größten Industrieunternehmen der USA (einschließlich Microsoft, Amazon und Google) zusammen auf dem US-Markt umsetzen.

Das muss natürlich alles beschützt und organisiert werden. Wie jede Organisation, die politisch etwas zu ihren Gunsten bewirken will, pflegen auch die Kirchen ihren Lobbyismus. Dafür haben die Kirchen ihre Lobby-Büros in Berlin und in den Landeshauptstädten.

Oberkirchenrat Hermann Kalinna, von 1977 bis 1994, also 28 Jahre lang, stellvertretender Bevollmächtigter des Rates der Evangelischen Kirche in Deutschland in Bonn, hat das einmal auf den Punkt gebracht: »Staat und Kirche sind jedoch zu komplexe institutionelle Gebilde, als dass man ihre Kontakte und Beziehungen auf einen Begriff bringen könnte. Dabei sind vorgegeben das komplexe staatskirchenrechtliche System und die ungeschriebenen Regeln des Umgangs. Die Beherrschung beider ist wichtig, damit das Verhältnis Staat-Kirche nicht der Steuerung durch die Kirchenleitung entgleitet.« Man muss es noch ein zweites Mal lesen: »… damit das Verhältnis Staat-Kirche nicht der Steuerung durch die Kirchenleitung entgleitet.« Das hat er nicht hinter verschlossenen Türen geäußert, sondern so steht es – für jeden nachlesbar – im »Handbuch des Staatskirchenrechts der Bundesrepublik Deutschland«.

Wie steht es nun um den Erfolg des kirchlichen Lobbyismus in Deutschland? Die Bewertung dessen möchte ich einem der kompetentesten Insider überlassen. Er sagte zum einen: »Wir sind die einzigen Lobbyisten, die alles auf dem Schirm haben«, und zum anderen: »Unser Erfolg beeindruckt manchmal auch die Bankenlobby oder die Atomlobby.« Das sagte Prälat Dr. Karl Jüsten, als Leiter des Kommissariats der deutschen Bischöfe der katholische Chef-Lobbyist in Berlin.

Mit Goethe hatte dieser Beitrag begonnen, mit dem Geheimrat soll er auch schließen:

»Die Kirche hat einen guten Magen, / Hat ganze Länder aufgefressen, / Und doch noch nie sich übergessen; / Die Kirch' allein, meine lieben Frauen, / Kann ungerechtes Gut verdauen.« (Goethe, Faust. Der Tragödie erster Teil, 1808. Spaziergang, Mephistopheles zu Faust) Und: »Die Kirche liegt in ewigem Streit mit dem Staat, der ihr die Oberherrschaft nicht zugestehn will.« (Goethe, Autobiographisches. Aus meinem Leben. Dichtung und Wahrheit, 1811, 3. Teil, 11. Buch)

Constanze Kleis

Fifty Shades of Gott

Die Weltreligionen stimmen in seltener Eintracht
seit Jahrtausenden darin überein,
die Frau als ein Mängelexemplar zu betrachten.

Er ist mächtig, unglaublich reich und sehr dominant. Ein richtiges Alphatierchen, das nichts von Augenhöhe, dafür aber viel von Unterwerfung hält. Beziehungen mit ihm gibt es nur, wenn Frauen einen Vertrag abnicken, der ihnen vorschreibt, wie sie sich kleiden, mit wem sie Sex haben und was sie dabei empfinden dürfen. Es sollte vor allem Dankbarkeit sein. Denn eigentlich hält er Frauen für unrein, befleckt, irrational, minderwertig. »Eine verdorbene Speise, eine stinkende Rose, ein süßes Gift, immer der Sache hinterher, die ihr verboten ist«, wie es Salimbene von Parma, einer seiner Sprecher, Franziskaner und Historiker im 13. Jahrhundert formulierte.[1] In »Bondage-Discipline-Dominance-Submission-Sadism-Masochism«-Fachkreisen nennt man so etwas einen BDSM-Vertrag. Ein Schriftstück, das die Beziehung zwischen Herrn und Sklavin definiert. Im Rest der Welt heißt es »Religion«.

Egal, ob man an Gott, Mohammed, Konfuzius, Buddha oder Brahman glaubt – überall gelten die Frauen als Montagsproduktionen des Schöpfers. Als minderwertig. Dazu gemacht, unterworfen zu werden. Kein Wunder, wenn der Talmud ein Morgengebet vorsieht, in dem der Gläubige seinem Schöpfer täglich dafür dankt, dass er nicht als Nichtjude,

Sklave oder Frau zur Welt kam. Zumal das Judentum selbst ein paar exzellente Argumente für diese Empfehlung lieferte. Unter anderem gilt das Menstruations- und Geburtsblut von Frauen als schmutzig. Sie müssen sich durch bestimmte Riten erst wieder »rein« für die Religionsausübung und den Mann machen. Auch im Islam werden den Frauen herrische Vorschriften gemacht, haben sie Dienerin des Mannes zu sein, wird zur Zähmung von Widerspenstigen schon mal empfohlen: »Ermahnt sie, meidet ihr Ehebett und schlagt sie! Wenn sie euch dann gehorchen, so sucht gegen sie keine Ausrede.«[2] Selbst der Buddhismus, dieser vermeintlich so zweifelsfreie Hort des Friedens und der Menschlichkeit konnte der Versuchung nicht widerstehen, den Frauen die niedersten Ränge zuzuweisen. Bis heute beten Tibeterinnen darum, als Mann wiedergeboren zu werden, um dann die Buddhaschaft zu erlangen. Aus buddhistischer Sicht kann eine Frau nämlich schon aus Prinzip keine Erleuchtung erlangen. Wie auch? Schließlich wird sie in der tibetischen Sprache konsequent als »Kyenmen«, als von minderer Geburt bezeichnet.

Als hätte es niemals Kreuzzüge, Hugenottenkriege, den Dreißigjährigen Krieg, die Bürgerkriege in Afrika, in Irland oder im Libanon gegeben, stimmen die Weltreligionen in seltener Eintracht seit Jahrtausenden wenigstens darin überein, die Frau als ein Mängelexemplar zu betrachten, das dringend unter männliche Aufsicht gehört, und ist das Patriarchat der größte gemeinsame Nenner, auf den sich so ziemlich das gesamte religiöse Vielfache einigen kann.

Die blutigste Religion von allen – die christliche (nur gegen eine Glaubensgruppe führten Christen öfter Krieg als gegen Muslime und Juden – gegen Christen mit einer anderen Konfession) – hat dabei auch in Sachen radikaler Frauenverachtung zuverlässig brutalstmögliche Spitzenwerte erreicht. Allein bis zu 60.000 Menschen sollen den Hexenverfolgungen im frühneuzeitlichen Europa zum Opfer gefallen sein. Die meisten von ihnen Frauen. Den Freibrief zum Foltern, Verbrennen, Verachten lieferte zuverlässig die Bibel: Das Alte Testament mit seiner Schöpfungsgeschichte, laut der die Frau aus der Rippe des Mannes gemacht wurde und damit also quasi von Geburt an als zweitrangig zu betrachten sei, und natürlich mit dem Sündenfall. Schließlich war es die charakterschwache Eva, die sich von der Schlange verführen ließ. Seitdem waren praktisch alle Frauen qua christlicher Genetik Sünderinnen, lief der Shitstorm gegen alles Weibliche. Ganz wie es Quintus Septimus Florens Tertullian (160 bis 225), ein lateinischer Kirchenschriftsteller, den Frauen von der Kanzel predigte: »Weiß du nicht, dass du auch Eva bist? Der göttliche Richterspruch hat auch heute noch seine volle Gültigkeit für dieses Geschlecht, also besteht auch seine Sünde weiterhin. Du bist das Tor zum Teufel, du hast seiner Versuchung nachgegeben, du hast das göttliche Gebot als erste übertreten.«[3] Frauen seien missratene Männer, verkündete später der Kirchenlehrer Thomas von Aquin im 13. Jahrhundert, und Odo von Cluny, der zweite Abt der berühmten gleichnamigen Benediktinerabtei, äußerte sich im 15. Jahrhundert über das »Gefäß der Sünde« (Martin Luther) wie folgt: »Die Schönheit des Leibes wohnt nur in der Haut. Und wahrlich, wenn die Männer sähen, was sich unter der Haut befindet, würde der Anblick der Frauen ihnen Ekel einflößen. Wir würden es nicht ertragen, Auswurf und Kot auch nur mit den Fingerspitzen anzufassen; wie können wir dann den Wunsch haben, einen solchen Haufen Kot zu umarmen?«[4]

Ja, wie kann man nur? Das war ja gerade das Perfide, das sich so schwer im Männerkopf vereinen ließ: Dass man gleichzeitig heiß begehrt, was man doch zutiefst verachten soll, sich fürchten muss vor den weiblichen Reizen und ihnen dennoch nicht widerstehen kann. So ziemlich alle Religionen stellen ihn her: Diesen so beunruhigenden Zusammenhang zwischen extremer Lüsternheit und massiver Abscheu. Und lösen das Dilemma damit, die Frauen auch noch dafür verantwortlich zu machen. Sollte der Mann nicht mehr an sich halten können, trägt selbstverständlich die Frau die Schuld. Er hatte keine Wahl. Sie schon. Sie hätte sich ja was Ordentliches anziehen können. Etwas, das ihre per se »sündige« Sexualität vergessen macht und sie als das ausweist, was sie ja ohnehin sein sollte: Eine Heilige. Eine Jungfrau. Eine, die es idealerweise sogar schafft, schwanger zu werden, ohne jemals Sex zu haben.

Das ist total verrückt und ziemlich paranoid. Und es sollte heutzutage eigentlich kaum mehr Relevanz besitzen als die Behauptung, dass die Erde eine Scheibe ist und man herunterfällt, wenn man zu weit läuft. Keine moderne aufgeklärte Gesellschaft würde es tolerieren, dass jemand mit diesem flachen Weltbild maßgeblich Einfluss nimmt auf unseren Lebensstil, auf politische und damit auch auf Entscheidungen des Gesetzgebers. Außer, die bekloppte Idee ist Teil eines Glaubenssystems und zementiert ein traditionelles und immer noch sehr willkommenes Frauenbild. Als hätten es die Erfinder der Weltreligionen geahnt, dass es eines Tages argumentativ eng werden könnte für das Patriarchat und man dann immer noch wird sagen können: Dass es Gott oder Mohammed oder Jahwe oder John Smith oder Buddha eben so gewollt hat. Als hätten sich die Kirchenväter schon vor

Tausenden von Jahren vorsorglich für den Tag abgesichert, an dem dereinst eine Frau sagen wird: Ich will studieren! Oder: Ich kann selbst denken! Oder: Ich werde das Kind nicht bekommen! Oder: Ich werde Kanzlerin! Oder: Ich weiß, dass ich Spaß haben kann beim Sex und nach ausreichenden Vergleichen auch, dass du dafür ganz sicher nicht der geeignete Kandidat bist. Oder: Ich verlange, dass das Anforderungsprofil für die Papst-Stelle von »katholisch, ledig, männlich« auf »katholisch, weiblich, verpartnert, gern auch mit einer Frau« erweitert wird. Aber – wie Martin Luther schon sagte: »Die Vernunft ist das größte Hindernis in Bezug auf den Glauben, weil alles Göttliche ihr ungereimt erscheint.«

Die Vernunft hat dafür gesorgt, dass im Grundgesetz der Gleichheitsgrundsatz verankert wurde. Sie hat zig wissenschaftliche Belege dafür gefunden, dass die vermeintlich von der Natur gegebene männliche Überlegenheit dorthin gehört, wo auch Schneewittchen und die sieben Zwerge zuhause sind. Dass Männer darüber hinaus sowohl physisch als auch psychisch durchaus in der Lage sind, ihre Hosen geschlossen zu halten, selbst wenn Frauen praktisch nackt unterwegs sind, wissen wir aus Beobachtungen auf den Straßen europäischer Großstädte, aus Schwimmbädern und aus Sauna-Anlagen. Anders als die Weltreligionen, die gerade von den Frauen einfach nicht ihre Finger lassen können. Und das weitgehend unbehelligt. Denn darin offenbart sich ja angeblich gerade das Göttliche: Dass es bar jeder Einsicht auskommt. Der Glaube ist deshalb nach wie vor ein exzellenter Grund, Toleranz für etwas zu fordern, das in jedem anderen Kontext keinesfalls zu tolerieren und sogar justiziabel wäre: Sexismus, Frauenfeindlichkeit und Unterdrückung. Sobald die Männer im Windschatten einer Religion segeln, gilt für sie immer noch Immunität. Eine verstörende Erfahrung für die, die in diesem so hermetisch geschlossenen System gefangen sind. Eine Erfahrung, wie sie Deborah Feldman in ihrem Welterfolg »Unorthodox« beschreibt. Sie schildert dort, wie sie in der chassidischen Gemeinschaft der Sathmarer in New-York aufwächst. Von den Frauen wird strikte Unterwerfung erwartet. Sie sollen gute Ehefrauen und Mütter von möglichst vielen Kindern sein. Sie dürfen nicht lesen. Ihre Kleidung muss den Körper vollständig bedecken, und ihnen ist es nicht erlaubt, ihr Haar zu zeigen. Sie tragen deshalb Perücken. Als Deborah Feldman heimlich beginnt, die Universität zu besuchen, erfährt sie ausgerechnet in einem Seminar mit dem Titel »Vielfalt und Demokratie«, wie Religion und Toleranz zu einer Art Zweikomponentensprengstoff für Frauenrechte geworden sind. Sie trifft auf eine gläubige Muslimin, die genau diesen Dualismus preist, weil er es ihr erlaube, Teil der amerikanischen Gesellschaft zu sein und zugleich ihre Religion, ihre Kultur zu leben. Deborah Feldman antwortet ihr damals: »Das ist ja alles schön und gut, aber was ist mit Leuten wie mir? Ich sitze in einer Welt fest, in der ich dazu gezwungen bin, mich an religiöse Gesetze zu halten, die über der Verfassung stehen. Ich bin Amerikanerin, aber meine Bürgerrechte zählen nicht, weil meine Gemeinschaft anders entschieden hat. Und niemand läuft Sturm, um meine Persönlichkeitsrechte zu schützen, nur weil die Rechte einer Gemeinschaft wichtiger sind?«[5] Feldman, die inzwischen in Berlin lebt, war damals fassungslos und ist es heute noch. Darüber, wie auch hierzulande Frauenrechte der »Herrschaft der Religion und der Nachsicht des Staates« geopfert werden. Sie schreibt in einem Beitrag für die *taz*: »Unsere Gesellschaft ist weiterhin auf erhabene, großzügige Weise nachsichtig mit Gemeinschaften, die Kinder und Frauen unterdrücken, denn dann kann man sich auf die Schulter klopfen für die eigene Großzügigkeit und weitermachen wie bisher.«[6] So wird die religiöse Kampfzone sukzessive auf Kosten der Frauen ausgeweitet.

Ein Phänomen, vor dem die Autorin Djemila Benhabib bereits am 13. November 2009 in ihrer Rede vor dem Senat von Paris warnte: »Es gab eine Zeit, da machte man sich in Frankreich Gedanken um das Tragen des islamischen Kopftuchs in der Schule. Heute geht es um den Ganzkörperschleier.« In mehreren Stadtvierteln würden die Röcke länger »und die Farbpalette eintöniger.«[7] Und während sich die Frauen in den Straßen Teherans und Khartums in Lebensgefahr begeben, zeigen sie auch nur den Haaransatz, wird das Verhüllen in den westlichen Demokratien als Ausdruck von Freiheit gefeiert, als Banner weiblicher Selbstbestimmung, als modisches Accessoire der Stunde. Wie groß die Empörung über diese Haltung bei denen ist, für die der Begriff »Must have« bittere und lebensbedrohliche Realität ist, zeigte sich anlässlich eines »World Hijab Day«, der jeden 1. Februar begangen wird. Aktivistinnen aus den USA hatten diesen Tag ins Leben gerufen, um der Welt zu zeigen, wie viele muslimische Frauen das Kopftuch gern und aus freien Stücken tragen. Frauen wurden aufgefordert, ein Selfie zu posten, auf dem sie ein Schild mit dem Hashtag »#FreeInHijab« in die Kamera halten – also »frei im Kopftuch«. Außerdem sollte man in einem Post erklären, was genau das Kopftuch zu einem Symbol der Freiheit macht. Anders als gedacht, meldeten sich aber vor allem Frauen, die das Kopftuch als Instrument der Unterdrückung und Diskriminierung erleben. »Die Mehrheit der Frauen hat keine Wahl, sie wird gezwungen.

Ich bin eine von ihnen«, schrieb eine Frau – nach eigenen Angaben – aus Saudi Arabien. Und Ensaf Haidar, Freiheitsaktivistin aus Saudi-Arabien und Ehefrau des Bloggers Raif Badawi, der 2013 wegen »Beleidigung des Islam« zu 1000 Peitschenhieben und zehn Jahren Haft verurteilt wurde, twitterte: »Wenn ihr unter der Scharia geboren und gezwungen worden wäret, einen Niqab zu tragen, wenn eure Menschlichkeit gestohlen worden wäre – dann würdet ihr wissen, warum ich dagegen bin.«

Im Namen der Toleranz soll es in Ordnung sein, wenn mit dem Kopftuch weibliche Sexualität wieder unter männliche Deutungshoheit gestellt wird. Aber auch: dass männliche Sexualität auf dieselbe Kulturstufe gestellt wird wie die eines Bonobo. Ganz abgesehen davon, dass das Kopftuch diejenigen Frauen als moralisch minderwertig herabsetzt, die keins tragen. Schließlich gilt: Wo eine Heilige ist, da muss immer auch irgendwo ein Luder sein.

So wird weibliche Sexualität zu etwas, das begrenzt, entschärft und »neutralisiert« gehört und für den einen reserviert bleibt, der darauf Exklusivrechte geltend machen kann. Mit absurden Folgen. Eine davon nennt sich »VirginiaCare«, kostet 53,50 Euro und kann im Internet bestellt werden. Es handelt sich um ein künstliches Jungfernhäutchen. Der Händler rät, es sich spätestens dreißig Minuten vor dem entscheidenden Akt, wenn der Bräutigam per Penetration kontrolliert, ob die Braut noch ihr Jungfernhäutchen hat, also formal noch Jungfrau ist, einzuführen, damit es punktgenau die so wichtigen Blutstropfen produziert. Bei Gynäkologen kostet die Umwandlung der vermeintlichen Hure in eine Heilige um die eintausend Euro und gehört mittlerweile zum Berufsalltag. Die »Hymenrekonstruktion« ist auch deshalb ein einträgliches Geschäft, weil man sich selbst als Jungfrau nicht sicher sein kann, beim Sex den Nachweis der Unschuld erbringen zu können. Immerhin kommt es bloß bei fünfzig Prozent der Entjungferungen überhaupt zu Blutungen. Dafür steigt wenigstens zuverlässig die Zahl der jungen Männer, für die das wichtig ist. In einem *ZDF*-Beitrag »Die Frauen, der Islam und ihr Jungfernhäutchen« erklärt ein junger Moslem, Schüler an einem Gymnasium im Berliner Wedding, dass es ihn ekeln würde, mit einem Mädchen ins Bett zu gehen, dass keine Jungfrau mehr wäre. Und auf die Frage, was ehrloser sei: Einen Sohn zu haben, der mit Drogen dealt oder eine Tochter, die keine Jungfrau mehr ist – ist die ganze Schulklasse sich mehrheitlich einig, dass die Tochter die größere Schande für die Familie wäre. »Nicht ich als Frau habe meine Ehre, sondern ich trage die Ehre des Mannes zwischen meinen Beinen,« hat die deutsch-türkische Anwältin, Frauenrechtlerin und Autorin Seyran Ates die Rolle der Frauen im traditionellen Islam einmal beschrieben.[8]

Was nützt es, wenn endlos darüber diskutiert wird, ob der Koran überhaupt an irgendeiner Stelle ein Kopftuch vorschreibt und ob die Sure, in der es heißt, man soll eine widerspenstige Frau schlagen, nicht doch falsch übersetzt und ganz anders gemeint ist. Es gilt gerade hier, was ein sehr katholischer Deutscher einmal meinte: Wichtig ist, was hinten raus kommt, und das ist eine Atmosphäre, die zunehmend in krassem Widerspruch zu Artikel 3 unseres Grundgesetzes steht:

(1) Alle Menschen sind vor dem Gesetz gleich. (2) Männer und Frauen sind gleichberechtigt. Der Staat fördert die tatsächliche Durchsetzung der Gleichberechtigung von Frauen und Männern und wirkt auf die Beseitigung bestehender Nachteile hin.

Aber genau das tut er gerade eben nicht. Er duldet es im Gegenteil, dass die Kampfzonen der Religionen auf Kosten von Frauenrechten ausgeweitet werden. Jüngstes Beispiel: Der Streit um den § 219a, der das Werbeverbot für Abtreibungen regelt. Als »Werbung« wird in diesem Fall die fachliche Information über die Risiken und den Ablauf des Eingriffs missverstanden.

Die Große Koalition konnte sich nicht dazu durchringen, ihn ersatzlos zu streichen. Folge auch eines erneuten Erstarkens religiös motivierter Abtreibungsgegner, die zunehmend aggressiv auch vor Beratungsstellen demonstrieren, beten, singen, Hilfesuchende ansprechen, sie mit dem Handy fotografieren und es ihnen nach Kräften erschweren, eine ihnen gesetzlich zustehende Leistung in Anspruch zu nehmen. Plötzlich geht es vor allem wieder »um ungeborenes menschliches Leben«, wie es ausgerechnet der Bundesgesundheitsminister Jens Spahn formuliert. Kein Zufall, dass er sich mit seiner Wortwahl im Fundus christlich-fundamentalistischer »Lebensschützer« bedient, die auch schon mal Plastik-Embryonen verteilen, um ihren Forderungen Nachdruck zu verleihen. Und nur konsequent, wenn man ihm die innigen Sympathien für das christlich-traditionelle Frauenbild aus Steuergeldern finanziert: Für eine Studie zu den seelischen Folgen von Schwangerschaftsabbrüchen bewilligte ihm das Bundeskabinett fünf Millionen Euro zusätzliche Haushaltmittel. In schöner biblischer Tradition hält der Bundesgesundheitsminister Frauen offenbar für geistig und psychisch so unterentwickelt, dass man ihnen noch erklären muss, dass eine Abtreibung kein Ponyhof ist. Und zweitens findet er anscheinend, dass Männer mit unbeabsichtigtem Nachwuchs eigentlich nichts zu schaffen haben. Damit arbeitet er mit an

Umständen, die Frank Ulrich Montgomery, der Präsident der Bundesärztekammer, so beschreibt: »Wir haben großes Verständnis für jeden Arzt, der unter den derzeit herrschenden Bedingungen keine Schwangerschaftsabbrüche vornehmen möchte.«[9]

Als Frau dagegen hat man vor allem großes Verständnis zu haben für die irische Stand-up-Komikerin Gráinne Maguire, die auf Twitter Frauen in Irland dazu aufrief, den Stand ihres Menstruationszyklus an den irischen Premierminister Enda Kenny zu tweeten. Als Reaktion auf Irlands strikte Abtreibungsgesetze – auch Folge jahrhundertelanger Vormachtstellung der katholischen Kirche. Wenn der Staat sich so sehr für ihre Reproduktionsorgane interessiere, so die zwingende Logik, dann sollte er auch vollständig Bescheid wissen. Tweets wie »Hi Enda Kenny! Heute keine Periode. Nur normaler vaginaler Ausfluss, aber nichts Besorgniserregendes, denke ich«, zeigten durchaus Erfolg. Im letzten Jahr wurde das Abtreibungsgesetz per Referendum gelockert. Leider eine Ausnahme. Denn die sehr gut vernetzten Aktivisten der »Pro-Life-Bewegung«, unterstützt etwa von Evangelikalen und der katholischen Kirche, sorgen weltweit gerade für ein Rollback. In Polen soll das Abtreibungsverbot sogar noch verschärft werden, und in Argentinien wurde eine Liberalisierung des Abtreibungsrechtes gerade ausgebremst. Religionen haben sich schon immer vor allem in das Leben von Frauen eingemischt – in einem manchmal kaum erträglichem Umfang. Dass sie es immer noch und wieder tun, und zwar ungehemmt und ungebremst, verdankt sich auch einer Haltung, wie sie Laura Fritzsche in ihrem prämierten Zeitungsbeitrag »Auf Tuchfühlung«[10] favorisiert. Sie fragt: »Bilden Frau und Mann, Weiße, Schwarze, Christen, Muslime und

Behinderte in der Summe überhaupt erst dieses Land ab?« Und: »Wahrt es nicht gerade durch Pluralität seine Neutralität?« Nein, Frauendiskriminierung ist nicht bloß einfach eine weitere lustig-bunte Farbe im menschlichen Regenbogen. Schon weil eben nicht all diese Gruppen gleichermaßen Einfluss darauf nehmen, was in diesem Land geschieht und was Vorrang hat: Das Recht der Frauen, als gleichwertig behandelt zu werden, oder der Glaube, dass Gott oder Mohammed oder Buddha das nicht gewollt haben?!

Bleibt am Ende nur die Frage, weshalb eigentlich so viele Frauen Letzterem den Vorrang geben. Ohne Frauen keine Kirchen. Denn sie stellen immer noch das Fundament der Religionen, das Salz der Kirchen. Die Mehrheit der Gläubigen. Handelt es sich vielleicht um eine Art metaphysisches Stockholm-Syndrom? Ist das die legendäre »Identifikation mit dem Aggressor«? Eines der biblischen Wunder – ähnlich dem brennenden Busch? Viele hoffen offenbar, es gäbe da noch einigen Interpretationsspielraum in den »heiligen« Texten. Dass die Abwertung der Frau und die oft nicht mal klammheimliche Legitimation von Gewalt und Unterdrückung irgendwie gar nicht so, sondern vielmehr ganz anders gemeint sei. Auf einem Missverständnis beruhe, das sich aufklären wird. Dass sie einen tieferen Sinn enthält, eine naturgemäße Ordnung schafft, die gut ist, weil sie jedem seinen Platz zuteilt und eine Aufgabe. Daran kann man sich natürlich abarbeiten, muss man aber nicht. Denn Religion ist hierzulande immer noch Privatvergnügen. Auch wenn immer wieder versucht wird, die »Fifty Shades of Gott« zu behandeln, als wäre der BDMS-Vertrag eine Abo-Falle, die alle Frauen haftbar macht für das, was zunehmend weniger unterschreiben, und ihnen dann noch erklärt, dass genau das nur zu ihrem Besten wäre.

HAMED ABDEL-SAMAD

»Generation Allah« und der politische Islam

Warum wir eine neue Integrationspolitik brauchen – und eine konsequentere Trennung von Staat und Religion

Während meiner ersten Jahre in Deutschland waren die Schlagzeilen in den Medien völlig andere als heute. Man diskutierte über Verpackungsverordnungen, Mülltrennung und Ladenöffnungszeiten. Was muss das für eine glückliche Gesellschaft sein, die sich mit solchen Themen beschäftigen kann, dachte ich mir damals. Heute diskutieren wir über Terrorabwehr, Gewaltprävention und Ent-Radikalisierung von IS-Heimkehrern. Wir diskutieren über Flüchtlinge und Familiennachzug, Obergrenzen und ein Einwanderungsgesetz. Über ein Burka-Verbot, Frauen und Mädchen mit Kopftuch an Schulen und im öffentlichen Dienst, Burkini und getrennte Schwimmzeiten für Männer und Frauen, schweinefleischfreie Kantinen und Gebetsräume für Muslime an Universitäten und an Arbeitsplätzen.

Mehr als zweihundert Jahre nach Voltaire diskutieren wir, ob man dessen Theaterstück »Le Fanatisme ou Mahomet le Prophète« aufführen kann oder ob man einen Mann zeichnen darf, der vor 1400 Jahren gestorben ist. In den 1990er Jahren besuchte ich mehrere europäische Metropolen und sah dort kaum Polizisten auf der Straße. Ich flog an Flughäfen ohne besondere Kontrolle. Heute ist die Polizeipräsenz überall in Europa nicht zu übersehen. Die Sicherheitskontrollen an Flughäfen und in Regierungsgebäuden sind sehr viel strikter geworden. Poller und Blumenkübel aus Beton schützen Plätze oder Märkte, in Paris und Brüssel patrouilliert das Militär schwerbewaffnet in der Innenstadt.

In mehreren europäischen Städten gibt es zahlreiche No-Go-Areas, in denen sich Gangs mit Migrationshintergrund austoben und wo sich selbst die Polizei nur mit massivem Aufgebot hineinwagt. Viertel, in denen islamische Friedensrichter ein paralleles Rechtssystem auf der Grundlage der Scharia etabliert haben, das dort höher steht als die deutsche bzw. die europäische Justiz. 73 Jahre nach dem Holocaust kann ein Jude immer noch nicht mit einer Kippa durch die Straßen Berlins laufen, ohne damit rechnen zu müssen, beleidigt, bespuckt oder körperlich angegriffen zu werden. Die Begriffe »Jude« und »Deutscher« gelten an manchen Schulen mittlerweile als Schimpfworte wie »schwul« oder »Opfer«.

Immer mehr Moscheen stehen unter Beobachtung des Verfassungsschutzes. Allein in Nordrhein-Westfalen sind es 73. Was genau in den anderen Moscheen des Landes gepredigt wird, weiß man nicht so genau. Noch nicht einmal die exakte Zahl der Moscheen in Deutschland ist bekannt, nicht alle sind in Verbänden registriert, nicht alle offiziell genehmigt. Schätzungen sprechen von etwa 3000. Stichproben von Behörden und dem Verfassungsschutz, verschiedene Berichte und Studien aus Deutschland und Österreich zeigen, dass die wenigsten Moscheen aktiv für eine Integration und die Annahme westlicher Werte werben. Die Kapazität, 3000 Moscheen zu beobachten, haben weder die Sicherheitsbehörden, noch kann die akademische Welt so schnell Imame hervorbringen, die hier geschult wurden und einen aufgeklärten Islam predigen. Nicht einmal die über 500 islamistischen Gefährder und an die 360 potenziellen Sympathisanten kann die Polizei lückenlos überwachen.

Die Angst und die gegenseitige Skepsis sind so groß wie noch nie. Jede Debatte über Migration und Integration führt irgendwann zum Thema Islam. Nicht Vietnamesen, Polen, Russen und die anderen Zuwanderer aus über 150 Ländern, die in Deutschland leben, prägen die Debatte, sondern diejenigen, mit deren Integration es Probleme gibt. Man muss sich ehrlich fragen, warum diese Gruppe die Integrationsdebatte dominiert, die dadurch einen negativen Anstrich erhält, weil die vielen positiven Beispiele übersehen werden. Man muss sich fragen, warum diese Gruppe den Löwenanteil der Integrationsangebote braucht und auch in Anspruch nimmt und trotzdem in Teilen diese Gesellschaft mit ihren Werten nicht schätzen kann. Warum selbst junge Muslime, die hier sozialisiert wurden, einer anderen Gesellschaftsordnung den Vorzug geben – einer autoritären, nicht-säkularen. Wenn man sich diesen Fragen ehrlich stellt, wird man nicht umhinkommen, die Religion und den Einfluss des muslimischen Kollektivs zu beleuchten. Und Muslime auch mit der unbequemen Frage zu konfrontieren, warum es ihnen so schwerfällt, Hass und Rassismus in den eigenen Reihen zu bekämpfen.

In der Radikalisierungsfalle

Viele Muslimbrüder und Erdoğan-Anhänger, die nun in Europa eine Allianz bilden, haben längst begriffen, dass sie kaum eine Chance haben, Teil eines westlichen Diskurses zu sein, wenn sie sich für die Scharia und das Kalifat stark machen. Spätestens seit dem Aufstieg des IS und dem Sichtbarwerden seiner Gräueltaten verstanden es viele Islamisten, sich zu verstellen und ihren Diskurs an die Moderne anzupassen. Sie nutzen den Wunsch junger Muslime nach Identität aus und vereinnahmen sie mit Opferdiskursen und Klagen über Islamophobie. Sie sagen nicht, junge Muslimas müssen das Kopftuch tragen, weil es der Koran vorschreibt (was er im Übrigen ohnehin nicht tut), sondern weil dies Ausdruck einer religiösen Identität und Ausdruck der Selbstbestimmung sei. Ihren westlichen Dialogpartnern nähern sie sich nicht mit der wahren Absicht, den politischen Islam in Europa salonfähig zu machen, sondern man redet über Teilhabe und gegenseitigen Respekt.

Sowohl die Politik als auch die Kirchen haben diese Lüge gekauft. Die meisten Dialog-Veranstaltungen werden eher mit Vertretern des politischen Islam geführt. Fast alle organisierten Gruppen von Muslimen in den politischen Parteien sind konservative Muslime, die dem politischen Islam zuzurechnen sind. Je mehr solche Vertreter mit Politikern oder Kirchenvertretern gesehen werden, desto mehr Legitimation verschaffen sie sich – bei »normalen« Muslimen wie in der Mehrheitsgesellschaft. Islamisten verschiedenster Prägungen erhalten verstärkt Zulauf, sie begeistern vor allem junge Muslime.

Viele Experten erkennen dennoch die Tragweite des Phänomens noch nicht und reden von einer »Randerscheinung«. Anders der Islamismus-Experte Ahmad Mansour. Er spricht nicht von Einzelfällen, sondern von einer ganzen Generation junger Muslime, die dem Islamismus verfallen sei. Mansour sagt: »Ich habe mein erstes Buch ganz bewusst ›Generation Allah‹ genannt, weil es tatsächlich um eine ganze Generation geht. Bei der Frage der Radikalisierung verwende ich das Bild einer Pyramide. Oben die Dschihadisten, in der Mitte die Salafisten und unten all diese Kinder, die in Angst erzogen wurden und die mit moralischer Verachtung auf Deutschland hinabschauen. Das ist genau der Pool, aus dem die Dschihadisten später fischen werden. Leider wird das Thema Radikalisierung immer erst dann kurz angerissen, wenn ein Schüler nach Syrien ausreist und sich dem IS anschließt. Dabei ist das längst ein Riesenproblem im Alltag an vielen Schulen.«

Das Bild, das Mansour von den Zuständen an Schulen zeichnet, ist düster: »Wenn wir jetzt nicht endlich handeln, setzen wir die Zukunft dieses Landes aufs Spiel. Wir können noch Jahre damit verbringen, zu analysieren und über Zahlen zu streiten, oder wir können endlich damit anfangen, Konzepte zu entwickeln, wie wir diese Generation von jungen Muslimen erreichen können, um sie für unsere Gesellschaft zu gewinnen. Bevor es die Islamisten tun.«

Deren Einfluss sei längst nicht mehr zu übersehen. Mansour sagt, dass viele Schüler die Gräueltaten des IS und die dahinterstehende Ideologie zwar kritisch betrachteten, deren Taten gleichzeitig aber relativieren würden. Mit dem Verweis darauf, dass die Amerikaner Muslime im Irak oder Israelis Muslime in Gaza töten würden. Das ist eine Erfahrung, die auch ich an deutschen Schulen gemacht habe. Ich war erstaunt, wie viele muslimische Schüler mit militanten Islamisten sympathisieren. Und diejenigen, die den IS-Kalifen kritisch gegenüberstehen, vergöttern oft einen Nadelstreifen-Kalifen namens Erdoğan.

2014 war ich zu einem Vortrag an einer Schule in Berlin-Mitte eingeladen, den zwei muslimische Schüler initiiert hatten. Sie hatten meine Bücher gelesen und meine Warnung vor dem erstarkenden Islamismus in Deutschland ernstgenommen. An ihrer Schule hatten sie eine Entwicklung bemerkt, die ihnen Sorge bereitete: Immer mehr Mitschülerinnen und Mitschüler sympathisierten mit Salafisten und Dschihadisten. Das wollten sie nicht so einfach hinnehmen, sondern eine kritische Diskussion über das Thema Islamismus anstoßen. Da die Lehrkräfte das Vorhaben unterstützten, fand ich mich nun also an dieser Schule wieder – begleitet von Personenschützern und Polizei. 160 muslimische Schülerinnen und Schüler hörten aufmerksam zu, als ich über den Dschihad sprach. In der anschließenden Diskussion wurde klar, wo das Problem liegt. »Was ist daran schlimm, dass junge Muslime nach Syrien fliegen, um dort ihren Glaubensbrüdern im Kampf gegen den Diktator zu helfen?«, fragte eine Schülerin und erntete dafür Applaus von der Mehrheit der Anwesenden. Die Lehrkräfte schüttelten irritiert den Kopf. Dann stand ein Schüler auf und hielt eine Brandrede, in der er sich über den Westen und seine dekadente Moral ausließ. Er zeigte mit dem Finger auf seine Lehrerinnen und Lehrer und sagte: »Auch ihr seid unmoralisch und ungläubig!« Er erntete tosenden Applaus.

Für die Lehrer und mich endete der Tag mit der traurigen Erkenntnis, dass die Seuche des Islamismus an ihrer Schule tatsächlich längst um sich gegriffen hatte. Einer der Lehrer sagte zu mir: »Dass so viele den Dschihad unterstützen, wussten wir nicht.« Am Ende entschied man sich, den Schüler, der sie so beschimpft hatte, wegen Volksverhetzung anzuzeigen. Nur wenige Monate später zogen ein Schüler und eine Schülerin in den Dschihad nach Syrien.

Eine gescheiterte Integrationspolitik

Die rückwärtsgewandten Utopien im Kopf vieler Migranten, aber auch die nationalistischen Vorstellungen des rechten Randes in Deutschland gefährden das Zusammenleben und die innere Sicherheit. Die Integration scheitert an der Politisierung und Institutionalisierung des Islam in Deutschland, an der Naivität der Politiker und an der Passivität der friedlichen Muslime. Sie scheitert an konkurrierenden Wertesystemen und Zukunftsvisionen, an Opferhaltung und Anspruchsmentalität. Sie scheitert an Radikalisierung und Gewalt, an gegenseitiger Angst und Misstrauen. Sie scheitert an der starken Emotionalisierung der Debatte um Islam und Migration und am Fehlen einer offenen Streitkultur. Sie scheitert am Begriff Integration selbst, der für die einen ein Reizwort ist und für die anderen ein Märchen aus »Tausendundeine Nacht«.

Wir sind an einem Punkt angelangt, an dem wir sehr viel ändern müssen. Deutschland schafft sich mit Sicherheit nicht gleich ab, aber dem Land droht eine große Spaltung, die später vielleicht nicht mehr rückgängig zu machen ist. Der Staat und seine Organe, die Zivilgesellschaft, die bislang weitgehend schweigende Masse aus Deutschen und liberalen Muslimen müssen endlich handeln!

Die Politik, die Gesellschaft, die Medien, die Sicherheitsbehörden, die Kirchen und die Muslime selbst haben die Probleme der Integration jahrelang ignoriert oder schöngeredet. Das Versäumnis begann damit, dass man die Entstehung von Parallelgesellschaften zugelassen hat, die sich mit der Zeit zu regelrechten Gegengesellschaften entwickelt haben. Eine Mischung aus konservativem Islam, türkischem Nationalismus und kriminellen Clans hat viele Muslime daran gehindert, sich mit Deutschland zu identifizieren. Die Schulen haben es bislang nicht geschafft, die Kinder gegen den Fundamentalismus, den Nationalismus und das Patriarchat zu immunisieren. Man verschwieg die Probleme aus Gleichgültigkeit oder falsch verstandener Toleranz. Und wenn dann doch eine Debatte in Gang kam, verlief sie nicht offen, sondern gehemmt: aus Angst vor der Rassismus-Keule oder davor, eine Minderheit zu stigmatisieren.

All das verhindert die grundlegenden Veränderungen, die dringend notwendig wären. Anstatt dass der Chirurg beherzt zum Messer greift und die nötigen Operationen durchführt, begnügt er sich damit, dem schwer kranken Patienten ein paar Salben und Schmerzmittel zu verschreiben. Einige Politiker wissen mittlerweile um die Dimension der Katastrophe, scheuen sich aber, offen darüber zu reden, aus Angst davor, rechte Parteien zu stärken. Andere wollen etwas verändern, aber möglichst, ohne die Gesetze zu verändern und ohne viel Geld dafür auszugeben.

Um die gravierenden strukturellen Probleme zu beheben und einen Neuanfang zu wagen, braucht man allerdings beides: Geld und Gesetzesänderungen. Man braucht Mut und Ausdauer. Dem steht jedoch eine Besonderheit unseres politischen Systems im Wege: Die ständigen Bundestags- und Landtagswahlen lassen die Politiker nur in Kurzzeitrhythmen denken und planen. Beim Thema Integration geht es aber um langfristige Maßnahmen, um Visionen, deren Früchte sich erst später werden ernten lassen. Wie diese Früchte sein werden, was die Zukunft bringt, hängt davon ab, welche Weichen wir jetzt stellen.

Ein Marshallplan für Deutschland

Deutschland braucht einen Marshallplan für sich selbst. Für die Integration nicht nur von Migranten, sondern für die Integration all jener, die abgehängt sind oder sich abgehängt fühlen und sich vor einer unberechenbaren hochdigitalisierten und globalisierten Zukunft fürchten. Die Mitte der Gesellschaft muss gestützt und gestärkt werden, um die Furcht, abzurutschen, zu mindern. Wir brauchen nicht nur Integrations*angebote*, sondern auch Integrations*gebote*. Wir können es uns nicht länger leisten, Integration als eine weitgehend freiwillige Aufgabe zu begreifen. Wir brauchen Konzepte und Anreize, aber auch Sanktionen sowie Steuerungs- und Kontrollmechanismen. Vor allem aber müssen viele verschiedene Akteure zusammenwirken. Einer der wichtigsten Akteure ist natürlich der Staat. Aus meiner Sicht gibt es hier *fünf große Aufgaben*, die dringend angepackt werden müssen:

1. *Das Gewaltmonopol zurückholen*. Bevor der Staat über konkrete Integrationsprojekte nachdenkt, muss er zuerst die Kontrolle in den No-Go-Areas zurückgewinnen. Eine Null-Toleranz-Politik gegen den radikalen Islamismus, den Links- wie den Rechtsextremismus muss betrieben werden. Alle Netzwerke, egal welcher Gesinnung, die die innere Sicherheit und den gesellschaftlichen Frieden gefährden, müssen mit aller Vehemenz zerschlagen werden. Die dafür nötigen Gesetze müssen im Rahmen der Verfassung verabschiedet werden. Die bereits existierenden müssen effektiver und konsequenter angewandt werden. Die dafür nötigen Ressourcen müssen bereitgestellt, die vorhandenen – etwa auf Seiten der Polizei – personell und finanziell aufgestockt werden.

Kriminellen Banden und Clans muss das Handwerk gelegt werden. Eine Sonderkommission von Geheimdiensten, Bundesanwaltschaft, Bundeskriminalamt, Finanzamt, Finanz- und Immobilienexperten muss daran arbeiten, zuerst die Geldwege der Kriminellen zu blockieren, ihren kriminellen

Sumpf trockenzulegen und dann die Strukturen zu zerschlagen. Die Befreiung der Migrantenviertel von solchen Kriminellen wird ein positives Signal an den Rest der Gesellschaft senden und das Vertrauen in den Staat und seine Organe stärken. Es wäre ebenfalls ein herber Schlag für die patriarchalischen Strukturen, die sich hinter solchen Großfamilien verstecken. Das Ende der Einschüchterung ist der Beginn der Freiheit. Und Freiheit ist die erste Voraussetzung für die Integration.

2. *Unterwanderung unterbinden.* Ja, wir brauchen mehr gesellschaftliche Teilhabe für Muslime. Aber Teilhabe bedeutet nicht das Pochen auf Sonderrechte. Teilhabe bedeutet, Muslimen als gleichberechtigten Bürgern alle Rechte und Chancen zu gewährleisten, nicht aber ihnen im Namen der Religion Sonderkollektivrechte zu geben. Teilhabe bedeutet, die richtigen am richtigen Ort einzustellen. Stellt man die falschen ein, nur um ihre Sichtbarkeit zu demonstrieren, werden sie nicht nur scheitern, sondern mehr Ablehnung bei der Bevölkerung erregen. Deshalb muss der Staat genauer hinschauen, wer wo arbeitet. Gerade sensible Bereiche wie Polizei und Justiz müssen vor einer Unterwanderung durch Islamisten, Nationalisten und Clans geschützt werden.

Um Muslime besser zu integrieren, muss die Regierung den Einfluss des politischen Islam auf die Bildung und die sozialen Medien zurückdrängen. Und natürlich darf man keine Paralleljustiz durch sogenannte Friedensrichter auf deutschem Boden dulden. Man sollte aus der Entwicklung der letzten drei Jahrzehnte in der Türkei etwas lernen. Dieses säkulare Land, in dem Frauen, Schwule und Lesben vor einigen Jahren viele Rechte hatten, hat eine Kehrtwende vollzogen in Richtung einer religiösen Diktatur. Erdoğan und die Macht seiner Partei, der AKP, sind nicht über Nacht entstanden. Sie sind das Ergebnis einer schleichenden Unterwanderung der staatlichen Strukturen durch Islamisten. In den 1980er Jahren hatten diese mehr Teilhabe in der Gesellschaft gefordert. Damals zeigten sie sich apolitisch und beteuerten ihren Respekt vor der säkularen Ausrichtung des Staates. Sie behaupteten, ihnen ginge es nur um Spiritualität und islamische Werte wie Tüchtigkeit und Disziplin, die sie auch in den Schulen vermitteln wollten. Die damalige Regierung genehmigte ihnen die Gründung von religiösen Schulen, die eine ganze Generation prägten und in denen die Saat einer umfassenden islamischen Gesellschaftsordnung gesät wurde.

Die Absolventen dieser Schulen wurden später Lehrer, Polizisten, Richter und Armeeoffiziere. Der Marsch durch die Institutionen war ihre Strategie. Vor fünfzehn Jahren kamen sie dann mit der Kopftuchdebatte. Ebenfalls im Namen der Teilhabe forderten sie, dass Frauen auch an Universitäten und im öffentlichen Dienst Kopftuch tragen dürfen sollten. Das war der Vorbote der Islamisierung. Denn sie wussten, dass gewisse Symbole die Menschen psychisch auf mehr Einfluss der Religion vorbereiten.

Die gleiche Taktik verfolgen die Islamisten in Deutschland. Es ist ihnen bereits gelungen, eigene Kindergärten und Schulen zu gründen sowie Einfluss auf den Islamunterricht zu nehmen. Sie werden demnächst Wohlfahrtsverbände gründen und Krankenhäuser und Altersheime mit staatlichen Fördergeldern bauen. Sie werden – wie die Kirchen – im Rundfunkrat der regionalen Sender und vielleicht auch bei *ARD* und *ZDF* sitzen und mitreden. Sollte die Regierung diese Institutionalisierung des politischen Islam weiterhin unterstützen, wird sie zulassen, dass das Erdoğan-Modell auch hier Schule machen kann.

3. *Neue Verbündete suchen.* Deshalb sollte sich der Staat neben den Islamverbänden andere Verbündete suchen. Zum Beispiel muslimische Wissenschaftler, Intellektuelle, Künstler, Sportler, Menschen- und FrauenrechtlerInnen, die für das Gemeinwesen arbeiten und nicht nur die Interessen einer bestimmten Gruppe vertreten. Religionsgemeinschaften sollten erst dann anerkannt werden, wenn ihr Ziel tatsächlich nur die ungestörte Ausübung der Religion ist, nicht die Vertretung ausländischer Interessen und die Verbreitung reaktionärer Ideologien auf deutschem Boden.

4. *Ein Einwanderungsgesetz verabschieden.* Der Staat sollte endlich ein modernes Einwanderungsgesetz verabschieden, das zwischen Migranten und Flüchtlingen unterscheidet und das die Migration entsprechend dem Bedarf im Land besser reguliert. Die Verabschiedung eines solchen Gesetzes scheiterte in der Vergangenheit immer daran, dass niemand zugeben wollte, dass Deutschland längst ein Einwanderungsland geworden ist: 20 Prozent der hier lebenden Menschen haben mittlerweile einen Migrationshintergrund. Ein Einwanderungsgesetz mit einem Punktesystem wie etwa in Kanada könnte nicht nur die Einwanderung besser steuern, sondern sie auch an bestimmte Voraussetzungen und Leistungen seitens des Neuzugewanderten knüpfen. Dieses Gesetz könnte die Integration nicht nur als eine freiwillige Leistung, sondern als eine Pflicht vorschreiben. Die Verlängerung des Aufenthaltsstatus müsste dementsprechend an die Erfüllung

dieser Pflicht geknüpft werden. Darüber hinaus müssen die gegenwärtigen Lücken und Ungereimtheiten im Asylgesetz geschlossen werden, damit nicht die Falschen davon profitieren und die Richtigen nicht mehr jahrelang auf die Bearbeitung ihrer Anträge warten müssen.

5. *Das Rechtssystem verbessern.* Das Herzstück eines funktionierenden Staatswesens mit Gewaltenteilung ist eine Justiz, der die Bürger vertrauen und die imstande ist, Menschen, die gegen Gesetz und Verfassung verstoßen, effektiv zu bestrafen. Die Justiz in Deutschland war auch vor der Flüchtlingskrise wegen Personalmangel und Überhäufung mit Klagen bereits überlastet. Dazu kamen nun die neuen Asylverfahren. Vor allem Asylbewerber, die eigentlich keinen Anspruch darauf haben, hierzubleiben, blockierten mit ihren Klagen den Justizapparat, um einer Abschiebung zu entgehen.

Damit der Apparat besser funktioniert, ist eine Aufstockung von Personal und Ressourcen dringend geboten. Immer wieder wurde in letzter Zeit auch der Ruf laut nach einer Verschärfung von Gesetzen. Ein populistischer Reflex, der suggeriert, die innere Sicherheit sei permanent gefährdet. Aus meiner Sicht würde es in vielen Bereichen genügen, wenn die vorhandenen Gesetze konsequent angewendet würden. Ein Straftäter muss – unter Wahrung der Rechtstaatlichkeit – die Härte der Justiz zu spüren bekommen. Das gilt auch für straffällig gewordene Asylbewerber oder Intensivtäter mit Migrationshintergrund. Gesetzlücken, die hier eine Abschiebung verhindern, müssen geschlossen werden. Verfassungsänderungen sollten jedoch nicht kategorisch ausgeschlossen werden. Das Grundgesetz ist für die Menschen da, nicht umgekehrt. Es trat 1949 in Kraft und war entstanden unter dem Eindruck der traumatischen Erfahrungen im Dritten Reich. Daher war eine seiner wichtigsten Aufgaben, die Bürger vor der Willkür des Staates zu schützen. Die ersten 19 Artikel, die Grundrechte, sind denn auch eher Bürgerrechte und definieren die Leitplanken für den Staat, innerhalb derer er diese Rechte zu garantieren hat. Heute leben die Deutschen in anderen Zeiten und sind nicht mehr unter sich. Sie brauchen einen Ausbau bzw. Umbau des Grundgesetzes, um die neuen Herausforderungen zu meistern. Zum Beispiel brauchen wir neue verpflichtende Artikel für die Bürger, was freie persönliche Entfaltung und die Gleichberichtigung von Mann und Frau angeht. Nicht nur der Staat muss das garantieren, sondern auch die Bürger müssen das im Alltag und in den Familien durchsetzen. Väter, die ihren Töchtern verbieten, Sport zu treiben oder an Klassenfahrten teilzunehmen, müssen juristisch belangt werden können.

Auch die Hierarchisierung der Artikel sollte überdacht werden: Es darf nicht sein, dass ein Artikel wie Artikel 4, der die Glaubensfreiheit garantiert, andere Artikel aushebelt. Es muss klarwerden, dass die Menschenwürde und die persönliche Freiheit Vorrang haben vor den kollektiven Rechten religiöser Gruppen. Wir brauchen eine Schranke für Artikel 4, die deutlich präzisiert, wo die Grenzen der Religionsfreiheit genau liegen. Sie muss klar trennen zwischen dem Recht auf die ungestörte Ausübung religiöser Rituale (Gebet, Fasten und Pilgerfahrt) und den Aspekten einer Religion, die nicht immer im Einklang mit den anderen Artikeln der Verfassung stehen (Meinungsfreiheit, Tierschutz und Gleichheit der Geschlechter).

Schließlich sollte auch das sogenannte Staatskirchenrecht modernisiert werden, damit politische Gruppen, die sich als

Glaubensgemeinschaften tarnen, nicht die gleichen Privilegien wie die Kirchen beanspruchen. Diese Gruppen nutzen die unvollendete Säkularisierung und die Grauzonen im Grundgesetz aus, um ihre Machtstrukturen aufzubauen. Dadurch erreicht man keine bessere Integration, sondern eine Spaltung der Gesellschaft und eine Stärkung derjenigen Kräfte, die die Reform verhindern. Zukunftsfähige Integrationspolitik verlangt daher eine konsequentere Trennung von Staat und Religion sowie eine Stärkung des Gebots der weltanschaulichen Neutralität. Denn dies zeigen die besonderen Probleme von Muslimen gegenüber anderen gesellschaftlichen Minderheiten sehr deutlich: Nichts verhindert die Integration so sehr wie die Überbetonung der Religion.

Helmut Ortner

Lautes Schweigen
Über sexuellen Missbrauch, klerikales Vertuschen
und Verschweigen –
oder: Das Versagen des Rechtsstaats

Der liebe Gott kann sich nicht um alles kümmern. Zwar versichern uns seine irdischen Vertreter seit mehr als 2000 Jahren, die Macht Gottes sei unendlich, doch das sollten wir nicht allzu ernst nehmen. Ende 2018 beispielsweise, im Dezember, fragten wir uns: was mag er sich gedacht haben, als er einen Blick auf die Titelseite der Boulevardzeitung *The Daily Telegraph* aus Sydney warf. In großen Lettern stand dort kryptisch: »Ein scheckliches Verbrechen. Die Person ist schuldig!« Doch statt Tat und Täter zu nennen, fuhr das Blatt fort: »Sie haben die Geschichte vielleicht schon online gelesen. Doch wir können sie nicht veröffentlichen.« Um dann in noch größeren Lettern anzukündigen: »Es ist die grösste Geschichte der Nation« Auch das Konkurrenzblatt *Herald Sun* aus Melbourne erschien mit eingeschwärzter Titelseite. Darauf nur ein Wort: »Zensiert!«. Auf der Folgeseite hieß es. »Eine sehr profilierte Figur« sei »eines schweren Verbrechens« schuldig gesprochen worden.

Um wen handelte es sich? Wer verbarg sich hinter der »profilierten« Figur? Gott wusste es, aber er behielt es für sich. Auf jeden Fall wusste er mehr, als die australischen Zeitungen darüber schreiben durften. Hintergrund des Berichtsverbotes: damit die nach dem Zufallsprinzip aus der Bevölkerung ausgewählte Jury unbeeinflusst in einen Gerichtsprozess gehen kann, dürfen australische Richter den Medien in Bezug auf das Verfahren eine Nachrichtensperre auferlegen. Bei Verstoß gegen den Erlass drohen empfindliche Geldstrafen von bis zu einer halben Million Dollar und den Journalisten Haftstrafen.

Totale Zensur? Behinderung der Pressefreiheit in einer Demokratie? Im Zeitalter des Internet zumindest eine kuriose Vorstellung. Bei *Google* waren es danach die meistaufgerufenen Webseiten Australiens. So wussten die Menschen trotz Nachrichtensperre rasch, um wen es hier ging: um George Pell, den einstigen Erzbischof von Melbourne und Sydney, den Kurienkardinal in Rom und Finanzchef des Vatikans – die Nummer drei in der Hierarchie der Kurie. Von ihm handelte die Geschichte, über die keine Tageszeitung, kein Medium, das in Australien zugänglich ist, berichten sollte. Denn diese Geschichte erzählte von Taten und einem Urteil, das die katholische Kirchenwelt – wieder einmal – erschüttert.

Zu berichten ist also über das vorläufige Finale einer Lebenslüge des Klerikers George Pell, 77 Jahre alt, der von einer Jury am Distriktgericht des Bundesstaat Victoria schuldig gesprochen worden ist – in allen fünf Punkten, derentwegen er nun auf der Anklagebank saß. Der schwerste Vorwurf: der sexuelle Missbrauch zweier minderjähriger Chorknaben in seiner Zeit als Erzbischof in den 1990er Jahren. Einer der beiden Jungen erzählte zwei Jahrzehnte später der Reporterin Louise Milligan davon, die in ihrem 2017 erschienenen Buch »Cardinal« (das selbstredend in australischen Buchläden nicht erhältlich ist) von den Attacken des Gottesmanns berichtete. Pell hörte dem Chor gerne zu, auch bei den Proben. Dann wurde er übergriffig. Weitere Zeugen hatten ihre Geschichte offenbar so glaubwürdig dargestellt, dass die Jury einstimmig und »jenseits aller vernünftigen Zweifel« auf schuldig plädierte. Einsicht oder Reue indes hatte Pell nicht gezeigt. Bis heute sieht er sich als Opfer von Intrigen und von Fantasten, die sich wichtig machen wollten. Als ihn im Vorverfahren die Richterin Belinda Wallington fragte, ob er sich für schuldig oder unschuldig halte, da blieb der Ex-Kardinal sitzen und rief – die Arme verschränkt – nur zwei Worte: »Nicht schuldig!«

Das endgültige Urteil soll noch gesprochen werden, bis dahin ist der richterliche Maulkorberlass weiterhin in Kraft. Für das Ansehen der katholischen Kirche und ihren aktuellen Chef, Papst Franziskus, ist das Urteil schon jetzt verheerend. Zwar hatte Franziskus Kardinal Pell im vergangenen Jahr für die Dauer seines Gerichtsverfahrens in Australien von seinen Amtspflichten als vatikanischer Finanzchef freigestellt, doch Mitglied des päpstlichen Beratergremiums war er geblieben. Einen Tag nach dem Urteil gegen Pell teilte der Vatikan mit, der Papst habe Pell aus dem Kardinalsrat entlassen. Ebenso wie den früheren Erzbischof von Santiago de Chile, Francisco Javier Errázuriz, dem in seiner chilenischen Heimat vorgeworfen wird, in den dortigen Missbrauchsskandal verwickelt zu sein. Auch Kardinal Theodore McCarrick, der als Erzbischof der US-Hauptstadtdiözese Washington über einen langen Zeitraum »Sünden gegen das sechste Gebot mit Minderjährigen und Erwachsenen begangen« habe, war schon im Juli 2018 vom Papst die Ausübung des Priesteramts untersagt worden. Im Februar 2019 schließlich wurde er endgültig aus dem Klerikerstand entlassen. Von einem staatlichen Gericht kann McCarrick für seine Sexualverbrechen, die schon in den 1970er Jahren begannen, wegen Ablaufs der Verjährungsfrist nicht mehr belangt werden. Nun lebt er zurückgezogen in einem Kapuzinerkloster im amerikanischen Bundesstaat Kansas. McCarrick, Pell und Errázuriz – drei besonders prominente Namen und doch nur drei weitere Täter von Tausenden. Der klerikale Sündenfall ist groß. Unübersehbar.

Ob in den USA, Australien, Chile, ob in Irland, Spanien oder hierzulande – überall haben Kardinäle, Bischöfe, Pfarrer und Ordensmänner Minderjährigen sexuelle Gewalt angetan oder vieles getan, um dies zu vertuschen. Nicht überall gab es so hartnäckige Reporter wie das Spotlight-Investigativ-Team des *Boston Globe*, das schon 2002 ans Licht brachte, dass der Bostoner Bischof Bernhard Francis Law und eine Schar seiner Untergebenen eine große Zahl von Sexualtätern unter den Priestern gezielt vertuscht hatten. Als die Staatsanwaltschaft die Diözese zwang, reinen Tisch zu machen, wurden erschütternde Zahlen publik: fast 250 Kirchenmänner hatten Kinder vergewaltigt und sexuell missbraucht, darunter sogar Vierjährige. Damals wollten Katholiken nicht nur in den USA verzweifelt glauben, Boston sei ein Einzelfall.

Heute wissen wir: Überall auf der Welt wurden (und werden) Personalakten manipuliert und vernichtet, Verdachtsfälle nicht an Polizei und Staatsanwaltschaften gegeben, wie es in einem Rechtsstaat selbstverständlich sein sollte. »Bezeichnend war (und bleibt) der Unterschied zwischen dem, was die Kirche freiwillig zugibt, und dem, was sie zugeben muss, wenn Staatsanwälte sie vorladen«, stellt Walter Robinson fest, der damals das Spotlight-Team des *Boston Globe* leitete. Die Kirche hat ihre Täter so lange vor dem Rechtsstaat geschützt, bis man diese nicht mehr belangen konnte. Die Neigung der Kirche zur Verschleierung, Vertuschung und Geheimhaltung passt zur Verachtung staatlicher Verfolgungsbehörden. Im Mittelpunkt steht der Schutz der Kirche, nicht das Leid der Opfer. Daran hat sich bis heute wenig geändert.

Von »Stürmen und Hurrikanen«, die 2018 die Weltkirche getroffen hätten, hatte Papst Franziskus in seiner Weihnachtsansprache vor der römischen Kurie gesprochen, ganz so, als wäre der weltweite Missbrauch bereits eine Sache von gestern. »Nie wieder« dürfe Missbrauch vertuscht werden, die Täter müssten konsequent vor Gericht gebracht werden, forderte er – und übte sich doch gleich wieder in Relativierungen. Man müsse »berechtigte Anschuldigungen« von Verleumdungen unterscheiden, zudem sei ja nicht nur die Kirche von den »erschütternden Vorfällen« betroffen. Nennen wir die »Vorfälle« das, was sie sind: Verbrechen. Tausende Täter. Tausende Opfer. Tausende Namen – Tausende Male anonymes Leid. Noch am Tag vor Beginn einer »Missbrauchskonferenz«, zu der Papst Franziskus im Februar 2019 Bischöfe nach Rom beordert hatte, bezeichnete er allzu scharfe Kritiker der Kirche als »Freunde und Verwandte des Teufels«. Nach viertägiger Beratung zeigte sich einmal mehr, wie entrückt und ignorant die überwiegend greisen Gottesmänner sich in eine Parallelwelt abgekoppelt haben und den Kampf gegen diese Verbrechen nicht als das benennen, was er ist: eine Selbstverständlichkeit.

In seiner Abschluss-Rede hatte der Papst die »Tugend der Keuschheit« als Pfeiler des Priestertums bekräftigt, das Zölibat mit keinem Wort genannt – dafür aber Kritik an den Medien geübt. Druck von außen dürfe nicht zu einem »Gerechtigkeitswahn« führen. Stattdessen sollten die von Experten erstellten »Inspire«-Leitlinien der Kirche als Vorlage dienen, um gegen sexuellen Missbrauch in den eigenen Reihen vorzugehen. Wieder einmal ...

Der deutsche Opfervertreter Matthias Katsch bezeichnete die Rede als »schamlosen Versuch, sich an die Spitze der Bewegung zu setzen, ohne sich der Schuld und dem Versagen zu stellen« und wirkliche Veränderung anzugehen. Mehrere Opfervertreter hatten vor Konferenzbeginn von der Kirche und insbesondere vom Papst konsequentes Handeln gefordert. Kritisiert worden war, dass die Vertreter der Opferverbände nicht als Teilnehmer zu der Konferenz eingeladen worden waren. Thomas Schüller, Direktor des Instituts für Kanonisches Recht an der Universität Münster, bezeichnete die Rede gar als »Fiasko« und nannte sie ein »routiniertes und uninspiriertes Abspulen von Selbstverständlichkeiten«.

Sie wissen, wovon sie reden. Bereits 2010 erschütterte der Missbrauchsskandal die katholische Kirche in Deutschland. Immer mehr Opfer brachen ihr Schweigen. Anhand immer weiterer Fälle wurde deutlich, wie die Kirche auf die Übergriffe durch Geistliche jahrelang reagiert hatte – indem sie die Kirchenleute versetzte, die Taten vertuschte. Die Glaubwürdigkeit der Kirche war ramponiert.

Die Kirchenoberen entschlossen sich zur Flucht nach vorne: Gemeinsam mit dem Kriminologischen Forschungsinstitut Niedersachsen (KFN) wurde im Juli 2011 ein Forschungsprojekt aufgelegt, das die Personalakten Geistlicher untersuchen sollte. Gerade mal anderthalb Jahre später aber war das Projekt gescheitert. Der Leiter der Untersuchung, der Kriminologe Christian Pfeiffer, machte die Kirche dafür verantwortlich. »Kurz vor dem Start der eigentlichen Datenerhebung wurden wir mit der Forderung konfrontiert, dass Studienergebnisse nur mit Billigung der Kirche veröffentlicht werden dürfen. Aus wissenschaftlicher Sicht ist das unzumutbar.« Die Hauptwiderstände seien aus der Diözese München und Freising gekommen, in der Papst Benedikt XVI. einst Erzbischof war. Pfeiffer erhob den Vorwurf der Zensur. »Die katholische Kirche wollte offenbar ein Gutachten ganz nach ihrem Geschmack.« Das aber war mit dem Selbstverständnis der Kriminologen nicht vereinbar.

Die Aufklärung fand ein jähes Ende. Das verquere Verständnis von der unbefleckten und unbefleckbaren Kirche war zwar schon lange zerbröckelt, die Glaubwürdigkeit der Kirchenoberhäupter lädiert, doch in vielen Bistümern dröhnte noch immer das laute Schweigen, wenn es um die Missbrauchsfälle im eigenen Sprengel ging. Immerhin: Es gab auch Bischöfe – meist waren es die jüngeren –, die die Dramatik der Lage erkannten hatten – und den Blick vor allem auf die richteten, die beständig im verlogenen Weihrauchnebel und heiligen Sing-Sang unsichtbar geblieben waren: die Opfer. Der neue Bischof von Hildesheim, Heiner Wilmer, formulierte es am deutlichsten: »Der Missbrauch von Macht steckt in der DNA der Kirche. Wir müssen radikal umdenken.« Ein frommer Wunsch.

Die »radikale« Qualität dieses Umdenkens wurde am 25. September 2018 der Öffentlichkeit präsentiert. An diesem Tag stellte Deutschlands mächtiger Ober-Katholik und Papst-Vertraute, Reinhard Kardinal Marx, Erzbischof von München und Freising, nach einer morgendlichen Predigt im Dom zu Fulda dortselbst die Ergebnisse einer neuen Studie vor. Ihr Titel: »Sexueller Missbrauch an Minderjährigen durch katholische Priester, Diakone und männliche Ordensangehörige im Bereich der Deutschen Bischofskonferenz«. Untersucht worden waren Missbrauchsfälle aus dem Zeitraum 1946 bis 2014. Eine Forschergruppe hatte Personal- und Handakten von Klerikern der 27 Diözesen ausgewertet – und 1670 Beschuldigte gefunden. Sie machten 3677 Opfer aus. Eine Studie der Universität aber nennt andere Zahlen: über 100.000.

Die Forscher durften die Akten freilich erneut nicht einfach aus Archiven holen und lesen. Anwälte der Diözesen wählten sie vorab aus, anschließend wurden sie den Wissenschaftlern anonymisiert übergeben. Weder die Tatzeiten, noch die Tatorte, schon gar nicht die Opfer waren identifizierbar. Viele Namen und Angaben waren geschwärzt. Ohnehin konnten nur die Fälle ausgewertet werden, die überhaupt aktenkundig waren. Unzählige Unterlagen aber waren vernichtet oder manipuliert worden. Die Täter wurden geschützt. Wenn es denn überhaupt eine Ahndung gab, dann war sie von einer Milde, die für die Opfer einer zweiten Schändung gleichkam. Die Untersuchung eine Farce, die Studie ohne Aussagewert.

Geht es paradoxer? Bischöfe – oft genug Vertuscher und Manipulierer – kontrollieren selbst, der Zugang zu den Archiven unterliegt dem Selbstbestimmungsrecht der Kirchen. Bei einem Verdacht erfolgt die Untersuchung nicht durch die Staatsanwaltschaft, sondern die Kirchenoberen selbst. Eine kirchliche Paralleljustiz, die Täter schützt. Ein exterritorialer Raum, der jenseits rechtsstaatlicher Institutionen agiert, richtiger: nicht agiert. Verleugnen und Vertuschen in friedlicher Ko-Existenz. Sexueller Missbrauch, ein sogenanntes »Offizialdelikt«, eine Straftat, die von Amts wegen von der Staatsanwaltschaft verfolgt werden muss, aber weder von den Klerikern noch von den Ermittlungsbehörden mit Nachdruck verfolgt wird. Eine erschütternde Wirklichkeit. Selbst nach der Veröffentlichung der »Missbrauchsstudie« bleiben die deutschen Staatsanwaltschaften weitgehend untätig. Der Rechtsstaat macht einen Kniefall.

Man stelle sich einmal vor: ein anderes weltweit agierendes Unternehmen, dessen Angestellte über Jahrzehnte Tausende Straftaten begangen haben – keine Bagatellvergehen, sondern schwere und schwerste Verbrechen: den sexuellen Missbrauch von Kindern und Jugendlichen. Der Vorstand weiß davon, aber er vertuscht, deckt die Täter und verhängt keine sichtbaren Sanktionen, weder gegen die Täter noch gegen deren Helfer. Normalerweise müsste man die Staatsanwaltschaft einschalten, aber das Unternehmen unternimmt nichts. Und wo kein Kläger, da kein Ermittler. Hier aber ging und geht es nicht um ein normales Unternehmen, sondern um eine Weltfirma, die als Alleinstellungsmerkmal Barmherzigkeit und Glaubwürdigkeit beansprucht: die katholische Kirche.

Doch kein Sturm öffentlicher Empörung bricht los. Kein »*ARD*-Brennpunkt«, keine »Aktuelle Stunde« im Bundestag, kein Statement des Regierungssprechers, keine Wortmeldungen der Parteisekretäre, die doch sonst alles multi-medial kommentieren und befeuern. Ob Medien, Staatsanwaltschaft oder Politik – der Rechtstaat reagiert nur schleppend. Ein irritierendes Schweigen.

Dafür meldeten sich prominente klerikale Beschwichtiger und Relativierer zu Wort, etwa der erzkonservative deutsche Kardinal Walter Brandmüller, ein betagter Vatikan-Veteran, der in vielerlei Funktion seit Jahrzehnten in der katholischen Märchenwelt umherirrlichtert. Bereits 1983 verlieh ihm Papst Johannes Paul II. den Titel »Ehrenprälat Seiner Heiligkeit«, 1997 erfolgte die Ernennung zum »Apostolischen Protonotar«, 2010 nahm ihn Papst Benedikt XVI. in das Kardinalskollegium auf. Auch wurde er zum »Titular-Erzbischof von Caesarea in Mauretania« ernannt, einer römisch-katholischen Enklave in Nordafrika. Als emeritierter »Präsident des Päpstlichen Komitees für Geschichtswissenschaft« teilt er der Welt noch immer gerne seine schiefe Weltsicht mit. So moniert der greise Gottesmann in einem Interview mit der Nachrichtenagentur *dpa* kurz vor seinem 90. Geburtstag: »Was in der Kirche an Missbrauch passiert ist, ist nichts anderes, als was in der Gesellschaft überhaupt geschieht.« Sich über Missbrauch in der Kirche zu empören, sei Heuchelei, sexueller Missbrauch sei alles andere als ein spezifisch katholisches Phänomen.

In den sozialen Medien sorgt seine Aussage für einen Sturm der Empörung. Vor allem wird Brandmüller eine Relativierung untragbarer Zustände vorgeworfen, zumal es sich bei den Opfern um Schutzbefohlene handelt. Aber der dreiste Kardinal ist kein isolierter Sonderling. Er denkt und spricht so, wie viele im Katholen-Kosmos denken und fühlen. Trotz erschütternder Skandale, trotz flächendeckender Schuld. Noch immer.

Es brauchte eine Gruppe von Staatrechtsprofessoren, die im Oktober 2018 »Anzeige gegen Unbekannt« erstatteten und diese bei Staatsanwaltschaften im Bezirk jeder Diözese einreichten. Die Professoren erinnerten die Ermittler an ihre »unbedingte Pflicht«, dem offensichtlichen »Anfangsverdacht« nachzugehen. Denn: Viele Fälle sind keineswegs verjährt.

Sie zeigten sich auch überrascht darüber, »wie zurückhaltend Staat und Öffentlichkeit (bislang) mit dem alarmierenden Anfangsverdacht schwerer Verbrechen umgehen«. Dies – so Strafrechtler – habe möglicherweise seinen Grund in einer in Deutschland herrschenden »intuitiven Vorstellung von der sakrosankten Eigenständigkeit der Kirche«.

Dabei ist die Rechtslage auch in Deutschland eindeutig: »Es gibt für die Kirche und ihre Priester keine grundsätzlichen Ausnahmen von der Strafverfolgung wie etwa bei der Immunität von Parlamentariern oder Diplomaten.« Die Strafrechtsprofessoren verweisen darauf, dass es auch kein Recht der Kirche (etwa unter Hinweis auf das Kirchenrecht und die eigene Strafgewalt) gebe, »ihre Institution von strafrechtlichen Eingriffen frei zu halten«. Der Rechtsstaat müsse sicherstellen, dass »die am Schutz der Menschenrechte orientierte Minimal-Ethik des Strafrechts« durchgesetzt und persönliche Verantwortung geklärt werde, ansonsten stehe »das Rechtsvertrauen der Öffentlichkeit im säkularen Staat« auf dem Spiel.

Die Juristen kommen zu einem klaren Ergebnis: »Die Staatsanwaltschaften müssen die Herausgabe der entsprechenden Unterlagen bei den Diözesen anfordern. ... Möglicherweise drohende Verjährungen zwingen zu schnellem Handeln.« – und enden mit einem markanten Vergleich: »Man stelle sich nur einmal vor, ein Ableger der kalabrischen Mafia ›Ndrangheta‹ hätte einem Wissenschaftler Zugang zu seinen in Deutschland befindlichen Archiven gewährt, der daraufhin auftragsgemäß eine Studie veröffentlicht hätte, worin er zahlreiche, z. B. zwischen 1990 bis 2014 in Deutschland begangene Verbrechen schildert, woraufhin der ›Pate‹ sich wortreich bei den Opfern entschuldigt, sich allerdings zugleich weigert, die Akten der Polizei zu übergeben oder die Namen der Täter zu benennen. Es würde kein Tag vergehen, bis die Polizei sämtliche Akten in allen auf deutschem Boden befindlichen Mafia-Archiven beschlagnahmt hätte, um die Täter zu ermitteln und anzuklagen. Es gibt keinen einleuchtenden Grund, warum dies im Fall der Katholischen Kirche anders sein sollte.«

Doch für die Staatsanwaltschaften kein Grund, nun die Ermittlungen zu beschleunigen. Gerade einmal vier Behörden hatten ihre Ermittlungen »gegen Unbekannt« Ende Oktober 2018 aufgenommen. Durchsuchungen und Beschlagnahmungen möglicher Beweismittel fanden nirgendwo statt. Die Staatsanwaltschaft Münster beispielsweise traf sich laut einem Bericht des *WDR* mit dem Generalvikar des Bistums, »um die weiteren Schritte zu besprechen«. Ein erstaunliches Vorgehen, ein mehr als entschleunigter Ermittlungseifer, der kaum einem anderen Sexualverbrecher hierzulande zuteil werden dürfte. Aber im Fall der Kirche, so scheint es, gelten nur bedingt die Grundsätze des Rechtsstaats.

Doch sechs Strafrechtsprofessoren und das Institut für Weltanschauungsrecht (ifw) wollten das nicht akzeptieren. Am 5. Dezember 2018 ergänzten sie – nun bei der Staatsanwaltschaft Tübingen – ihre ursprüngliche Anzeige vom Oktober. Unter anderem führten sie Äußerungen des Weihbischofs Matthäus Karrer auf, der in einem Fernsehinterview eingestanden hatte, dass Täter intern versetzt wurden, dass die Diözese Rottenburg-Stuttgart diese geschützt habe und ein »systemisches Versagen« festgestellt werden müsse. Klare Worte.

Für die Strafrechtsprofessoren stand einmal mehr fest, »dass eine ganze Reihe von Fällen des sexuellen Missbrauchs nach § 176 ff. in der Diözese Stuttgart-Rottenburg bewusst nicht der staatlichen Strafverfolg zugeführt worden sind«. Was das »systemische Versagen« der Kirche betrifft, so darf hier auch die Justiz einbezogen werden.

Tatsache ist: Mit schonungsloser Offenheit und Kooperation wird auch künftig nicht zu rechnen sein. Die irdischen Gottes-Vertreter, die so gerne von Schuld und Sünde reden, sind Spezialisten in Sachen Beruhigung durch beharrliche

Verharmlosung, Vernebelung und erschöpfendes Aussitzen. Der Bonner Kirchenrechtsprofessor Nobert Lüdecke, selbst Theologe, der im kirchlichen Auftrag an einer staatlichen Universität lehrt, legte dazu eine Mängelliste vor, die das skandalöse Beharren der Kirche auf Bestimmungen und Strukturen belegt, die sexuellen Missbrauch nicht nur nicht verhindern helfen, sondern ihn begünstigen oder gar fördern. Lüdecke nennt beispielsweise das Katholische Kirchenrecht, das den sexuellen Missbrauch Minderjähriger immer noch als »vergleichsweise leichten Verstoß gegen die Zölibatspflicht« wertet und die kanonische Strafe weitgehend dem Ermessen eines kirchlichen Richters überlässt.

In der katholischen Kirche steht das Keuschheitsgelübde geradezu sinnbildlich für das schwierige Verhältnis von Kirche und Sexualität. Mit der Weihe verpflichtet sich der Priester, zölibatär zu leben. Verstößt er gegen sein Versprechen, kann er suspendiert werden. Ein absurder Deal. Ein inhumanes Verbot der Leidenschaft, der Vitalität, der Liebessehnsucht. Die Folgen sind gravierend: Der Psychotherapeut Bernd Deininger hat viele Kirchenmänner behandelt, die sich schuldig fühlten, weil sie sich verliebt hatten, weil sie das Keuschheitsgebot übertreten hatten. Sie kommen mit Symptomen in seine Praxis, ausgelöst durch massive Gewissensbisse. Der Therapeut fordert die Kirchen auf, »die körperliche Seite des Menschen gutzuheißen«. Ein frommer Wunsch. Unabhängig davon, dass die Geschichte des Zölibats immer auch eine Geschichte ihrer Verstöße war und das Zölibat eine ganz und gar inhumane Konstruktion ist, sollten wir stattdessen die kriminellen Wirklichkeiten des Kirchenpersonals endlich rechtsstaatlich verfolgen. Anders gesagt: nicht die Täter, die Opfer haben Vorrang.

Norbert Lüdecke geht denn auch mit dem »institutionellen Schweigen« der Kirche hart ins Gericht. An die Kleriker, aber auch an alle Katholiken, denen noch an der Kirche liegt, appelliert er eindringlich: »Sie müssen sich entscheiden, was für Sie mehr zählt. ... Wenn Sie effektive Mittel scheuen, etwas an dem zu ändern, über das Sie sich empören, dann sollten sie aufhören und sich mit der ›Übergriffigkeit des Systems‹ abfinden.«

Der Kirchenrechtler kritisiert, es gebe innerkirchlich keine Kultur politischer Verantwortung. »Die derzeitigen deutschen Diözesanbischöfe haben ihr Amt mehrheitlich nach 2010 angetreten. Fast alle waren sie vorher in anderen diözesanen Ämtern verantwortlich tätig, überwiegend mit Zuständigkeiten für Personal- und insbesondere Kleriker-Angelegenheiten. Und dennoch will keiner so viel gewusst haben, dass er sich verantwortlich zu fühlen hätte?« Er ruft dazu auf, den Verantwortlichen auf die Pelle zu rücken, jedem Bischof konkret und bei etwaigem Ausweichen nachhaltig mündlich oder schriftlich Fragen zu stellen, etwa diese:

- was konkret ihn und seine Vorgänger vor und nach 2002 so sicher gemacht hat, in Deutschland sei alles ganz anders als in all den anderen Ländern,
- ob er das Geheimarchiv seines Vorgängers studiert oder als schwarzes Loch behandelt hat,
- ob er seiner Pflicht zur Verfolgung sexuellen Missbrauchs immer angemessen nachgekommen ist und wie konkret,
- ob und warum er nur als Sünde behandelt hat, was kirchenrechtlich und staatlich seit langem als Verbrechen gilt,
- ob und warum er die kirchenrechtlichen Vorgaben nicht kannte oder missachtete,

- ob er selbst angemessen dokumentiert oder Dinge mündlich »bereinigt« hat,
- ob und warum er und seine Vorgänger die staatlichen Gerichte lieber zum Schutz der Kirchensteuer und des eigenen Arbeitsrechts angerufen haben als zum Schutz von Kindern,
- ob und wie er über das Verhalten seiner Vorgänger, und zwar nicht nur der toten, aufklären will.

Wir wissen nicht, wie viele Katholiken der Aufforderung nachgekommen sind und ihrem Bischof »auf die Pelle gerückt« sind. Im Februar 2019 jedoch schrieben namhafte Theologen und Katholiken einen offenen Brief an den Vorsitzenden der Deutschen Bischofskonferenz, Reinhard Kardinal Marx, und forderten einen »tiefgreifenden Wandel«. Darin heißt es:

»Binden Sie sich selbst durch echte Gewaltenteilung – das passt besser zur Demut Christi und in den Rahmen der für alle geltenden Gesetze. Bauen Sie die Überhöhungen des Weiheamtes ab und öffnen Sie es für Frauen. Stellen Sie den Diözesanpriestern die Wahl ihrer Lebensform frei, damit der Zölibat wieder glaubwürdig auf das Himmelreich verweisen kann.« Außerdem fordern sie einen »Neustart mit der Sexualmoral«, einschließlich einer »verständigen und gerechten Bewertung von Homosexualität«.

Die Unterzeichner, darunter der Rektor der Philosophisch-Theologischen Hochschule Sankt Georgen in Frankfurt am Main, Ansgar Wucherpfennig (dem die Bildungskongregation des Vatikans 2018 seine dritte Amtszeit verweigert hatte, als sie verlangte, er solle Positionen aus einem zwei Jahre zurückliegenden Interview zur Homosexualität, zur Segnung gleichgeschlechtlicher Paare und zum Frauendiakonat widerrufen), sowie der Jesuitenpater Klaus Mertes (der 2010 als Rektor am Berliner Canisius-Kolleg Missbrauchsfälle öffentlich machte, woraufhin sich in ganz Deutschland weitere Opfer kirchlich gedeckten Missbrauchs meldeten), verfassten ihren Brief im Zusammenhang mit einer bevorstehenden Konferenz im Vatikan. Dort sollten auf Wunsch von Papst Franziskus die Vorsitzenden sämtlicher Bischofskonferenzen über Konsequenzen aus den Missbrauchsskandalen der vergangenen Jahre beraten. Auch der ehemalige Präsident des Deutschen Bundestags, Wolfgang Thierse, der dem Zentralkomitee der deutschen Katholiken angehört, wandte sich via *DIE ZEIT* an den »Sehr geehrten, lieben Herrn Kardinal Marx« und wünschte sich: »Schluss mit den Vertuschungen, personelle Konsequenzen, Übergabe von Missbrauchsfällen an die staatliche Justiz, echte Gewaltenteilung auch in der Kirche, also unabhängige Gerichtsbarkeit ... – um der Glaubwürdigkeit der Kirche willen!« Wir aber sollten nicht dem Aufklärungswillen des Kardinals und der Mitglieder seines klerikalen Männerbundes vertrauen, die Aufklärung eher als Bedrohung ihres Systems sehen und die Verantwortung dafür tragen wollen, dass in der Vergangenheit Taten vertuscht und Täter gedeckt wurden.

Beispielsweise Gottesmänner wie Kardinal Gerhard Müller, bis 2017 oberster Hüter der katholischen Glaubensdoktrin und erzkonservativer Scharfmacher, der noch im Februar 2019 in einem *SPIEGEL*-Interview behauptete, das Thema werde von »Gegnern der Kirche« instrumentalisiert. Denn: »Sexueller Missbrauch Heranwachsender kommt millionenfach in der ganzen Welt vor. Die Ursache liegt im verdorbenen Charakter des Täters«. Und das, so Müller, »hat nichts mit dem Amt zu tun«.

So wäscht man ein Täter-System rein. Unsere Rechtskultur aber sieht keine »kircheninterne« Paralleljustiz vor. Statt vor ein himmlisches, »jüngstes« Gericht, gehören die klerikalen Täter vor ein irdisches Strafgericht. Opfer wollen nicht Vertröstung und Gebet, ihnen steht Aufklärung und Wiedergutmachung zu. Und so waren im November 2018, kurz nach dem Erscheinen des Missbrauchsberichts der Bischofskonferenz, alle 23 Generalstaatsanwälte der Republik zusammengekommen. Ihr Thema: Wie kann der Staat die Ermittlungen ohne Verzögerung beginnen? Wo anfangen?

Es ging vor allem um die Verjährung. Viele der Straftaten lagen weit zurück. Wenn die Bistümer ihre Archive öffnen und die alten Akten hervorholen, ist zu prüfen, ob diese noch verfolgt werden können. Das sind mitunter diffizile Fragen, weil sich das Sexualstrafrecht über die Jahre stark gewandelt hat. Zeitnahes Handeln war also geboten.

Nach wenigen Monaten aber war sichtbar: Nicht alle Staatsanwaltschaften ermittelten mit dem notwendigen Elan. In München wollte der Generalstaatsanwalt keine Bischöfe im direkten Gespräch behelligen, sondern nur deren Verwaltungsleute. Er habe »keine Showtermine« machen wollen, sagte der Generalstaatsanwalt. Sein Kollege im rheinland-pfälzischen Koblenz ließ Mitte Februar 2019 verlauten, die in der Studie genannten Hinweise auf mögliche Tatzeiten, Tatorte, beteiligte Personen und Tathandlungen seien zu »unkonkret«, um Ermittlungen aufnehmen zu können. Aber, so Generalstaatsanwalt Brauer, seine Behörde habe »aus Anlass der Veröffentlichung der MHG-Studie die bischöflichen

Ordinariate in Köln, Limburg, Mainz und Trier aufgefordert, Unterlagen zu sämtlichen den Geschäftsbereich der Generalstaatsanwaltschaft betreffenden Verdachtsfälle vorzulegen«. Die bischöflichen Ordinariate seien der Aufforderung nachgekommen und die Unterlagen würden nun von den örtlich zuständigen Staatsanwaltschaften ausgewertet. Da eine erste Durchsicht gezeigt habe, dass »zahlreiche Fälle bereits in der Vergangenheit angezeigt und strafrechtlich verfolgt worden« seien, sei »davon auszugehen, dass lediglich in Einzelfällen Anlass bestehen wird, neue Ermittlungsverfahren einzuleiten«. Konsequente Strafverfolgung mag man das nicht nennen.

Und der liebe Gott? Seine Allmächtigkeit umfasst ja nicht unbedingt die Verpflichtung, kleine und große Verbrechen zu verhindern. Seine Macht – das sagt uns schon der katholische Katechismus – ist nun einmal endlich. Und: Gibt es nicht auch den Teufel, den Diabolos, der ständig alles durcheinander bringt – und die Menschen aufstachelt, verführt und in Besitz nimmt? Der gläubige Mensch jedenfalls, der sich einen Gott erfand, fühlt sich im Stich gelassen und sucht angesichts der Wucht der infamen Verbrechen sein kleines Seelenheil. Seine Kirche, die doch das Konzept von der »Kostbarkeit des Menschen« auf ihre christlichen Fahnen schreibt, hat – man könnte sagen, in schlechter Tradition – »Böses« getan und zugelassen. Was tun? Noch einen Offenen Brief an den Herrn Kardinal, an den lieben Bischof? Beten für den Wandel? Die Kirche mag gerne neue Maßstäbe für den internen Umgang ihrer Sexualtäter entwickeln, im Rechtsstaat gelten sie längst – und zwar für alle Täter, egal ob mit Soutane, Mönchshabit oder im Seelsorger-Rock. Der gläubige, katholische Mensch aber mag nicht in den Giftschrank seiner Kirche blicken.

Gottes Schäfchen sind geduldig. Und so tönt es weiterhin »Herr erbarme Dich, ...« in den Kirchen und Kathedralen. Im Fränkischen hat der Pfarrgemeinderat eine Schweigeminute für ein Mädchen abgehalten, das vierzig Jahre zuvor vor einem Gemeindepfarrer missbraucht worden war. Als ob nicht genug geschwiegen worden wäre.

Wie gesagt: Der liebe Gott kann sich nicht um alles kümmern.

MARTIN STAUDINGER, ROBERT TREICHLER,
CHRISTOPH ZOTTER

Du sollst nicht schweigen!

Österreichs Kirche lässt sich als Vorbild für die Aufarbeitung
von klerikalen Sexverbrechen feiern –
Über eine optische und faktische Täuschung

Es ist fast unmöglich, Waltraud Klasnic nicht zu mögen: Stets freundlich, allen zugewandt und mit über 70 Jahren immer noch mütterlich statt omahaft, verfügt die ehemalige Politikerin über eine natürliche Gabe, die Öffentlichkeit für sich einzunehmen. Das hat sie als Landeshauptfrau (dieses Amt entspricht dem einer Ministerpräsidentin in Deutschland) der Steiermark fast zehn Jahre lang unter Beweis gestellt – auch in schwierigen Situationen. In das kollektive Gedächtnis Österreichs ist ein Satz eingegangen, mit dem sie 1998 den Tod von zehn Bergleuten bei einem Grubenunglück in der Alpengemeinde Lassing betrauerte: »Gott hat entschieden«, sagte Klasnic damals unter Tränen, und das Land weinte mit.

»Sie vertraut auf Gott, auf sich selbst und auf ein bisschen Glück. Und man vertraut ihr. Wenn sie sagt, sie wird sich um jemanden kümmern, dann tut sie das auch«, kommentierte die *Kleine Zeitung*, das Leitmedium der Steiermark, einmal.

2010 hat Klasnic ein solches Versprechen mit besonderer Bedeutung und Tragweite abgegeben. Als Leiterin der Unabhängigen Opferschutzanwaltschaft, die von der katholischen Kirche Österreichs ins Leben gerufen wurde, kümmert sie sich um Wiedergutmachung für Menschen, die von Klerikern missbraucht und/oder misshandelt wurden.«Klasnic-Kommission« heißt das Gremium im Volksmund inzwischen – und es ist, darauf legt ihre Namenspatin Wert, weltweit einzigartig.

Die Opferschutzanwaltschaft befindet völlig unabhängig darüber, wer finanzielle und/oder therapeutische Hilfestellung erhält. Die Kirche hat dabei nichts mitzureden, es gibt keine Verjährungsfristen, und auch die strengen Kriterien, die vor Gericht zur Beweiswürdigung angewandt werden, gelten nicht. Nach einer »groben Plausibilitätsprüfung« wird »im Zweifel immer im Sinne der Betroffenen« entschieden, die Beträge zwischen 5000 und 25.000 Euro erhalten können.

Das Konzept hat Österreich viel Anerkennung eingebracht. »Während die deutschen Bischöfe … in der Vorstellung gefangen sind, Aufklärung und Entschädigung seien bei ihnen in den besten Händen, haben die Österreicher unter Führung des Wiener Erzbischofs Christoph Schönborn schon vor acht Jahren eine unabhängige Opferschutzkommission mandatiert und sich seither deren Entscheidungen unterworfen«, kommentierte die deutsche *FAZ* Anfang November 2018.

Tatsache ist: Niemand hat mehr dafür getan, dass die Missbrauchsopfer der Kirche in Österreich spät, aber doch Hilfe bekommen, als Waltraud Klasnic.

Tatsache ist aber auch: Niemand trägt (vermutlich ohne es zu wollen, aber auch ohne es zu verhindern) mehr dazu bei als Waltraud Klasnic, dass sich die Amtskirche in Österreich um einen entscheidenden Aspekt des Themas herumdrücken kann – die Aufarbeitung von unzähligen schwersten Verbrechen, die von Straftätern in ihren eigenen Reihen begangen wurden, und damit auch die Aufarbeitung ihrer eigenen Verantwortung im Zusammenhang mit diesen Straftaten.

Die hochgelobte und verdienstvolle »Klasnic-Kommission« lässt sich als Weihrauchvorhang benutzen, der erfolgreich verdeckt, dass noch immer nichts geschehen ist. Das fällt aber nur auf, wenn man vergleicht, wie andere Ortskirchen das Thema behandeln.

»Wir, die Mitglieder dieser Grand Jury, wollen, dass Sie das erfahren. Wir wissen, dass Sie etwas Ähnliches schon einmal gehört haben. ... Aber nicht in diesem Ausmaß.« So beginnt der fast 900 Seiten starke Bericht über sexuellen Missbrauch durch Kleriker des Bistums Pennsylvania in den USA. Mehr als 300 Geistliche haben in einem Zeitraum von sieben Jahrzehnten an über 1000 Kindern Missbrauch begangen. Bischöfe überredeten die Opfer, die Verbrechen nicht anzuzeigen, und hielten die Polizeibehörden davon ab, Verdachtsfälle zu untersuchen. All das ist in dem Report der Geschworenenkommission nachzulesen, die zwei Jahre lang im Auftrag des Generalstaatsanwalts von Pennsylvania Zeugen befragt und Dokumente beschlagnahmt hat. Im Anhang finden sich die Profile der Täter: Name, Geburts- und allenfalls Sterbedaten, Datum der Priesterweihe, Dienstorte und schließlich eine Zusammenfassung aller Vorwürfe, die von der Grand Jury untersucht wurden. Auch die Mitwisser in der kirchlichen Hierarchie werden namentlich genannt, Briefe und andere Dokumente als Faksimiles beigefügt.

Der »Pennsylvania-Report«, der im vergangenen August veröffentlicht wurde, hat die Katholische Kirche in den USA einmal mehr erschüttert. In Boston waren nach Berichten der Tageszeitung *The Boston Globe* im Jahr 2002 zwischen 150 und 200 Kleriker identifiziert worden, die sich des Missbrauchs schuldig gemacht hatten, in der Erzdiözese Philadelphia waren es laut einem Grand-Jury-Report sechzig gewesen und fünfzig im Bistum Altoona-Johnstown. Wo immer eine Kommission ihre Arbeit aufnimmt, zeigt sich bald dasselbe Bild. »Jetzt kennen wir die Wahrheit: Es passiert überall«, lautet das zornige Resümee im Pennsylvania-Bericht. Auch in Irland wurde die Bevölkerung über die Umtriebe katholischer Kleriker aufgeklärt. 2009 erschien der »Murphy Report« im Auftrag des Justizministeriums. Auf 720 Seiten werden Priester und Bischöfe namentlich genannt, die Kinder missbraucht hatten oder dies vertuschten. In Australien untersuchte eine »Königliche Kommission« die Reaktionen verschiedener Institutionen in Fällen von Kindesmissbrauch – darunter auch die der Katholischen Kirche. Auch in diesem 2017 erschienenen Bericht werden Täter und Mitwisser namentlich genannt.

Vor vier Jahren gab die Deutsche Bischofskonferenz eine wissenschaftliche Studie in Auftrag, um das Ausmaß und die Vertuschung von Kindesmissbrauch zu erforschen. Die 27 deutschen Bistümer verpflichteten sich vertraglich, ihre Archive zu öffnen. Die Studie ist bislang nicht öffentlich einsehbar, die Hamburger Wochenzeitung *DIE ZEIT* präsentierte im September jedoch erste Ergebnisse: Die Untersuchung erfasste 1670 Kleriker, gegen die Vorwürfe erhoben wurden, und 3677 Opfer. Das Forscherteam bekam Zugang zu Informationen aus rund 40.000 Akten, die Originaldokumente selbst wurden allerdings von Kirchenpersonal und von beauftragten Rechtsanwaltskanzleien durchgesehen. In einigen Fällen stellten diese auch fest, dass Akten vernichtet worden waren.

Die schockierenden Ergebnisse dieser Untersuchungen sollen etwas bewirken. Zunächst geht es darum, die Wahrheit ans Tageslicht zu bringen, selbst wenn die Vorfälle zum Teil Jahrzehnte zurückliegen. Die Opfer sollen wissen, dass das, was man ihnen angetan hat, nicht einfach ignoriert wird. In einigen wenigen Fällen fördern die Untersuchungen auch Delikte zutage, die strafrechtlich noch nicht verjährt sind. Und schließlich haben die Berichte Beispielwirkung: Länder, Diözesen und Kirchen, die bisher keine Aufarbeitung dieser Verbrechen und vor allem auch ihrer systematischen Verdunkelung gestartet haben, geraten unter Druck.

In Frankreich sind in den vergangenen Jahren einzelne Fälle von sexuellem Missbrauch durch Kleriker öffentlich bekannt geworden und vor Gericht gelandet, doch bisher konnte sich die Kirche weder zu einer Entschädigung der Opfer noch zu einer breit angelegten Untersuchung durchringen. Das ändert sich nun. Anfang November letzten Jahres empfing die Bischofskonferenz in Lourdes erstmals Missbrauchsopfer bei ihrer jährlichen Zusammenkunft und gab bekannt, dass »eine unabhängige Kommission« eingesetzt werden soll, um »den sexuellen Missbrauch Minderjähriger in der katholischen Kirche seit 1950« zu beleuchten. Voraussichtliche Untersuchungsdauer: zwei Jahre.

Und Österreich? Gilt im internationalen Vergleich – siehe oben – als vorbildlich im Umgang mit dem Thema und bei der Aufklärung. Mit dem Fall Hans Hermann Groër, der 1995 vom Nachrichtenmagazin *profil* aufgedeckt wurde, war vieles aufgebrochen: Der Wiener Erzbischof war weltweit der erste hochrangige Kleriker, dem öffentlich Missbrauch von Kindern und Jugendlichen vorgeworfen wurde und der daraufhin zurücktreten musste.

Die Folge war eine Lawine von Kirchenaustritten. Binnen weniger Monate kehrten mehr als 44.000 Katholiken jener Institution den Rücken, die den Anspruch erhob, die höchste Instanz in Fragen der Moral zu sein, die unter Berufung auf die Zehn Gebote alle sexuellen Handlungen abseits des ehelichen, ausschließlich zur Fortpflanzung betriebenen Geschlechtsverkehrs jahrhundertelang als Todsünde verpönt hatte und die über das System der Beichte bereits Volksschulkinder sogenannte unkeusche Gedanken gestehen und durch Strafen abbüßen ließ.

Die längste Zeit hatten kirchliche Sextäter wenig zu befürchten. Offiziell war die Rechtschaffenheit des Klerus über jeden Zweifel erhaben, und Anschuldigungen gegen Geistliche wurden – wenn überhaupt je geäußert – nicht ernst genommen oder ignoriert. Die Hilferufe von Opfern blieben ungehört, oft genug sogar bei ihren eigenen Eltern und Verwandten, die nicht glauben konnten oder wollten, was ihren Kindern von Priestern und Ordensleute angetan wurde.

Das änderte sich mit der Causa Groër. Plötzlich wurden überall in der katholischen Welt Fälle von sexuellen Übergriffen bekannt. Mehr noch: Es trat ein System zutage, das Vergewaltiger und Gewalttäter in den eigenen Reihen nicht nur duldete, deckte und schützte, sondern diesen in vielen Fällen auch ermöglichte, weiterzumachen, wenn sie doch einmal aufgeflogen waren. Das Bestreben, den Ruf und die Macht der Kirche zu schützen, spielte dabei ebenso eine Rolle wie Korpsgeist und, schlimmer noch, wohl auch Komplizenschaft. Schlimmere Verstöße gegen die eigenen Glaubensgrundsätze kann man sich kaum zuschulden kommen lassen.

In Rom markiert Papst Franziskus rhetorisch inzwischen den starken Mann. Er hat der »Teufelei« den Kampf angesagt. Im Juli 2013 wurde auf seine Veranlassung hin eine Gesetzesnovelle verabschiedet, die Kindesmissbrauch im Vatikan erstmals unter Strafe stellt. Gleichzeitig wies Franziskus seine Behörden an, strikt gegen sexuellen Missbrauch vorzugehen, und im Jahre 2014 richtete er eine Kommission ein, die innerhalb der Kirche eine Wende einleiten sollte.

Dem Gremium gehörte auf persönlichen Wunsch von Franziskus auch Marie Collins an. Die Irin wurde mit 13 Jahren von einem katholischen Priester vergewaltigt. Im vergangenen Herbst warf Collins nach drei Jahren Arbeit in der Kommission jedoch das Handtuch. Ihr sei klar geworden, dass es keinen Grund mehr gebe weiterzumachen, erklärte Collins: »Die Leute im Vatikan legen das gleiche Verhalten an den Tag wie unsere irische Kirche vor 20 Jahren, als fast allen nur daran gelegen war, Missbrauchsfälle zu verschweigen.«

Collins war nicht die einzige in der Kommission, die aufgab. Auch ein weiteres Mitglied verließ das Gremium. Begründung: Der Druck einflussreicher vatikanischer Kreise, alles beim Alten zu lassen, sei zu stark gewesen. Dem Wunsch des Papstes nach Aufklärung werde nicht entsprochen, so Collins.

Diese Einschätzung teilt auch der Journalist Emiliano Fittipaldi, der für das italienische Wochenmagazin *Espresso* arbeitet. In der Umgebung des Papstes seien viele hochrangige Kleriker weiterhin bestrebt, das Thema kleinzuhalten. Fittipaldi: »Man muss doch nur mal checken, wer in der letzten Zeit einen Karrieresprung machen konnte.« Allein drei Kardinäle, die in dem vom Papst geschaffenen Kardinalsgremium zur Reform der Kirchenverwaltung sitzen, seien »nachweislich Vertuscher pädophilen Missbrauchs«. Dasselbe gelte für eine Reihe von Mitarbeitern von Franziskus, resümiert der Journalist.

Auch der Papst selbst sieht sich diesem Vorwurf ausgesetzt. Im vergangenen August behauptete der ehemalige Apostolische Nuntius in den Vereinigten Staaten, Erzbischof

Carlo Maria Viganò, Franziskus habe einen durch schwere sexuelle Vorwürfe belasteten US-Kardinal nicht nur geschützt, sondern sogar befördert: zum persönlichen Berater. Viganò lieferte keine Beweise für diese Behauptungen, der Papst wiederum kein klares Dementi. Kurz darauf nannte Franziskus implizit aber den wahren Schuldigen für die Missbrauchsskandale: Es scheine, dass »in diesen Zeiten« der »Große Ankläger gegen die Bischöfe losgezogen« sei, erklärte er Mitte September in einer Predigt im kleinen Kreis im Vatikan. Für katholische Exegeten war klar, wer damit gemeint war – der Teufel höchstpersönlich.

Doch der Papst hat nicht nur Gegner, sondern auch Verteidiger. Franziskus versuche, die Kirche an verschiedenen Fronten zu reformieren, wendet Giacomo Galeazzi, Vatikanexperte der Tageszeitung *La Stampa*, ein. Dabei habe er es mit erklärten Feinden zu tun. Es werde eine gewisse Zeit brauchen, bis sich die neuen Bestimmungen zum Kampf gegen pädophilen Missbrauch in der Weltkirche durchsetzen könnten. Diese Zeit, so der Vatikanexperte, müsse man dem Papst schon zugestehen. Die österreichische Kirche hatte diese Zeit bereits und fühlt sich im Reinen mit dem, was sie daraus gemacht hat. »Ich lege Wert darauf, dass wir einen guten Weg gesucht und gefunden haben«, sagt Waltraud Klasnic.

Ganz anders sieht das die Plattform Betroffener kirchlicher Gewalt, die ebenfalls seit 2010 Opfer unabhängig von der Kirche psychologisch und juristisch unterstützt und vernetzt sowie im Bereich Prävention und Schadenersatzforderungen aktiv ist. »Wir raten den Opfern ab, dorthin zu gehen. Das soll strafrechtlich geregelt werden, wenn es noch geht. Man hat halt so lange vertuscht, bis alles verjährt ist. Das sollte man auch öffentlich machen«, sagt Jakob Purkarthofer, der für die Öffentlichkeitsarbeit der Initiative zuständig ist.

Bisher haben sich bei der Opferschutzanwaltschaft 2277 Betroffene gemeldet. 1960 Fälle wurden behandelt, 1891 davon anerkannt, nur 69 abgelehnt.»Die katholische Kirche hat alle Beschlüsse der Kommission mit Zahlungen in der Höhe von über 21 Millionen Euro und der Zuerkennung von über 60.000 Therapiestunden à 90 Euro eins zu eins umgesetzt. Es wurden zwischen 2010 und Oktober 2018 insgesamt Hilfeleistungen in der Höhe von 26,4 Millionen Euro zuerkannt«, heißt es in einer aktuellen Leistungsbilanz.

Die Opfer sind statistisch gut erfasst.»Im Großen und Ganzen kann man Folgendes sagen: Die meisten waren entweder Heimkinder aus ganz armen Verhältnissen oder Internatsschüler in elitären Bildungseinrichtungen. Beide verbindet, dass sie wenig Kontakt zu ihren Eltern hatten«, sagt Waltraud Klasnic.

66,7 Prozent der Betroffenen sind männlich, 33,3 Prozent weiblich. 7,4 Prozent waren jünger als sechs Jahre, als sie zum ersten Mal attackiert wurden, 62,3 Prozent wurden im Alter zwischen sechs und zwölf Jahren angegriffen, 23,3 Prozent waren älter.

Körperlicher Gewalt waren 78 Prozent ausgesetzt, psychischer Gewalt 76 Prozent, sexueller Gewalt 32 Prozent. Zwölf Prozent mussten alle Formen der Brutalität erleiden. Der überwiegende Teil der gemeldeten Vorfälle, nämlich fast 85 Prozent, datiert aus den 1970er Jahren oder von noch früher. 75 Prozent der Opfer sind heute bereits 60 Jahre und älter.

Über das Beuteschema der klerikalen Sextäter weiß man in Österreich inzwischen also relativ gut Bescheid. Über sie selbst ist hingegen fast gar nichts bekannt, zumindest öffentlich. Nur so viel: 43 Prozent der Missbrauchsfälle wurden in Einrichtungen von Männerorden – Klöstern, Internaten, Heimen – begangen, 34 Prozent in Frauenorden, 27 Prozent von Weltpriestern in den Pfarren. Und über die Hälfte der Täter begingen mehr als einen Übergriff.

Die Opferschutzanwaltschaft will sich diese äußerst mangelhafte Datenlage nicht vorwerfen lassen. Sie hat ein anderes Mandat: »Wir sind für die Betroffenen zuständig, nicht für die Täter. Unser Auftrag ist schnelle, direkte, den Menschen zugewandte Hilfe«, sagt Klasnic. Abgesehen davon sei das Ausmaß des Problems erheblich zurückgegangen. Große Kinderheime – ein Bereich, in dem Minderjährige besonders schutzlos waren – gibt es nicht mehr, die Sensibilisierung der Gesellschaft ist weit fortgeschritten, die Anzeigebereitschaft entsprechend hoch. »Wenn heute etwas passiert, geht das sofort zur Staatsanwaltschaft. Und es gibt eine Meldepflicht bei Verdachtsfällen. Das heißt, jeder, der etwas bemerkt, muss Anzeige erstatten«, so Klasnic. Dennoch wurden der Kommission lediglich 20 Fälle gemeldet, die aus der Zeit nach 2000 stammen.

All das erlaubt allerdings nur bedingt Rückschlüsse. Die Statistik des Justizministeriums erfasst bei Delikten lediglich den Paragraphen, nicht jedoch nähere Informationen über die Beschuldigten. Es gibt also keine Erkenntnisse darüber, wie viele Verfahren gegen Priester und Ordensleute derzeit in Österreich anhängig sind. Die Erzdiözese Wien räumt ein, über keinerlei statistische Daten bezüglich der Täter zu verfügen. Weder die Anzahl kirchenrechtlicher Verfahren wegen sexuellen Missbrauchs ist bekannt, noch liegen Angaben darüber vor, wie viele Priester wegen solcher Verfehlungen aus dem Priesterstand entlassen wurden oder wie viele Anzeigen die Kirche wegen einschlägiger Delikte bei den Justizbehörden erstattet hat. Eine entsprechende Statistik sei »wünschenswert, gibt es aber noch nicht«, antwortet Michael Prüller, der Sprecher der Erzdiözese, auf Anfrage.

Er verweist auch auf eine Initiative Kardinal Christoph Schönborns aus dem Jahr 2010. Damals hatte Schönborn die Einsetzung einer staatlichen Kommission vorgeschlagen, die Missbrauch in allen Institutionen – also nicht nur in denen der katholischen Kirche – untersuchen sollte. Drei Jahre später ging Australien genau auf diese Art und Weise vor.

Eine Beschränkung auf die Kirche allein wäre »für die Gesellschaft fatal und für die Katholiken ungerecht«, da dadurch »Missbrauch nur ins katholische Eck geschoben« werde, so Prüller. Die Regierung unter dem damaligen Kanzler Werner Faymann habe eine solche staatliche Kommission »leider abgelehnt«, so der Sprecher der Erzdiözese, die Bereitschaft der Kirche bestehe aber »nach wie vor«.

Dort (und nur dort), wo eine unabhängige Kommission den sexuellen Missbrauch Minderjähriger innerhalb der Katholischen Kirche untersucht hat, konnten das Ausmaß des Problems sowie die individuelle und strukturelle Verantwortung erfasst werden. Überall sonst bleibt ein unangenehmer Eindruck: Jeder weiß zwar, dass Verbrechen in großer Zahl begangen wurden, und doch hält es niemand für notwendig, diese rückhaltlos aufzuklären.

In Österreich fehlt eine solche ernsthafte Aufarbeitung des Missbrauchsskandals bis heute. Weder die einzelnen Diözesen noch die Bischofskonferenz haben Anstalten gemacht, Licht in die dunkle Vergangenheit zu bringen, die in einzelnen Fällen bis in die Gegenwart reicht und noch amtierende Kleriker betreffen könnte. Auch die Regierung und das

Parlament wurden niemals tätig, obwohl es ihre Aufgabe wäre, eine Untersuchung systematischer Verbrechen anzuordnen, wenn die Kirche selbst sich dazu nicht durchringen kann.

Die Einrichtung der Opferanwaltschaft war ein richtiger Schritt, doch was die Aufklärung betrifft, ist ihre Verfahrensweise eine Sackgasse. Sich mit der Entschädigung der Opfer zu begnügen, reicht nicht aus. Den 1891 von der Klasnic-Kommission entschädigten Menschen steht eine annähernd große Zahl von Missbrauchstätern und Mitwissern gegenüber, die ungeschoren davonkommen. Das ist ein Unrecht, das durch finanzielle Hilfeleistungen niemals wiedergutzumachen ist. Außerdem blieben die Aussagen der Betroffenen ohne Konsequenzen für die Beschuldigten und ihre Vorgesetzten, sie führten nicht zur Erhellung der Untaten. Der bloße Verweis auf die Justiz ist irrig und zynisch. Die meisten der Verbrechen sind verjährt, manchmal können sich die Opfer nicht mehr an die Namen der Täter erinnern. Die Untersuchungskommissionen in den USA, Irland und Australien hatten die Aufgabe, Fälle ohne Rücksicht auf Verjährungsparagraphen bis weit in die Vergangenheit hinein zu untersuchen. Die Grand Jury in Pennsylvania kam dabei zu dem Schluss, dass Verjährungsbestimmungen sowohl im Strafrecht wie auch im Zivilrecht zugunsten der Opfer verändert werden sollten.

Die namentliche Nennung von Tätern ist unerlässlich, auch wenn diese bereits verstorben sind. Kommissionen haben den Auftrag, die Identität der Übeltäter und Mitverantwortlichen nur in eindeutigen Fällen in ihre Berichte aufzunehmen. Datenschutzrechtliche Probleme konnten in allen angeführten Staaten, die solche Kommissionen einsetzten, positiv geklärt werden. Die Kommissionen müssen sowohl unabhängig von den Kirchen zusammengestellt werden als auch weitgehende Befugnisse erhalten. Ihnen muss der Zugang zu den kirchlichen Archiven gewährt werden, und sie müssen das Recht haben, Dokumente anzufordern und Zeugen vorzuladen – ähnlich wie ein parlamentarischer Untersuchungsausschuss.

Diese Schritte sind zugegebenermaßen nicht einfach. Doch zu jeder Aufarbeitung gehört das Wissen um die Vergangenheit – auch, um zu verhindern, dass sich diese wiederholt. Die Kirche hat die Pflicht, redlich aufzuarbeiten, welche Faktoren den massenhaften Missbrauch in ihrem Verantwortungsbereich ermöglicht haben und welche davon möglicherweise immer noch relevant sind. Und die Öffentlichkeit hat ein Recht darauf, die volle Wahrheit darüber zu erfahren.

Bisher ist selbst ein medial so intensiv diskutierter Fall wie der von Kardinal Hans Hermann Groër niemals unabhängig untersucht worden. Niemand weiß, wie lange Groërs Verbrechen innerhalb der Kirche bekannt waren und vertuscht wurden. Das Ergebnis einer vatikanischen Untersuchung des Falls blieb geheim. Dass die damaligen Bischöfe Christoph Schönborn, Johann Weber, Georg Eder und Egon Kapellari öffentlich erklärten, sie seien zur »moralischen Gewissheit« gelangt, dass die Vorwürfe gegen Groër »im Wesentlichen zutreffen«, ersetzt ebenso wenig eine Untersuchung wie Groërs öffentliche Bitte an »Gott und die Menschen« um Vergebung.

Inzwischen hat Schönborn Fehler eingeräumt: »1995 haben uns die Ereignisse überrumpelt, wir waren hilflos. Es dauerte viel zu lange, bis wir erkannten, dass die schonungslose Wahrheit der einzige Weg ist«, sagt der Kardinal in einem

Anfang 2019 erschienenen Interview mit dem Magazin *stern*. Dass vertuscht und geleugnet wurde, »war ein großer Fehler, es ging vielen darum, die Institution zu schützen«.

Auch mit den Tätern habe sich die Kirche auseinandergesetzt. Das »war eine schwierige Phase für mich, weil einige absolut uneinsichtig sind. Das hat mich seelisch enorm belastet. Wir haben mit Beschuldigten gesprochen, gefragt, was passiert ist, und es wurde nur abgeblockt. Verleugnung des eigenen Täterverhaltens«, so der Kardinal. Dennoch: »Wir sind damals in Österreich einen Weg gegangen, der inzwischen als Vorbild gilt. Auch wenn das nicht genügend war.«

Dass zumindest der letzte Satz absolut zutreffend ist, zeigt der internationale Vergleich: In Australien, den USA und Irland wurden die Täter identifiziert, ihre Biographien exemplarisch beschrieben, ihre verantwortlichen Vorgesetzten namentlich benannt und umfangreiche Endberichte verfasst und veröffentlicht.

In Österreich liest sich die Bilanz so: Identifizierte Täter – nicht erhoben. Exemplarische Beschreibung von Täterbiografien – nein. Namentliche Nennung von Kirchenvorgesetzten – nein. Endbericht – keiner

Kleiner Nachtrag: Anfang Februar 2019 ließ Schönborn mit einer Aussage aufhorchen: Er selbst, so der Kardinal in einer Dokumentation des *Bayerischen Rundfunks*, sei als Jugendlicher von einem Priester sexuell belästigt worden. In der Kirche gebe es Strukturen und Systeme, die den Missbrauch begünstigten. Das ist eine Erkenntnis, für die es nach dem Fall Groër fast ein Vierteljahrhundert brauchte. Andererseits: Gemessen an der Geschwindigkeit, mit der die Nomenklatura des Christentums normalerweise reagiert, ist das fast schon wieder rekordverdächtig.

Klaus Ungerer

Die frohe Botschaft

Warum wir keinen Gott brauchen und jede Religion
immer und überall kritisieren sollten

Es ist nur eine Anekdote, aber eine gute, befreiende. Als der Physiker Pierre-Simon Laplace dem Kaiser Napoleon um 1800 herum seine Himmelsmechanik erklärte, fragte der Kaiser: Aber wo denn Gott verbleibe in dieser Theorie. Und mit kühlem Stolz erwiderte Laplace: »Diese Hypothese, Sire, habe ich nicht benötigt.«

Ob die Geschichte nun so stattgefunden hat oder nicht (sie ist zu gut, um so stattgefunden zu haben), sie hat uns, wie früher die Bibelgeschichten, etwas mitzuteilen, daher funktioniert sie so gut: Will der moderne Mensch zur Entfaltung bringen, was in ihm angelegt ist – Neugier, Wissbegierde, Logik, Intelligenz, Beobachtungsvermögen, sinnliche Lust am Erkenntnisgewinn (deretwegen wir im alten Buch aus dem Paradies geflogen sind) –, will der Mensch also wirklich zum Menschen werden:

So braucht es keinen Gott. Gott ist eine Figur aus einer Vergangenheit märchenhaften Denkens. Das hat Laplace mit dieser kurzen Wendung in die Welt geworfen, und seit es mit überlegener Lässigkeit ausgesprochen wurde, kommt man einfach nicht mehr daran vorbei: Ein Allmächtiger ist nicht nötig, um die Welt zu erklären, genauer, er ist sogar ein Hindernis beim Zugang zur Welt, ein Hindernis bei der Übernahme von Verantwortung für uns und unseren bescheidenen, fragilen Lebensraum, diesen abgelegenen Planeten auf einer ovalen Umlaufbahn um einen minder bedeutenden Stern.

Der Gott müsste, rein logisch betrachtet, in den zweihundert Jahren seit Laplace von selbst aus den Köpfen verschwunden sein. Hätte den Weg freigemacht für sinnvollere, hilfreichere Denkmodelle. Aber so logisch sind wir eben nicht. Sonst hätten wir ja niemals Götter und Märchen und Horoskope erfunden. Gott, schon immer ein prätentiöser Charakter, hat die Eigenheit, nicht einfach weichen zu wollen, sondern weiter zu spuken, obwohl sein Bann lange gebrochen ist. Statt rasch endgültig zu verfliegen, hat er entschieden, uns so lange und so intensiv mit seiner geisterhaften Existenz zu verfolgen, wie es eben geht. Und man muss es ihm lassen: Gott nervt wirklich unglaublich im Moment.

Gerne hätte man ja sein Andenken in Ehren gehalten, hätte respektvoll seiner Verdienste als Begleiter der Menschheit durch die Jahrhunderte gedacht, als faszinierendes, kaum ganz ausgründbares kulturelles Phänomen, als Gesellschaftsordner für größere Massen. In einer Mischung aus Respekt und Widerwillen wäre man seiner Spur durch die Jahrtausende gefolgt bis hin zu Echnaton, der den Mono-Gott, diesen imaginären Freund, erfand. Milliarden von Menschen hat er viel bedeutet in der Kindheit der menschlichen Historie, der wir nach schlappen fünf Millionen Jahren immer noch erst zu entwachsen bemüht sind: Man vergleiche mal mit Erfolgsmodellen der Evolution wie Farne, Asseln oder Spinnen – dagegen sind wir stolzen Menschenkinder ein Fünkchen im Gewitter.

Das Problem allerdings derzeit: Gott, der lange tote, hat in letzter Zeit ernsthaft zu stinken begonnen. Spätestens seit

Laplace kann jeder halbwegs gebildete Mensch die Idee als unhaltbar und beschämend kurios erkennen: Ein allmächtiges Wesen (dessen Ursprung niemals erklärt oder auch nur nachgefragt wird, lebt es? Ist es unbelebt? Ist es irgendetwas dazwischen? Wie konnte es sich etwas vorstellen, wenn es vorher nichts gab?) habe einst das Universum mit seinen physikalischen Gesetzen, mit seiner betäubenden Unendlichkeit und Milliarden von Sonnen und Planeten darin erschaffen – und hat nun, im Jahr 2019, ein sehr ernsthaftes Interesse daran, dass man, um nur einige der bizarren Regeln anzuführen, die ihm zugeschrieben werden: a) Löckchen an den Ohren trage, b) auf gar keinen Fall einen Baconburger bestelle, sondern lieber einen Lammfleischdöner, c) Statuetten von gefolterten, halbnackten Bärtigen in jedes Klassenzimmer jeder Schule hänge, d) homosexuelle Liebe für etwas Schlimmes zu halten habe und so weiter und so fort. Man könnte hier jetzt seitenlang groteske Vorschriften aufzählen, die eigentümlich nach Borniertheit, Kleinlichkeit, Machtgeilheit, Unterdrückungslust, Narzissmus und Dämlichkeit, kurz: nach Mensch riechen.

Nachdem man das Schlimmste überwunden glaubte und aufgeklärten Zeiten entgegenzugehen hoffte, hat die Religion wieder einige der hässlicheren ihrer vielen Häupter zu heben begonnen. Und damit sind nicht nur die Gewaltexzesse islamistischer Formationen gemeint und nicht nur die Morde durchgeknallter Pseudochristen an Abtreibungsärzten, nicht nur die beleidigende Absurdität eines Arche-Noah-Erlebnisparks in den Vereinigten Staaten. Auch hierzulande fordert die Religion immer noch allen Ernstes, sich auf uralte Märchenbücher stützend, was sie für ihr Recht hält. Dass man am Karfreitag nicht tanze und nicht das »Leben des Brian« aufführe. Dass man wehrlosen Kleinkindern ohne medizinischen Grund an der Vorhaut herumschnippele. Dass die Kirche ihre diakonischen Jobs je nach Glaubensbekenntnis vergeben dürfe. Das alles in einer Zeit, da Gott sich allenfalls noch, wenn man denn an ihm festhalten will, irgendwo hinterm Urknall verorten ließe, da sein letzter Gruß allenfalls die Gravitationswellen sein könnten, die menschlicher Geist vorhergesagt und nachgewiesen hat, und da es lange schon ein schlechter Witz ist, am lieben Gott als einer unsichtbaren Vaterfigur, die sich um alles kümmere, festzuhalten. Ein Blick auf die Welt macht es klar: Es kümmert sich eben keiner. Wir müssten uns selber kümmern.

Allgemein scheint dennoch ein Einverständnis vorzuherrschen, dass Religionen einen besonderen Schutz zu genießen hätten, immer noch umgibt sie die Aura des Ehrwürdigen, Respektierenswerten, so wie die hundertjährige Erbtante, die zwar nichts mehr sieht und kaum noch hören kann, dafür aber umso lauter ungefragt reinkrächzt in jedes Gespräch. Sich als religiös bezeichnende Menschen genießen ein sonderbares Vorrecht: Jede sinnvolle Debatte unterbinden zu können, wenn sie spüren, dass der Grund unter ihren Füßen gerade wackelig wird. Es ist bezeichnend, dass wir Satiriker benötigen, um das Offensichtliche zu benennen. Im Nachgang des *Charlie-Hebdo*-Massakers durfte Oliver Maria Schmitt, ehemaliger Chefredakteur der *Titanic*, ausnahmsweise einmal aussprechen, was die Grundlage einer aufgeklärten Gesellschaft zu sein hätte: »Im Zusammenhang mit religionskritischer Satire hört man immer wieder den unsinnigen Vorwurf: ›Aber damit verletzt ihr doch die religiösen Gefühle anderer.‹ Ich frage mich: Was soll denn das sein, ein ›religiöses Gefühl‹? Ist es weniger wert als das Gefühl, von religiösen Fanatikern bevormundet, belogen, verletzt und für dumm verkauft zu werden? Ist das Gefühl eines aufgeklärten Geistes weniger Wert als das Gefühl eines religiösen Einfaltspinsels? Es ist aufklärerische Menschenpflicht, jede Religion immer und überall zu kritisieren.«

Das war ein seltenes Licht in überschatteten Zeiten. Überschattet nicht nur vom Irrationalismus des Wachstumsglaubens, sondern immer wieder auch überschattet vom Obskurantismus abergläubischer Weltanschauungen. Zwischen Aberglauben und Glauben besteht dabei nur ein gradueller Unterschied, man könnte sagen: Glaube ist ein Aberglaube, der über das Taschenformat hinausgewachsen ist, der mächtige gesellschaftliche Strukturen ausgebildet hat und, mehr als das Wochenhoroskop, für Hierarchie und Unterwerfung steht: Wer glaubt, ordnet sich unter, gibt alle Verantwortung ab. Es ist dies das Gegenteil von einem freiheitlichen, demokratischen Menschenbild, das Gegenteil von Selbstbestimmung und Gleichberechtigung. Immer und überall sind es Männer, die unter allerlei Brimborium eine quasi magische Macht und Deutungshoheit für sich beanspruchen – basierend auf den Erkenntnissen lange untergegangener Kriegsherren wie Mohammed, charismatischer Outcasts wie Jesus, oder auch, jüngeren Datums, offensichtlicher Scharlatane wie Scientology-Gründer L. Ron Hubbard oder Mormonen-Urvater Joseph Smith.

Was ist denn überhaupt übrig vom Glauben in halbwegs aufgeklärten Zeiten: Gibt es noch sehr viele Menschen, die an die Kekswerdung Christi glauben? Ans Paradies, Engel und Teufel? Überall, wo Menschen der Kontakt mit Bildung vergönnt gewesen ist, spielen solche Fragen keine Rolle mehr. Sondern es gibt, in der echten Welt, dringendere Probleme:

Wie speisen wir die Menschheit, gibt es Zugang zu Wasser für alle? Wie vermeiden wir Kriege, wie schaffen wir Verständnis untereinander? Wie geben wir den Unterbelichteten und den Chancenlosen Hoffnung und Erleuchtung? Doch wohl nicht durch das Gebet zu einem reformierten Tyrannen.

Gern verbreitet wird das Gerücht, Moral komme von Religion. Noch vor wenigen Jahren war es möglich, dass die Initiative »Pro Reli« den Slogan »Keine Moral ohne Gott!« plakatierte, somit alle Menschen ohne Glauben zu unmoralischen Menschen degradierend – in sich ein unethischer Akt. Jesus gefällt das nicht. In Berlin leben gemäß einer neueren Untersuchung drei Viertel der Menschen ohne einen ernsthaften Glauben an Gott, und bohrt man bei den spirituellen Leuten rein, so bleibt vom Glauben meist nicht viel mehr übrig als so eine warm wabernde Aufgehobenheit im Universum, die selbst ein Atheist problemlos unterschreiben könnte. Agieren religionsfreie Menschen nun unmoralischer als andere? Davon hat man noch nichts mitbekommen, zum Beispiel für Selbstmordanschläge fehlt ihnen schlicht die Motivation. Ganz oft sind sie liebevolle Partner und Eltern, engagieren sich für die Umwelt, kümmern sich um Geflüchtete, verhindern Naziaufmärsche, geben Bettlern Geld, retten Hunde, und und und – niemand hat dafür einen Gott nötig und seinen phallisch gereckten Zeigefinger. Die meisten Menschen, man staune, sind einfach von sich aus moralisch. Weil Jahrmillionen der Evolution sie zu einem sozialen, einfühlenden Wesen gemacht haben. Und das ist die gute Botschaft.

Die andere gute Botschaft: Seit es, zumindest in den aufgeklärteren Gegenden dieser Welt, aus der Mode gekommen ist, religionsfreie Menschen einzusperren, zu foltern und zu verbrennen, ist es möglich, den Gott und seine Produkte mal auf den Prüfstand zu stellen. Seitdem haben die Gottisten auch ein ernsthaftes Legitimationsproblem. Denn gerade was Moral angeht, kann man nun vergleichen: Ist der Gott so lieb, wie sie es immer verkünden wollen, steht er für ethische Prinzipien? Oder erscheint nicht doch wesentlich sinnvoller: Wir Menschen müssten uns auf der Grundlage von Freiheitsrechten und Toleranz selber um Gerechtigkeit und Frieden auf Erden bemühen?

Die Geschichte der Kirchen ist eine von flächendeckender körperlicher und seelischer Grausamkeit, von gnadenloser Machtpolitik und Unterdrückung, deren jüngstes Kapitel die Aufdeckung massenweiser übelster Verbrechen von Priestern an Schutzbefohlenen ist. Doch daran wollen wir die Religion erst mal gar nicht messen. All das mag ja ein Betriebsunfall gewesen sein, den zu verhindern der Gott leider keine Gelegenheit hatte.

Geht es nach den Kirchen, so sind sie selber Garanten ethischen Handelns. Seit allerdings die Idee der Menschen- und Freiheitsrechte, ganz ohne Zuhilfenahme eines Gottes, in der Welt ist, rudert die Religion hinterher: Denn dass diese zeitgemäße, aberglaubensfreie Moral derjenigen der Kirchen weit überlegen ist, leuchtet ja sofort ein. Und so wie ein überkommener, korrupter Auto- oder Ölkonzern sich gern für die Außenwirkung einen ökologischen Anstrich gibt, so versuchen auch die Berufschristen seit Langem, ihre antike Ideologie so lange hinzubiegen, bis sie irgendwie modern und menschenfreundlich erscheint.

Neulich etwa, las man auf *evangelisch.de*, empfahl ein Professor für Religionspädagogik, die Idee der Menschenrechte im Religionsunterricht zu verhandeln. Die Kirche hat da nämlich einen Kniff ersonnen, um jene Freiheitsidee, die sie jahrhundertelang vehement bekämpft hat, unter ihre Fittiche zu nehmen. So erklärt der Religionspädagoge: Die Menschenwürde, zentraler Begriff zur Begründung der Menschenrechte, leite sich für den Christen aus der »Gottesebenbildlichkeit« des Menschen ab.

Nun also, alle historischen und aktuellen Monstrositäten der organisierten Religionen beiseite gelassen, steckt da vielleicht etwas drin? Wenn wir ethische Unregelmäßigkeiten wie die Hexenverbrennungen, die Religionskriege, die Segnungen der Feldgeschütze, und so weiter und so weiter, wenn wir all das einmal außer Acht lassen: Liegt eine Menschenwürde in der Vorstellung, wir alle seien nach dem Ebenbild des Gottes geschaffen?

Will man darüber nachdenken, hakt es schon ganz, ganz am Anfang. Wie soll es überhaupt möglich sein, dass der Mensch des Gottes Ebenbild sei? Wäre er ebenso perfekt, allmächtig, allwissend, so käme ja die ganze Handlung der Bibel niemals in Gang, und die Religiösen blieben auf ihr sitzen. Der gesamte Plot und das gesamte Geschäftsmodell der Religion beruhen doch darauf, dass der Mensch eben, aus der Sicht des Gottes, »fehlerhaft« ist. Daher dann der Rauswurf aus dem Paradies und alles nachfolgende Elend.

Daran kommt auch der gelenkigste Gummitheologe nicht vorbei: Gott, der Perfekte, Weise, Allmächtige, hat den Menschen eben nicht als sein Ebenbild geschaffen, sondern eher als eine Art Nutztier, welches der Erzeugung von Gebeten dient, von denen die egozentrische Seele des Gottes sich nährt. Um an all die Gebete zu kommen, muss er den Menschen natürlich immer mal wieder Drangsal, Not und Elend bescheren.

Die Moralität des biblischen Protagonisten ist oft genug abgehandelt worden: Im Alten Testament ist der Gott ein rach- und herrschsüchtiger Vollpfosten, der vor keinem Massaker zurückschreckt. Als er in einer Wut etwas veröffentlicht, das bis heute immer wieder als Moralkodex verkauft wird, die Zehn Gebote, steht nicht viel mehr drin, als dass man niemandem etwas wegnehmen und niemanden umbringen soll – ganz als wäre derlei bis dahin in menschlichen Gesellschaften erlaubt gewesen.

Das Hauptgewicht der Zehn Gebote allerdings liegt ganz woanders. Was dem Gott wirklich am Herzen liegt: Dass man ihn verehre. Und zwar nur ihn. Als moralischer Leitfaden ist das arg dürr, und man darf in der Bibel auch lieber nicht links und rechts weiterlesen, wo Ehebrechern, Ungläubigen und anderen missliebigen Personen die Steinigung anempfohlen wird. Denn keineswegs formulieren die Zehn Gebote auch nur näherungsweise universale Rechte, ganz im Gegenteil: Ihr einziger Zweck ist es, die religiösen Follower dieses einen Gottes zusammenzuschweißen gegen die dummen, ignoranten, widerwärtigen Follower aller anderen Religionen. Welchen Sinn es haben soll, dass man sich als Gott ein einzelnes Lieblingsvolk herauspickt, statt alle Menschen auf der Erde gleichermaßen zu beglücken, erschließt sich dabei nicht. Eher scheint der Herr ja hier eine Spaltung befördern und Konflikte heraufbeschwören zu wollen, die wir bis heute hin tatsächlich auch erleben.

Die Kirchenleute haben es sich zur Gewohnheit gemacht, den großen Unsympathen des Alten Testaments wegzudeuteln: Der habe halt ein paar Tausend Jahre lang einen schlechten Tag gehabt, dann aber ein Einsehen. Dann habe er den Jesus auf die Erde geschickt, um die Menschheit zu erlösen, wobei auch nach dem vierten Bier niemand versteht, wer da von was erlöst wird, wenn der Gott ein paar Tage tot spielt, um seinen Haustieren ein schlechtes Gewissen zu bereiten.

Seit Jesus da war, berufen sich die Berufsreligiösen mit einem Sinn für Außenethik gerne auf den. Liebe deinen Nächsten, habe der gesagt, und: Wenn dich einer auf die eine Backe haut, halte ihm die andere auch noch hin. Diese zentralen Botschaften werden dann so hingebogen, als sei die Saat von Toleranz und Menschenrechten in ihnen angelegt, die Menschenwürde vorformuliert. Tatsächlich aber: verständigen sich hier gar keine Menschen auf menschenwürdige Regeln. Sondern Gott haut die neueste Anweisung raus.

Das ist häufig das Verständnis, das Christen von moralischem Handeln haben: Ohne Befehl von oben gebe es keines. Wobei Gott eben mit Himmel und Hölle ein bisschen nachhilft, seine ganze so genannte Moral also eigentlich nur ein Terrorsystem ist. Menschenwürde? Findet hier keinen Raum. Sie geböte ja, der Mensch hätte Gelegenheit, sich frei zu entfalten und die Regeln des Miteinanders auf der Grundlage seines Menschenverstandes auszuhandeln.

Mehr noch, die beiden immer wieder hoch gelobten Konzepte der Nächsten-, wenn nicht sogar Feindesliebe sowie der Gewaltlosigkeit rauben dem Menschen ebenso seine Würde. Wenn er geschlagen wird, soll er sich nicht wehren, sondern um mehr Schläge bitten. Ihm wird also das Verfügungsrecht über seinen Körper genommen.

Und er soll jeden lieben, auch den pupsenden, meckernden Nachbarn, auch Björn Höcke, auch die Bischöfe, die den Kindesmissbrauch gedeckt haben. Ihm wird also das Verfügungsrecht über die eigenen Gefühle genommen, unter Berufung auf einen Oberheini im Himmel, der widrigenfalls mit Vernichtung droht – während seine Leute überall verbreiten, er habe uns lieb. Moderne Zeiten haben dafür einen Begriff: Mindfuck.

Mit Menschenwürde, Freiheitsrechten und der aus ihnen folgenden Toleranz hat das alles nichts zu tun, es buttert sie unter. Toleranz muss gepflegt, ausgehalten und durchgesetzt werden, sie braucht Gegenwehr gegen diejenigen, die sie attackieren. Ein Mensch, dem seine Würde lieb ist, sollte sich niemals einer fremden Macht mit Haut und Seele ausliefern müssen, wie die Gottheit es immer wieder verlangt.

Dass sie es tut, ist erwartbar und, nun ja, menschlich. Was will man denn auch erwarten von einem wie Gott, der bis zur Erfindung der Welt immer ganz allein gewesen ist? Er ist eben nie sozialisiert worden, wie auch. Er ist der absolute Autokrat, ist das Unsoziale in Person. Gott ist ein Einzelner. Allmächtig. Allwissend. Unendlich. Gott ist zwingend ohne Moral, denn Moral beginnt erst dort, wo es ein Zusammenleben gibt. Einsam auf einer Insel braucht man keine Moral, denn man hat auf niemanden Rücksicht zu nehmen. Gott hat keine Moral, denn er pflanzt sich nicht fort, er verliebt sich nicht, er wird nicht von Gitarrenhändlern übers Ohr gehauen, niemand tritt ihm in der U-Bahn auf den Fuß, er findet keine Hundert-Euro-Scheine im Park, er hat keine Stinkwut auf den Nachbarn und ist nie neidisch auf dessen schöne Ziege.

Gott ist allein, und in seinen Zehn Geboten legt er auch äußerst großen Wert darauf. Das unterscheidet ihn grundlegend, wesenhaft von uns. Allein schon deswegen können wir nicht sein Ebenbild sein, und seien wir froh darüber. Unsere Würde, die stets bedrohte, leiten wir daraus ab, dass wir anständig und respektvoll umgehen können mit anderen Menschen, selbst wenn sie uns stinken. Selbst wenn sie hässlich oder hochnäsig sind, oder wenn sie einer all der hanebüchenen Religionen angehören, die so viel Leid und Zerrissenheit auf den Erdball gebracht haben.

Wenn wenigstens mal jemand eine Gottheit erfinden würde, die sich für Gleichberechtigung aller Geschlechter und Rassen und sexuellen Orientierungen, für ein Miteinander und Demokratie, für Frieden und Bildung einsetzt! Dann würde die vielleicht gar nicht mal stören. Dann wäre die vielleicht sogar okay. Dann wäre da endlich mal eine unsichtbare Macht, die es gut meint mit uns Menschen. Aber brauchen wir die wirklich? Besser steht es uns, erwachsen zu werden. Die Augen zu öffnen. Uns selbst anzuschauen und zu wissen: Wir brauchen keine Gottheiten mehr. Brauchen uns nicht zu verlieren in irrational gewonnenen, Jahrtausende alten Gespinsten. Denn wir haben uns: ein Häuflein halbwegs intelligenter, halbwegs liebesfähiger, weit überwiegend friedliebender Zweibeiner auf einem abgelegenen Planeten auf einer ovalen Umlaufbahn um einen minder bedeutenden Stern. Für Moral haben wir selber zu sorgen, jeder für sich, und alle gemeinsam.

JACQUELINE NEUMANN

Streit um Gott

Kreuz-Erlass in Bayern und Lehrerinnen-Kopftuch
Zwei exemplarische Fälle – ein Verfassungsbruch

Darf die Regierung in staatlichen Gebäuden das religiöse Symbol eines bestimmten Glaubens anbringen? Und dürfen Staatsvertreter im Dienst mit auffälliger religiöser Kleidung für ihre Glaubensüberzeugungen werben – noch dazu vor minderjährigen, gesetzlich zur Anwesenheit verpflichteten Schülerinnen und Schülern? »Nein« sagt die Verfassung mit Blick auf das Neutralitätsgebot. »Ja« sagen einige Politikerinnen und Politiker mit Blick auf religiöse Wählergruppen.

Das Neutralitätsgebot (genauer: das Gebot der weltanschaulich-religiösen Neutralität des Staates) ist wohl die am stärksten missachtete Forderung der Verfassung. Vor 100 Jahren wurde das Staatskirchentum beendet und der Trennungsbefehl von Staat und Religion in die Verfassung aufgenommen. Vielfach wird heute noch von Politik, Gesetzgebung, Rechtsprechung und Verwaltung gegen das Neutralitätsgebot des Staates verstoßen. Einige der christlichen und islamischen Übergriffigkeiten auf die Verfassung wie der Kreuz-Erlass und das Lehrerinnenkopftuch stehen dabei im Scheinwerferlicht der Öffentlichkeit. Daher werden diese beiden Fälle als Beispiele zur Darstellung von religiös motiviertem Verfassungsbruch herangezogen. Wie entsteht dieser Verfassungsbruch und was lässt sich dagegen tun?

Warum der Rechtsstaat weltanschaulich neutral sein muss

Im Jahr 1919 trat die Weimarer Reichsverfassung (WRV) in Kraft und besiegelte das Ende der Staatskirche. Die Verfassung brachte den entscheidenden Schritt vom christlichen Glaubensstaat zum freiheitlich-demokratischen Staat, in dem das Menschenrecht auf Weltanschauungsfreiheit einschließlich der positiven und negativen Religionsfreiheit garantiert wird. Damals wie heute ist anerkannt, dass der Grundsatz der Trennung von Staat und Religion sowohl eine institutionelle wie auch eine materielle Trennung vorschreibt (Art. 137 Abs. 1 WRV/Art. 140 GG). Das bedeutet, dass der Staat die Kirchen weder als Institutionen bevorzugen darf, noch dass er kirchlichen Sichtweisen ein besonderes Gewicht einräumen darf.

Für die Rechtsnormen des Staates gilt unbedingt das Gebot der weltanschaulichen Neutralität. Es handelt sich dabei um ein objektives Verfassungsgebot – nicht bloß um eine allgemeine Richtschnur, von der man nach politischen Zweckmäßigkeitsgesichtspunkten abweichen könnte. Folglich haben es alle staatlichen Einrichtungen von Bund und Ländern stets einzuhalten, ohne dass man sich grundrechtlich darauf berufen müsste.

Das Neutralitätsgebot beinhaltet nach ständiger Rechtsprechung des Bundesverfassungsgerichts ein Identifikations-, Privilegierungs- und Diskriminierungsverbot: dem Staat ist es verwehrt, sich durch von ihm ausgehende oder ihm zuzurechnende Maßnahmen mit einer bestimmten Weltanschauung zu identifizieren und dadurch den religiösen Frieden in einer Gesellschaft von sich aus zu gefährden (BVerfG, Neue Juristische Wochenschrift, 2017, 381). Die

Privilegierung bestimmter Bekenntnisse ist ebenso untersagt wie die Ausgrenzung oder Schlechterstellung Nichtgläubiger und Andersgläubiger. Eine Staatsreligion darf es nicht geben. Die Einführung staatskirchlicher Rechtsformen ist unzulässig. Auch eine inhaltliche Orientierung am kulturgeschichtlichen Erbe des Christentums oder anderer religiöser und nichtreligiöser Weltanschauungen ist nach dem Grundgesetz nicht zulässig.[1] Denn in einem demokratischen Staat, in dem Anhänger unterschiedlicher weltanschaulicher Überzeugungen zusammenleben, kann die friedliche Koexistenz nur gelingen, wenn der Staat selbst in Weltanschauungsfragen Neutralität bewahrt (BVerfGE 105, 279).

Im öffentlichen Diskurs wird gegen das Neutralitätsgebot gerne vorgetragen, dass es keine absolute Neutralität geben könne und auch das Grundgesetz nicht wertfrei formuliert sei. Insbesondere die Präambel mit ihrem Gottesbezug (»Verantwortung vor Gott«) zeige zudem, dass die Verfassung selbst auf religiösen Füßen stehe. Ist dem so? Die klare Antwort lautet: Nein! Zu beachten sind dabei die folgenden zwei Punkte.

Erstens: Weltanschauungsneutralität meint nicht Wertneutralität. Selbstverständlich verkörpert das Grundgesetz eine wertegebundene Ordnung. Zu den Verfassungswerten zählt insbesondere der demokratische Rechtsstaat mit der Garantie der Grundrechte und dem Sozialstaatsprinzip. Das Grundgesetz erkennt den Schutz von Freiheit und Menschenwürde als obersten Zweck allen Rechts an (BVerfGE 12, 45) und basiert somit auf einer freiheitlichen – und keiner christlichen oder islamischen – Staatstheorie.[2] Nicht gemeint ist die enge »Freiheit« eines Christenmenschen zwischen Himmel und Hölle. Auch nicht gemeint ist die Unterwerfung eines Muslims unter die Vorschriften Allahs. Und auch die Wünsche des jeweiligen religiösen Bodenpersonals spielen dabei keine besondere Rolle.

Das Grundgesetz ist offen und gleichzeitig blind gegenüber dem Pluralismus der weltanschaulich-religiösen Anschauungen der Bürgerinnen und Bürger – mag es sich dabei um Humanisten, Christen, Muslime, Juden, Scientologen, Rastafaris oder andere handeln. In dieser Offenheit bewahrt der Staat seine Neutralität (BVerfGE 41, 29) und setzt die Grenzen der Freiheitlich-Demokratischen Grundordnung (FDGO). Eine »Indoktrinierung« ist nur mit der »Doktrin« der Verfassungswerte gestattet. Diese Verfassungswerte sind – erneut – nicht spezifisch christlich oder islamisch.

Zweitens: Der Gottesbezug in der Präambel des Grundgesetzes hat keine normative Bedeutung und gestaltet den säkularen Inhalt der Verfassung nicht um.[3] Nach anerkannter Meinung ist er lediglich als Hinweis auf die persönliche Motivation der Mitglieder des Parlamentarischen Rates im Jahr 1949 zu verstehen. Die Bezugnahme auf »Gott« sollte die Abkehr vom totalitären NS-Staat symbolisieren und den Absolutheitsanspruch staatlicher Macht zurückweisen – was historisch freilich völlig deplatziert war. Schließlich war das »Dritte Reich« alles andere als ein atheistischer Staat! Im Gegenteil: Der Atheismus war als Ausdruck einer »jüdisch-bolschewistischen Kulturzersetzung« verpönt, die Soldaten, die Hitler in den Krieg schickte, trugen nicht ohne Grund den Spruch »Gott mit uns« auf dem Koppelschloss.

Hätte der Gottesbezug im Grundgesetz tatsächlich normative Bedeutung, wäre Deutschland kein demokratischer Verfassungsstaat – und würde sich von echten Gottesstaaten wie dem Iran allenfalls durch mangelhafte Konsequenz in der

Durchsetzung religiöser Normen unterscheiden. Hat sich also der deutsche Staat vor den christlichen oder islamischen Rechtsnormen eines mutmaßlich übernatürlichen Wesens der Bronzezeit und den Ansichten seines heutigen Bodenpersonals zu verantworten? Mitnichten! Ansonsten würde das Gegenteil dessen eintreten, was der freiheitlich-demokratische Rechtsstaat auf der Basis der Menschenrechte vorsieht. Aus gutem Grund stehen religiöse Rechtsnormen und Traditionen nicht über dem Gesetz, sondern müssen den rational begründeten, evidenzbasierten, gerechten und neutralen Rechtsnormen des säkularen Staates untergeordnet werden.

Diese Unterordnung von christlichen oder islamischen Ansprüchen muss im Rechtsstaat immer gelten – mag es sich dabei auch um noch so dringlich und nachdrücklich vorgebrachte Wünsche handeln, als da wären:
- Kinder beim Werteunterricht in öffentlichen Schulen nach den Weltanschauungen ihrer Eltern in getrennten Gruppen separieren,
- Frauen eine Gebärpflicht auferlegen,
- sexuelle Selbstbestimmung zurückdrängen,
- wissenschaftliche Erkenntnisse und deren Anwendung wie zum Beispiel bei der Stammzellenforschung unterbinden,
- Selbstbestimmung am Lebensende bestrafen,
- Meinungs-, Presse- und Kunstfreiheit einschränken,
- Gelder aus dem Staatshaushalt für den Unterhalt von Religionsfunktionären beziehen,
- Privilegien und Vergünstigungen aller Art bei Steuern und Gebühren erhalten,
- Standards im Arbeitsrecht absenken,
- Gotteslästerung bestrafen und so weiter,

oder – wie hier nun ausgeführt wird – mit dem Kreuz ein bestimmtes Glaubenssymbol in den Eingangshallen von staatlichen Behörden aufhängen, und mit dem Kopftuch den Zwang zum religiösen Bekleiden von Frauen vor Schulklassen einüben.

Kreuz-Erlass: Vom Präambel-Gott zum Eingangshallen-Gott

Im Juni 2018 führte die bayrische Landesregierung von Ministerpräsident Markus Söder (CSU) die Pflicht ein, im Eingangsbereich aller Behörden der Staatsregierung ein Kreuz anzubringen. Einzig Hochschulen, Theater und Museen wurden von der Regelung ausgenommen. Nach Angaben des Landesinnenministeriums gibt es in Bayern mehr als 1100 Hauptdienststellen des Freistaates, die von dieser neuen Pflicht betroffen sind. Zur Begründung des »Kreuz-Erlasses« wurde angegeben, dass das Kreuz das grundlegende Symbol der kulturellen Identität christlich-abendländischer Prägung sei und die bayerische Identität und Lebensart symbolisieren würde. Die Staatsregierung scheint hier den luftigen »Präambel-Gott« zum identitären »Eingangshallen-Gott« ermächtigen zu wollen. Als anscheinend passende Orte wählte sie die Eingangsbereiche und Außenwände der Pförtner-Logen der eigenen Behörden. Die neu aufzuhängenden Kreuze sind keineswegs die ersten Kreuze, die in Bayern in staatlichen Gebäuden hängen. Denn Klassenzimmer und Gerichtssäle sind in Bayern (aber nicht nur dort) bereits mit dem Kreuz als christlichem Hauptsymbol ausgestattet und auch in kommunalen Krankenhäusern, Gefängnissen und Gemeinderatssälen sind sie weit verbreitet.

In der Öffentlichkeit wurde der Erlass einerseits begrüßt und andrerseits kritisiert – auch in der CSU und den Kirchen. Der hochrangige katholische Kirchenfunktionär und Vorsitzende der Deutschen Bischofskonferenz, Reinhard Marx, warf der bayerischen Staatsregierung vor, den Glauben zu profanieren und für politische Zwecke zu missbrauchen. Fakt ist: Der Kreuz-Erlass betrifft die Bürgerinnen und Bürger bei ihren Behördengängen in allen Lebenslagen – von der Geburtsanzeige über die Kfz-Zulassung, Eheschließung, Bauantrag, Kindergeldantrag bis hin zur Ausstellung der Sterbeurkunde. Dem Bürger wird durch das Kreuz im Eingangsbereich augenfällig demonstriert, welche weltanschauliche Richtung in der Behörde das Sagen hat. Noch gravierender ist die Situation für Behördenangehörige, die täglich zwangsläufig am Kreuzsymbol vorbeikommen und vielleicht aus wohlbegründeten historischen und philosophischen Erkenntnissen nicht an die vom Kreuz symbolisierten Religionsinhalte glauben oder diesen am Arbeitsplatz ausgesetzt sein wollen.

Die Staatsregierung setzt sich mit dem Kreuz-Erlass aus der angegebenen christlichen Motivation recht klar erkennbar über das Neutralitätsgebot des Grundgesetzes hinweg: Bayern bricht mit dem Kreuz-Erlass die Verfassung. Stützen lässt sich die Annahme eines Verfassungsbruchs insbesondere auf die Rechtsprechung des höchsten deutschen Gerichts, des Bundesverfassungsgerichts. Mit einem vergleichbaren Fall waren die Verfassungshüter erstmals im Jahr 1973 konfrontiert (BVerfGE 35, 366). In Rede stand die Zulässigkeit eines Standkruzifixes auf dem Tisch eines Richters im Gerichtssaal. Die Richter befanden, dass jedenfalls dann, wenn ein Gebäude oder ein Raum mit einem Kreuz versehen werde, der Eindruck der Bekundung einer engen Verbindung mit christlichen Vorstellungen nahe liege. Zudem erkannte es im konkreten Fall eine Verletzung der Religionsfreiheit des jüdischen Beschwerdeführers an.

In seinem weithin bekannten Kruzifix-Urteil aus dem Jahr 1995 entschied das Bundesverfassungsgericht dann mit Blick auf die Anbringung von Kreuzen (und Kruzifixen) in den staatlichen Schulen Bayerns, dass das Kreuz als spezifisches Symbol des Christentums missionierend und neutralitätswidrig sei und die negative Religionsfreiheit der Schüler verletze (BVerfGE 93, 1). Bereits in dieser Grundsatzentscheidung erteilte das Gericht den Versuchen, das Kreuz als bloßes Kultursymbol zu profanieren, eine klare Absage. Und das ist zweifellos richtig! Denn das Kreuz ist das Kernsymbol der christlichen Religion, da es für den Opfertod und die Wiederauferstehung des Gottessohnes, die Erlösung der Menschheit von Sünden und weitere zentrale Glaubensinhalte stehen soll.

Vor wenigen Jahren – im Rahmen der Kopftuch-Entscheidung im Jahr 2015 – wertete das Gericht das staatlich verordnete Kreuz erneut als »aus sich heraus religiöses Symbol« und verfassungsrechtlich unzulässige »Identifizierung des Staates mit einem bestimmten Glauben« (BVerfGE 138, 296). Dass der Kreuz-Erlass mit dem Neutralitätsgebot des Grundgesetzes nicht im Einklang steht, dürfte aber auch der bayerischen Landesregierung bewusst sein. Sonst hätte sie wohl nicht zwischenzeitlich erklärt, dass keine Kontrollen durchgeführt würden. Von Sanktionen bei Nichtbefolgung ist ebenfalls keine Rede.

Mehrere säkulare Organisationen um den Bund für Geistesfreiheit (bfg) haben gegen den Kreuz-Erlass wegen der

Verletzung der Neutralitätspflicht des Staates und der negativen Religionsfreiheit Klage eingereicht. In Bayern soll nun der Södersche »Eingangshallen-Gott« vor einem Gericht mit »Eingangshallen-Gott« verhandelt werden. Welch eigenartige, einseitig christliche und unhaltbare Auslegung der Verfassung durch die Staatsregierung verfolgt wird, zeigt der folgende Kontrast: in Behörden müssen Kreuze an Wänden aufgehängt und Schleier von Frauenköpfen abgehängt werden. Warum? Fast zeitgleich mit dem Kreuz-Erlass trat zum 1. April 2018 das Bayerische Richter- und Staatsanwaltsgesetz in Kraft, wonach Richter und Staatsanwälte bei allen Amtshandlungen mit Außenkontakt keine sichtbaren religiös oder weltanschaulich geprägten Symbole oder Kleidungsstücke tragen dürfen, die Zweifel an ihrer Unabhängigkeit, Neutralität oder ausschließlichen Bindung an Recht und Gesetz hervorrufen können.

Das Kreuz in Gerichtssälen ist von der Novelle ausgenommen. Es darf weiter hängen bleiben. Wie ist das mit dem vom Neutralitätsgebot umfassten Diskriminierungsverbot vereinbar? Das christliche Kreuz in der Behörde des Staates wie auch das islamische Kopftuch auf dem Kopf einer Repräsentantin des Staates bildet eine – verbotene – Identifizierung des Staates mit einer bestimmten Weltanschauung. Gründe für eine unterschiedliche Behandlung unter dem Gesichtspunkt der staatlichen Neutralitätspflicht sind nicht ersichtlich.

Oben ohne? Der Streit um das Lehrerinnenkopftuch

Im Jahr 2005 wurde in Berlin ein Neutralitätsgesetz eingeführt. Nach diesem Gesetz ist es Lehrerinnen und Lehrern nicht erlaubt, religiöse oder weltanschauliche Symbole und

Kleidungsstücke im Dienst zu tragen. Die Kleidung muss weltanschaulich neutral sein – egal ob es sich bei der Weltanschauung um eine religiöse oder nichtreligiöse Variante handelt. So ist es dem Lehrpersonal nicht gestattet, mit einem T-Shirt mit der Aufschrift »Gott ist tot« (Nietzsche) oder mit Kopftuch, Hidschab oder Burka zu unterrichten.

Mit dem Vorwurf, dass muslimische Kopftuchträgerinnen dadurch diskriminiert würden, gerät das Neutralitätsgesetz jedoch im politischen Raum zunehmend unter Druck. Mitglieder des Abgeordnetenhauses und des Berliner Senats (SPD, Linke, Grüne) – nicht zuletzt der grüne Justizsenator und der SPD-Fraktionschef – setzen sich für eine Aufweichung oder Abschaffung des Neutralitätsgesetzes ein. Der Regierende Bürgermeister Michael Müller (SPD) und die CDU-Opposition stehen weiterhin für das vom Senat Wowereit (SPD, PDS) geschaffene Gesetz ein.

Zu dem politischen Tauziehen gesellt sich ein juristisches Hickhack Berliner Gerichte. Bei Klagen von Kopftuchträgerinnen fielen in den Instanzen von Arbeitsgericht und Landesarbeitsgericht (LAG) wiederholt gegensätzliche Entscheidungen. Gegenstand des jüngsten Falls war die Klage einer studierten Informatikerin, die sich beim Land Berlin als Lehrerin bewarb. Zu einem Bewerbungsgespräch erschien sie mit Kopftuch. Auf die Geltung des Neutralitätsgesetzes angesprochen, erklärte sie, dass sie aus religiösen Gründen ein muslimisches Kopftuch trage und nicht bereit sei, es abzulegen. Das Land stellte sie nicht ein, und so klagte sie auf Entschädigung nach dem Allgemeinen Gleichbehandlungsgesetz (AGG) wegen religiöser Diskriminierung. Das Arbeitsgericht hielt die Klage unter Verweis auf das Neutralitätsgesetz für unbegründet (24.05.2018, Az. 58 Ca 7193/17).

Bis zu einer Aufhebung durch den Berliner Senat oder einer Nichtigerklärung durch das Bundesverfassungsgericht sei die Berliner Verwaltung an das Gesetz gebunden.

Bei der Revision gab das LAG der Klägerin jedoch in der zweiten Instanz recht und verurteilte das Land zur Zahlung einer Entschädigung (27.11.2018, Az. 7 Sa 963/18). Zur Begründung führte das LAG aus, es liege eine Benachteiligung nach dem AGG vor. Das Land könne sich zur Ablehnung der Bewerberin nicht auf das Neutralitätsgesetz berufen. Bei der Auslegung dieses Gesetzes sei das Gericht an die Kopftuch-Entscheidung des Bundesverfassungsgerichts aus 2015 gebunden. Dementsprechend sei für ein allgemeines Kopftuchverbot eine konkrete und nicht bloß eine abstrakte Gefahr für den Schulfrieden erforderlich. Eine solch konkrete Gefahr könne im vorliegenden Fall nicht festgestellt werden. Dabei allerdings handelt es sich um ein klares Fehlurteil des LAG – und 2015 bereits des Bundesverfassungsgerichts.

Nicht nur die Politik, sondern auch die Justiz missachtet bisweilen das Verfassungsgebot der staatlichen Neutralität und bewertet die Religionsfreiheit allzu stark. Dabei wurde vom LAG verkannt, dass die Grundrechte der Lehrerin von vorneherein von den zwingenden Erfordernissen der Amtsausübung und des Schulfriedens sowie dem Neutralitätsgebot überlagert sind. Die Schule ist für Lehrer, auch wenn sie nicht Beamte, sondern Angestellte sind, nicht vorrangig ein Ort der Glaubensausübung, sondern der Wahrnehmung dienstlicher Pflichten (Art. 33 Abs. 5 GG).[4]

Die fundamentale Bedeutung des Neutralitätsgebotes im säkularen Staat erkannte der Gerichtshof der Europäischen Union (EuGH), als er 2017 urteilte, dass Arbeitgeber das Tragen von Kopftüchern in ihrem Unternehmen verbieten können. Der generelle Wille, im Verhältnis zu den Kunden eine Politik der religiösen, philosophischen und politischen Neutralität zum Ausdruck zu bringen, sei als berechtigtes Ziel zu qualifizieren und bilde einen Bestandteil der unternehmerischen Freiheit. Dahinter habe die Religionsfreiheit der Arbeitnehmerin zurückzustehen (Az. C-157/15). Was für einen privaten Arbeitgeber gilt, welcher seine unternehmerische Freiheit in die Waagschale wirft, muss erst recht für den Staat gelten, bei dem die Religionsfreiheit der Lehrerin gegen den öffentlichen Erziehungsauftrag und die Integrationsfähigkeit des Staates abzuwägen ist.[5] In einem weiteren Urteil führte der Gerichtshof aus, dass für ein rechtmäßiges Kopftuchverbot gerade nicht auf einen konkreten Konflikt im Einzelfall abgestellt werden dürfe, sondern ein solches Verbot abstrakt gelten müsse, um rechtmäßig zu sein (Az. C-188/15). Ein Kopftuch-Verbot nur aufgrund der Beschwerde eines Kunden (»bitte nächstes Mal keinen Schleier tragen, sonst komme ich nicht wieder«) sei als nicht gerechtfertigte unmittelbare Diskriminierung zu qualifizieren. Diese Rechtsprechung aus Luxemburg ist von den deutschen Gerichten zu beachten.

Das Land Berlin hat konsequenterweise entschieden, gegen das LAG-Urteil und die Verpflichtung zur Zahlung einer Entschädigung Revision einzulegen. Nun ist das Bundesarbeitsgericht in Erfurt angerufen und möglicherweise eines Tages auch das Bundesverfassungsgericht in Karlsruhe. Es bleibt festzuhalten: Solange die höheren Instanzen nicht entschieden haben und solange das Neutralitätsgesetz besteht, darf das Lehrpersonal zum Schutz des Schulfriedens an öffentlichen Berliner Schulen weder religiöse Kopftücher noch nichtreligiöse »Gott ist tot«-T-Shirts tragen – und das ist auch gut so (um hier das berühmte Wort des ehemaligen Berliner Bürgermeisters Klaus Wowereit aufzugreifen).

Was tun? EXIT des Staates aus jeglichem »Streit um Gott«

Die Verfassung ist säkular und das Verfassungsgebot der weltanschaulichen Neutralität des Staates ist strikt. Der Rechtsstaat hat sich weder dem Religiösen oder einer bestimmten Religion zu bemächtigen noch gegen das Religiöse oder eine bestimmte Religion zu handeln – solange sich die Religion innerhalb der Freiheitlich-Demokratischen Grundordnung bewegt. Das gilt für jede Weltanschauung. Wenn hingegen Regierungen und Gerichte ein zentrales Verfassungsgebot wie das der weltanschaulichen Neutralität missachten, herrscht nicht das Volk, sondern politische Willkür in den Strudeln der religiösen und nichtreligiösen Ansichten.

Trotz »Präambel-Gott« beruft sich der säkulare Staat nicht auf Gott oder ein Gotteswort. Die Verfassung gibt vor, dass der Staat und seine Repräsentanten in Weltanschauungsfragen keine Partei zu ergreifen haben. In der Gesellschaft mag an Gott geglaubt, um Gott gerungen und gestritten werden, jeglicher Glaube an Gott oder »Streit um Gott« hat jedoch ohne den Staat und ohne staatsideologische Flankierung durch amtliche »Eingangshallen-Götter« stattzufinden. Überall dort, wo der Staat seine neutrale Position verlassen hat, ist es ratsam, den nächstgelegenen EXIT zu nehmen. Falls durch das verfassungswidrige Handeln der verantwortlichen Regierungsvertreter, durch Justizfehler und durch politische Mehrheiten der Staat zunächst handlungsunfähig gemacht worden ist, und er nicht in der Lage ist, im Sinne des Gemeinwohls und des Neutralitätsgebots den EXIT aus dem

»Streit um Gott« zu nehmen, so gibt es meist mindestens eine realistische Möglichkeit, auf dem Pfad der Verfassung zu bleiben oder dorthin zurückzukehren.

Was heißt das anhand der beiden Beispiele? In Bayern können Bürgerinnen und Bürger gerichtlich gegen den verfassungswidrigen Kreuz-Erlass vorgehen. Die Erfolgsaussichten sind ausgesprochen gut. In Berlin sollten der Senat und die Bildungsverwaltung beim Neutralitätsgesetz Kurs halten. Gegen dessen Beibehaltung gibt es auch nach der jüngsten Entscheidung des LAG keine ernsthaften juristischen Bedenken. Im Gegenteil: Die übrigen Bundesländer sollten sich ein Beispiel an dem Gesetz nehmen und ebenfalls entsprechende Regelungen erlassen. Das Neutralitätsgesetz behandelt alle Religions- und Weltanschauungsgemeinschaften gleich. Es ist eine vorbildliche Rechtsnorm in einem Staat, in dem Menschen unterschiedlicher weltanschaulicher Überzeugungen zusammenleben.

Halten wir fest: Der Staat und seine Repräsentanten dürfen sich nicht mit einer bestimmten Weltanschauung (sei sie religiöser oder nichtreligiöser Art) identifizieren – weder beim Kreuz in Bayern noch beim Lehrerinnenkopftuch in Berlin. Dahinter steht eine Einsicht, die man vom Fußballplatz kennt: Parteiische Schiedsrichter werden ausgepfiffen! Daher kann der Staat die Rechtsordnung nur dann wirksam schützen, wenn er als neutraler, unparteiischer Schiedsrichter auf dem Spielfeld der Religionen und Weltanschauungen wahrgenommen wird. Jeder Anschein von Parteilichkeit würde den Rechtsfrieden in der Gesellschaft empfindlich stören.

GUNNAR SCHEDEL

Markenschutz für Gott & Co.

Über Blasphemie und Politik und warum
der Gotteslästerungsvorwurf noch immer ein
Repressionsinstrument ist

Wenn ein Text über Blasphemie mit dem Attentat auf die Redaktion der französischen Satirezeitschrift *Charlie Hebdo* beginnt, dürfte das den Erwartungen entsprechen. Die Opfer: der Religion eher fernstehende Künstler westlicher Herkunft – die Täter: fanatisierte Muslime mit Migrationshintergrund und niedrigem sozialen Status. Solche Erzählungen bedienen das holzschnittartige Weltbild sowohl von Abendlandschützern als auch von Anhängern postkolonialer Theorien, tragen aber wenig dazu bei, das Phänomen Blasphemie und die politische Instrumentalisierung eines solchen Vorwurfs zu erklären.

Eine andere Perspektive ergibt sich bereits, wenn wir den Fall einer chinesischstämmigen Buddhistin, die im Norden von Sumatra (Indonesien) lebt, an den Anfang stellen. Die Frau hatte 2016 darum gebeten, dass der Muezzin-Ruf, der alltäglich ihr Dorf beschallt, doch etwas leiser aus den Lautsprechern ertönen möge. In der Folge gab es Unruhen, ein Dutzend buddhistische Tempel und das Haus der Frau wurden niedergebrannt. Im August 2018 kam es dann zum Prozess – nicht gegen die Brandstifter, sondern gegen die Frau, die wegen Blasphemie zu 18 Monaten Gefängnis verurteilt wurde. Das Urteil fand allerdings keineswegs die uneingeschränkte Zustimmung der mehrheitlich muslimischen indonesischen Bevölkerung: Eine Petition, die eine Begnadigung der Frau forderte, hatte nach wenigen Tagen bereits 150.000 Unterstützer, auch islamische Verbände und selbst das Religionsministerium kritisierten das Urteil.

Ohnehin ist die Aufregung über vermeintlich blasphemische Äußerungen kein islamisches Alleinstellungsmerkmal. Als beispielsweise Martin Scorseses Film »Die letzte Versuchung Christi« 1988 in europäischen Kinos anlief, bemühten sich christliche Fanatiker mit Blockaden und gewalttätigen Übergriffen, die Aufführung zu verhindern. In einigen Städten kam es sogar zu Brandstiftungen, bei denen zumindest ein Mensch sein Leben verlor.

Blasphemie und ihre gewalttätige, strafrechtliche oder disziplinarische Verfolgung ist eine weltweite Angelegenheit. Alexander Aan musste in Indonesien für die Aussage »God does not exist«, die er über Facebook postete, für zweieinhalb Jahre ins Gefängnis. Der türkische Pianist Fazil Say wurde 2013 wegen Blasphemie zu einer Bewährungsstrafe von zehn Monaten Haft verurteilt, weil er sich über muslimische Paradiesvorstellungen lustig gemacht hatte. Als der bekannte Rationalist Sanal Edamaruku ein »Tränen-Wunder« in Mumbai als Folge eines undichten Wasserrohres entlarvte, erstattete die katholische Kirche Anzeige wegen »Verletzung religiöser Gefühle« – worauf in Indien bis zu drei Jahre Haft stehen. In Russland bringen ultraorthodoxe Anhänger der Kirche wie die Gruppe »Familie, Liebe, Vaterland« immer wieder »religiöse Gefühle« in Anschlag gegen moderne Kunst. Die Inhaftierung der Sängerinnen von »Pussy Riot« nach ihrem Punk-Protest während eines Gottesdienstes ist insofern nur die bekannt gewordene Spitze eines Eisbergs.

Und selbst in der Europäischen Union sind Fälle zu registrieren, die jedoch manchmal auch komische Züge annehmen – etwa wenn ein italienischer Fußballprofi eine Sperre wegen »blasphemischer Bemerkungen« aufgebrummt bekommt (er hatte während des Spiels geflucht, was zwar niemand im Stadion hörte, doch anhand von Fernsehbildern kam ein Lippenleser dem Sünder auf die Schliche).

Was ist eigentlich Blasphemie?

Das geläufige Synonym für Blasphemie ist »Gotteslästerung«. Hier liegt die Vorstellung zugrunde, dass die Götter (oder später der eine Gott) durch eine menschliche Handlung oder Äußerung erzürnt sein könnten und durch die Bestrafung des Täters besänftigt werden müssten. Um den göttlichen Zorn und daraus erwachsendes Unheil von der Gemeinschaft abzuwenden, wurde das Lästermaul zur Rechenschaft gezogen.

Antike griechische Philosophen sahen sich des Öfteren dem »Asebie«-Vorwurf ausgesetzt, wenn sie die Welt anders erklärten als die vorherrschende Meinung und beispielsweise Gestirnen den göttlichen Charakter absprachen. Anaxagoras wurde aufgrund seines materialistischen Weltbildes Gottlosigkeit unterstellt. Während er »nur« in die Verbannung geschickt wurde, verurteilten die Athener Sokrates sogar zum Tode. In seiner Verteidigungsrede wies der Philosoph die Anschuldigungen zurück: Er sei nicht gottlos, gehorche vielmehr seinem Daimonion, einer inneren göttlichen Stimme. Dies überzeugte die Geschworenen aber nicht, die mehrheitlich wohl erwarteten, dass der Philosoph sich zu den herkömmlichen Göttern, einschließlich Sonne und Mond, und ihrer öffentlichen Verehrung bekennen müsse.

Wie Sokrates hätten es wohl viele der durch die Jahrhunderte hindurch als »Gotteslästerer« Verfolgten weit von sich gewiesen, Gott gering zu schätzen. Der Vorwurf trifft häufig religiöse Abweichler, also Menschen, denen zum Verhängnis wird, dass sie auf andere Weise an »Gott« glauben, als die Dominanzreligion dies vorschreibt, ihm ihre Ehrerbietung anders erweisen und deren Kritik sich allenfalls gegen die vorherrschende Verehrungspraxis richtet.

Dies gilt bis heute. In einem Bericht über die schwierige Situation von Atheisten in Nigeria erwähnt Leo Igwe, um die aufgeheizte Stimmung im Land zu illustrieren, das Beispiel eines Lehrers, der 2007 in Gombe von einem Mob gelyncht wurde. Doch der Mann war nicht erklärter Atheist, sondern Christ. Zum Verhängnis wurde ihm eine von seinen muslimischen Mitbürgern als blasphemisch gewertete Äußerung über den Koran. Ins Visier der Blasphemiewächter geraten also nicht nur die tatsächlich Ungläubigen, sondern gerade auch Andersgläubige.

Streng genommen geht es auch nicht um »Gott« im engeren Sinne. Der Karikaturenstreit, eine der heftigsten einschlägigen Auseinandersetzungen, drehte sich um Zeichnungen, die Mohammed zum Thema hatten. Der wird zwar als von Gott gesandter Prophet angesehen und steht damit in der Hierarchie religiösen Personals ziemlich weit oben, aber (anders als Jesus) ist er eben kein Gott.

Letztlich geht es, wenn über Blasphemie verhandelt wird, nicht einmal um religiöse Fragen, jedenfalls nicht vorrangig. Schon eher steht die Stellung der Religion oder der Anhänger der verschiedenen Religionen in einer Gesellschaft zur Debatte. Denn eigentlich geht es um »kulturelle Hegemonie«, insbesondere um die Definitionsmacht über den öffentlichen Diskurs. Um die Antwort auf Fragen wie: Wer hat eine Stimme im öffentlichen Diskurs? Wer bestimmt, wie über welche Religion geredet wird? Wie weit darf Kritik gehen? Welche Formen von Kritik sind erlaubt? Und nicht zuletzt: Darf über Religion gelacht werden?

Kritik und Tabu

Dass »Gott« als Beteiligter in den Hintergrund tritt, ist seit der Aufklärung zu beobachten. Gerade in den konfessionell gespaltenen deutschen Gebieten zielten die gesetzlichen Regelungen immer stärker darauf ab, die öffentliche Ordnung aufrechtzuerhalten und Konflikte zwischen den verschiedenen religiösen Lagern zu vermeiden. Der Gegenstandsbereich wurde dadurch freilich ausgeweitet: Nicht allein die explizite Beschimpfung Gottes, sondern auch die Kritik des religiösen Bodenpersonals und sogar Geringschätzigkeit gegenüber etwas als heilig Empfundenem kann zu strafrechtlicher Verfolgung führen.

Nun kennt jede Gesellschaft solche »heiligen« Bereiche, die nicht betreten werden dürfen, die bestimmte Themen, Personen und Einrichtungen generell der Kritik entziehen. Diese Tabuzonen sind keineswegs alle religiös begründet und ob ein Tabu eine Schutzfunktion (beispielsweise für eine Minderheit) entfaltet oder nur dazu dient, den gesellschaftlichen Wandel zu blockieren, müsste in jedem Einzelfall genau betrachtet werden. Beim Komplex Blasphemie fällt allerdings auf, dass der Gegenstandsbereich nicht klar definiert ist. Hinzu kommt ein starker subjektiver Faktor: Denn was als »heilig« empfunden wird und welche Kritik religiöse Gefühle verletzt, hängt an menschlichen Befindlichkeiten. Wer besonders empfindsam ist, sieht dann bereits in der Bitte, den Muezzin-Ruf etwas herunterzuregeln, eine blasphemische Unverschämtheit.

Dass Kritik und Tabu in einem grundsätzlichen Konfliktverhältnis stehen, liegt auf der Hand. Es sollte folglich nicht überraschen, dass der Blasphemievorwurf immer wieder eingesetzt wurde, um politische Diskussionen schon im Keim zu ersticken, indem diejenigen, die gesellschaftliche Veränderungen einforderten, als Gegner der göttlichen Ordnung diskreditiert wurden. Der gezielte Tabubruch kann dann durchaus ein geeignetes Mittel sein, die Verhältnisse zum Tanzen zu bringen. Da Religionskritik per se das Heilige in seiner Funktion als Schutzwall, hinter dem Behauptungen und Handlungen nicht mehr begründet werden müssen, infrage stellt, bemühten sich die Herrschenden stets, die »Voraussetzung aller Kritik« möglichst einzudämmen.

»Gotteslästerungsparagraph« 166 Strafgesetzbuch

In Deutschland wird Religionskritik bis heute mit einem eigenen Paragraphen verfolgt, dem § 166 StGB, der sich seit 1872 im Strafgesetzbuch findet. Mit der Strafrechtsreform von 1969 verschwand »Gott« aus dem Gesetzestext, das schützenswerte Rechtsgut ist nun der »öffentliche Friede«.
Bis dahin fanden noch »echte« Gotteslästerungsprozesse statt: Menschen wurden angeklagt, weil sie Gott in irgendeiner Weise gelästert haben sollen. Das (bis heute nicht geänderte) Strafmaß betrug bis zu drei Jahren Haft. Ebenso war verboten, »öffentlich eine der christlichen Kirchen oder eine andere mit Korporationsrechten innerhalb des Bundesgebietes bestehende Religionsgesellschaft oder ihre Einrichtungen

oder Gebräuche« zu beschimpfen. Während des Kaiserreiches und der Weimarer Republik waren es im Wesentlichen zwei Personengruppen, die mit dem Paragraphen in Konflikt gerieten. Zum einen die Künstler der Avantgarde, welche die vorherrschende Kultur frech kritisierten. Viele progressive, aber auch eher konservative Künstler mussten sich vor Gericht verantworten, darunter Wilhelm Busch, der spätere Literaturnobelpreisträger Paul Heyse, Bert Brecht, Frans Masereel, Otto Dix, George Grosz, Carl Einstein, Carl Zuckmayer oder Kurt Weill. Den wesentlich größeren Teil (nahezu 95 Prozent) stellten jedoch Menschen aus der Arbeiterbewegung, deren gegenkulturelle Vorstellungen mit der christlich geprägten Dominanzkultur kollidierten: Freidenker, Redakteure der Arbeiterpresse, Funktionäre sozialistischer Verbände. Meist ging es um Artikel in Zeitungen, die sich kritisch mit der Kirche oder mit Glaubensvorstellungen auseinandersetzten.

Dabei herrschten in den 1920er Jahren völlig andere Maßstäbe als heute, selbst eine nachweislich richtige Tatsachenbehauptung konnte angesichts der Klassenjustiz eine Haftstrafe nach sich ziehen. So musste der Redakteur der *Nordbayerischen Volkszeitung* für zwei Monate ins Gefängnis, weil er darüber berichtet hatte, dass ein Kaplan in Nürnberg einer Katholikin im Beichtstuhl empfohlen hatte, sich von ihrem Mann zu trennen. Der Sachverhalt wurde von dem Kirchenmann nicht bestritten, ebenso wenig die Begründung für die etwas überraschende Empfehlung (schließlich sieht die Katholische Kirche die Ehe als heilig an und erkennt eine Scheidung nicht an): der Ehemann war Freidenker, und Freidenker seien für gewöhnlich Ehebrecher. Trotzdem sah das Gericht durch die bloße Berichterstattung die Institution der Beichte verunglimpft.

Auch lebensweltliche Abweichungen gegenüber christlichen Vorstellungen wurden bestraft: Wer auf das Grab einer Verwandten einen Kranz mit roten Rosen und eine Tafel mit der Aufschrift »Nimmer Wiedersehen« legte, konnte mit vier Wochen Gefängnis rechnen, denn damit werde »die christliche Lehre von der Auferstehung der Toten ... in grober, ungebührlicher Weise« verspottet, wie das Amtsgericht Regensburg befand. Und wer seinen Hut aufbehielt, wenn eine Prozession vorüberzog, durfte sich auf eine Geldstrafe einstellen.

Durch die Neufassung des Paragraphen 166 des Strafgesetzbuchs im Jahr 1969 änderte sich an seiner Funktion kaum etwas. Nach wie vor blieb für die Strafverfolgungsbehörden und Gerichte ein großer Ermessensspielraum, so dass der Paragraph auch weiterhin als Repressionsinstrument eingesetzt werden konnte. Denn Religionsbeschimpfung wird als sogenanntes Gefährdungsdelikt behandelt. Das bedeutet, dass der öffentliche Friede nicht tatsächlich gestört worden sein muss – bereits, wenn eine Handlung oder Äußerung dazu geeignet erscheint, kann die Staatsgewalt einschreiten. Da es sich zugleich um ein »Offizialdelikt« handelt, also keine Anzeige eines »Geschädigten« notwendig ist, damit die Staatsanwaltschaft tätig werden kann, ist dem Einsatz des Paragraphen für politische Zwecke Tür und Tor geöffnet.

Und so blieb auch, was die Verfahren anging, alles beim Alten: Wo in der Weimarer Zeit Menschen aus der Arbeiterbewegung vor Gericht standen, waren es in den 1970ern Vertreter der Studenten- und der Frauenbewegung. Als nach der Machtübernahme der Regierung Kohl im Herbst 1982 die ökonomische Abkehr von »dreizehn Jahren Sozialismus« durch eine »geistig-moralische Wende« flankiert werden sollte, stieg vorübergehend auch die Zahl der §-166-StGB-Verfahren an.

Deren politischer Charakter war meist sehr offensichtlich, es ging darum, die Entwicklung, die mit »1968« verknüpft war, zurückzudrängen. In Münster traf es das alternative *Stadtblatt*. In einem Prozess, der als Paradebeispiel politischer Justiz angesehen werden muss, wurden 1985 gegen einen Autor und den presserechtlich Verantwortlichen Geldstrafen in Höhe von jeweils 600 Mark verhängt. Neben einer Beschreibung des (nie juristisch belangten) berühmten *Titanic*-Covers »Der Papst kommt!« und Zitaten aus der 1883 erschienenen Schrift »Die Gottespest« von Johann Most wurde selbst die Erwähnung des Reichskonkordates vom Richter als »besonders schimpfliches Verhalten« ausgelegt (denn dadurch werde der »Vatikan mit Hitler in Zusammenhang gestellt«).

Unterm Strich allerdings überwog die Zahl der Verfahrenseinstellungen und Freisprüche. Und noch etwas fiel auf: Es waren nicht mehr die großen Skandale, die da vor Gericht ausgefochten wurden, bekannte Namen fehlten auf der Anklagebank. Zumeist traf es Aktionen mit nur lokaler Reichweite und Protagonisten aus dem linksalternativen Milieu.

Markenschutz für Gott & Co.

Die gesellschaftlichen Rahmenbedingungen hatten sich verändert, Religion hatte spürbar an Bedeutung verloren. Die Möglichkeiten der Kirchen, das Alltagsleben der Bevölkerung zu bestimmen, waren nach 1968 deutlich eingeschränkt. Niemand wurde mehr verurteilt, wenn ein Trauergruß christlichen Vorstellungen widersprach. Nach der Vereinigung der beiden deutschen Staaten lebten 25 Prozent Konfessionslose in Deutschland, und bei der jüngeren Generation gingen »religiöse Gefühle« bzw. der Sinn für das Heilige zunehmend verloren. Immer mehr Menschen fehlte der »richtige« Bezug zu religiösen Symbolen; die Ehrfurcht vor dem Kreuz, den Sakramenten und der Heiligen Familie hatte sich bei der Mehrzahl der Jüngeren verflüchtigt, was einst als »heilig« angesehen wurde, wurde nun frei verfügbar, konnte aus seinem Zusammenhang herausgebrochen und anderswo mit einer neuen Funktion eingesetzt werden. Die Madonna unterschied sich in dieser Hinsicht nicht mehr von Mickey Maus oder Che Guevara.

Für die §-166-Verfahren brachte dies vor allem mit sich, dass der lächerliche Aspekt der Verteidigung des »Heiligen« nun in den Vordergrund trat. Die Ermittlungsverfahren richteten sich nicht mehr gegen politische Karikaturen, alternative Stadtzeitungen oder Plakate für antiklerikale Veranstaltungsreihen, sondern beispielsweise gegen die Betreiber einer Nürnberger Nobeldisco. Dort hatten bei einer Party die Bedienungen mit Nonnenhaube und Strapsen serviert, an der Kasse saß ein Mann im Bischofsornat (das Verfahren wurde letztlich eingestellt). Oder gegen einen jungen Mann aus dem Raum Würzburg, der auf seinen Anrufbeantworter einen launigen Text gesprochen hatte: »Hier ist der automatische Sündenspeicher – bitte sprechen Sie jetzt.« Oder gegen den Zeichner Walter Moers, der in seinem Comic »Es ist ein Arschloch, Maria!« die Weihnachtsgeschichte mit einem etwas anderen Protagonisten erzählte.

Kaum einer der in den 1990er Jahren Beklagten verfolgte gesellschaftsverändernde Absichten, und selbst bewusste Kirchenkritik lag den meisten fern. So ging es in diesen Fällen eher um so etwas wie »Markenschutz«. Die Kirchen wollten die Definitionsmacht wenigstens über den Kernbereich von Religion behalten (und dann darf Jesus halt nicht als »Kleines Arschloch« geboren werden). Nur sehr wenige Verfahren gingen vor Gericht, die Zahl der Verurteilungen lässt sich an einer Hand abzählen.

Dass der Paragraph jedoch nach wie vor für politische Zwecke eingesetzt werden konnte, zeigte sich, als im Sommer 1995 der »Kruzifix-Beschluss« des Bundesverfassungsgerichts erging. Die Kirchen und die CSU initiierten eine Kampagne gegen die Karlsruher Entscheidung, in deren Zuge auch auf das Mittel der Strafanzeige zurückgegriffen wurde. Als regelrechte Strafaktion kann das staatsanwaltliche Vorgehen gegen Ernst Seler angesehen werden, jenen Familienvater, der den Kruzifix-Beschluss in einem jahrelangen Rechtsstreit gegen den bayerischen Staat erzwungen hatte. Aufgrund eines Zeitungsberichtes, in dem Seler unterstellt wurde, er habe auf einer Pressekonferenz gesagt, das Kreuz wirke auf ihn wie ein erigierter, aber toter Penis, verhängte das Amtsgericht Regensburg einen Strafbefehl über 1200 Mark gegen den Familienvater (wahlweise 30 Tage Haft). Diese Nachricht ging im Januar 1996 als *dpa*-Meldung bundesweit durch die Presse und sollte natürlich mit dem Kläger erneut auch den Kruzifix-Beschluss diskreditieren. Als die Staatsanwaltschaft im Juni 1997 das ganze Verfahren wenige Tage vor der angesetzten Hauptverhandlung kommentarlos platzen ließ, war dies kaum irgendwo zu lesen.

Die Zielsetzung, den Paragraphen gegen einen politischen Kontrahenten einzusetzen, wird noch deutlicher im Fall von Florian Pronold, damals noch SPD-Lokalpolitiker in Deggendorf. Pronold hatte in seiner Funktion als stellvertretender Juso-Vorsitzender in einem Artikel die Angriffe auf das Bundesverfassungsgericht scharf kritisiert und (in Anlehnung an die Tageszeitung *taz*) die Formulierung vom »überflüssigen Latten-Gustl« verwendet. Ein halbes Jahr später inszenierten die konservative lokale Presse, christsoziale Kommunalpolitiker und kirchliche Funktionäre eine politische Kampagne, deren Ziel schon nach wenigen Tagen explizit formuliert war: Pronold sollte wegen seiner »gotteslästerlichen Einlassungen« sein bei der Kommunalwahl im März 1996 errungenes Stadtratsmandat nicht antreten.

Bereits ein Jahr zuvor war in Trier mit dem Musik-Theaterstück »Das Maria-Syndrom« von Michael Schmidt-Salomon erstmals in der Geschichte der BRD ein Kunstwerk unter Einsatz des Paragraphen 166 StGB präventiv verboten worden. Auch hier bemühte sich die CDU, den Fall in der Schlussphase des rheinland-pfälzischen Landtagswahlkampfs zur Mobilisierung ihrer Wählerschaft einzusetzen.

In der Begründung des Urteils, mit dem die Klage des Komponisten gegen das Aufführungsverbot abgewiesen wurde, zeigt sich ein weiteres Problem, das die derzeitige Formulierung des »Gotteslästerungsparagraphen« birgt. Denn als Beleg dafür, dass das Theaterstück das Potential habe, den öffentlichen Frieden zu stören, wurden die Drohbriefe an den Verfasser gewertet. Tatsächlich schützt der § 166 StGB, wenn der Gesetzestext beim Wort genommen wird, intolerante Religionen mit gewalttätiger Anhängerschaft in höherem Maße als tolerante Weltanschauungen. Eine gängige juristische Auslegung, der sich auch das damals angerufene Oberverwaltungsgericht Koblenz anschloss, sieht den öffentlichen Frieden im Sinne des Paragraphen als gestört an, wenn sich aufgrund einer (tatsächlichen oder vermeintlichen) Beschimpfung eines Bekenntnisses dessen Anhänger in ihren religiösen Gefühlen derart verletzt fühlen, dass sie den Anlass der »Beleidigung« aus der Welt schaffen – etwa indem sie eine Kunstausstellung demolieren. Um derlei gewalttätige Ausschreitungen zu verhindern, kann der Staat sich bemüßigt sehen, gegen die »Ursache« vorzugehen – und beispielsweise die Kunstausstellung zu schließen. Oder die Aufführung eines Theaterstücks zu verbieten.

Karikaturenstreit

Die Frontlinien blieben zunächst also bis in die Zeit einer fortschreitenden Säkularisierung klar gezogen: Auf der einen Seite die progressiven Kräfte (avantgardistische Künstler, sozialistische Arbeiterbewegung, Feministinnen, linke Subkultur usw.) – auf der anderen Seite das Establishment, die Herrschenden, die Kräfte der Reaktion. Die Aufklärung traf in ihrem Kampf für Selbstbestimmung und Emanzipation auf eine überkommene Ideologie, das Christentum, und zwei in ihrer Substanz rückwärtsgewandte Institutionen, die beiden großen Kirchen. Dementsprechend drehten sich die Verfahren nach § 166 StGB fast ausschließlich um Kritik am christlichen Glauben und an den ihn predigenden Kirchen. Der Anteil der Fälle, in dem andere Religionsgemeinschaften den Paragraphen in Anspruch nahmen, war statistisch vernachlässigbar; wenn nichtreligiöse Weltanschauungen beschimpft werden, findet der § 166 StGB (obwohl diese im Gesetzestext genannt werden) de facto keine Anwendung. Das Glaubwürdigkeitsproblem des Paragraphen lag nicht zuletzt genau darin begründet, dass er dem Buchstaben nach den öffentlichen Frieden sichern sollte, in der Realität aber stets dafür sorgte, dass ausgerechnet die Dominanzreligion sich gegen Kritik mittels der Justiz schützen konnte.

In den letzten Jahrzehnten hat sich die Gesellschaft durch Migration und Konversion jedoch religiös ausdifferenziert. Mittlerweile gibt es mehr Göttinnen und Götter, die beleidigt, und mehr Glaubensrichtungen und Glaubensgemeinschaften, die beschimpft werden können. Und die hinter einer solchen »Religionsbeschimpfung« stehende Motivation muss nicht zwangsläufig eine aufklärerische sein, wie der sogenannte Karikaturenstreit zeigte.

Die dänische konservative Tageszeitung *Jyllands Posten* schrieb 2005 unter dem Titel »Gesichter Mohammeds« einen Wettbewerb für Karikaturen aus, die sich mit dem Islam auseinandersetzten. Als diese veröffentlicht wurden, protestierten nicht nur muslimische Gemeinden und Verbände in Dänemark. Da das gesamte Vorgehen des Blattes augenfällig darauf ausgerichtet war, die in Dänemark lebenden Muslime zu provozieren, die Karikaturen sich insofern – unter Berücksichtigung des Kontextes – weniger gegen die Religion als Ideologie als gegen eine bestimmte Minderheit im Lande richteten, unterzeichneten 300 Autoren einen Aufruf, der die Diskriminierung ethnischer Minderheiten und die Ausgrenzungspolitik der dänischen Regierung scharf verurteilte. Offenbar waren sie sich darüber im Klaren, dass sich Rassismus oder Antisemitismus als Religionskritik »maskieren« können.

Doch auch die Kehrseite der Medaille wurde an diesem Fall sichtbar. Ein Teil der Muslime internationalisierte den Konflikt und organisierte eine Vortragsreise durch islamische Länder, wo um »Unterstützung« nachgesucht wurde. Der absehbare, teils durch falsche Informationen bewusst angefachte Entrüstungssturm, der Anfang Februar 2006 darin gipfelte, dass in einigen Ländern Botschaftsgebäude attackiert wurden, setzte genau auf die Strategie, den öffentlichen Frieden zu stören, um ein Verbot der Kritik zu erreichen. Zudem vermischte sich die berechtigte Forderung nach Achtung muslimischer Migranten zunehmend mit der Forderung, das islamische Verbot, Mohammed abzubilden, müsse von allen Menschen eingehalten werden.

Ungefähr zeitgleich tauchte im Blasphemie-Diskurs eine neue Argumentation auf. Die religiösen Überzeugungen seien zum »Kern der biographischen Identität« zu zählen. Aus dem religiösen Bekenntnis, dem Ergebnis einer Handlung (jemand legt das Glaubensbekenntnis ab), wird so ein persönliches Merkmal, aus der Forderung nach Emanzipation von einer kritikwürdigen Weltsicht wird der Angriff auf den gläubigen Menschen, und aus Religionskritik wird Rassismus. (Interessanterweise liegt diese Vorstellung von Identität sehr nahe bei den rassistischen Zuschreibungen: Hier wie dort wird Menschen eine bestimmte Religion fest zugewiesen, gewissermaßen als unauslöschliche kulturelle Prägung.) Die Absicht der Kritikabwehr springt auf den ersten Blick ins Auge, und doch wird diese Position immer wieder vorgetragen, vor allem wenn es um die Kritik an islamischen Religionspraktiken oder Organisationen geht.

Dabei entstehen unerwartete neue »Frontverläufe«. »Wir brauchen in unserer Gesellschaft einen Grundkonsens, dass nicht mit Füßen getreten werden darf, was anderen heilig ist«, kommentierte der damalige bayerische Ministerpräsident Edmund Stoiber seinerzeit den Karikaturenstreit. Dementsprechend schlug die CSU die Verschärfung des »Gotteslästerungsparagraphen« vor. Nicht mehr nur die Beschimpfung, sondern auch die »Herabwürdigung« oder Verspottung eines

Bekenntnisinhaltes sollte unter Strafe gestellt werden. Und der öffentliche Friede sollte bereits dann als gestört gelten, »wenn die Tat das Vertrauen der Gläubigen in die Achtung ihrer religiösen Überzeugung beeinträchtigt«. Die Tendenz war deutlich: Maßgeblich für die Entscheidung, ob satirisch verpackte Religionskritik zulässig sei, soll der geistige Horizont der Anhänger des jeweiligen Bekenntnisses sein. Rund zehn Jahre später setzte sich die religionspolitische Sprecherin der Bundestagsfraktion Die Linke, Christine Buchholz, massiv und letztlich erfolgreich dafür ein, dass ihre Partei die Forderung nach einer Streichung des »Gotteslästerungsparagraphen« nicht länger verfolgt.

Emanzipation

So erweist sich der Blasphemievorwurf als ein Wiedergänger, der auch durch die fortschreitende Säkularisierung nichts an repressivem Potential eingebüßt hat. Als »Mehrzweckwaffe« der Konservativen kann er dazu eingesetzt werden, die Freiheit von Meinungsäußerung und Kunst zu relativieren. Indem er »heilige« Bereiche definiert, hilft er dabei, Kritik als Methode zu denunzieren. Dabei zeigt er sich als anschlussfähig an identitäre Diskurse, die mittlerweile bis weit hinein ins linke Spektrum verbreitet sind.

Wer sich der Religionskritik verschrieben hat, wer die Emanzipation des Individuums als erstrebenswertes Ziel ansieht, wer die Abkehr vom religiösen Kollektiv als Grundlage für die Möglichkeit, seine Identität selbstbestimmt zu definieren, einfordert, stört damit den herrschenden Frieden. Aber diese Störung ist die Voraussetzung für gesellschaftliche Veränderung.

Katja Thorwarth

Sei uns gnädig, Herrgott nochmal!
Über öffentlich-rechtliche Gottes-Botschaften,
kirchliche Schleichwerbung
und kostenfreies mediales Religions-Lobbying

»Du sollst den Herrn, deinen Gott, lieben von ganzem Herzen, von ganzer Seele und von ganzem Gemüt. Dies ist das höchste und erste Gebot. Das andere aber ist dem gleich: Du sollst deinen Nächsten lieben wie dich selbst. Darum geht es im christlichen Glauben und das ist für mich eine gute Orientierung.« Die Pastorin, die hier im *Hessischen Rundfunk* (HR) über den Äther flötet, meint es ganz bestimmt nicht böse. Um Nächstenliebe geht es in diesem »Zuspruch«, darum, dass der Herrgott, ja, der Allmächtige, die Liebe zum Nächsten als hohes Gut im Kontrast zum Egoismus ausgedeutet hat.

Aber geliebt werden muss zunächst natürlich ER, der Patriarch aller Patriarchen, der imaginierte Gott, der seit Jahrhunderten zumindest in Teilen nach wie vor die strukturellen Lebensabläufe eines jeden, wenn nicht bestimmt, so doch subversiv begleitet. Jenseits der Feiertage, die man durchaus auch mit weltlichen Ereignissen verknüpfen könnte, werden permanent christliche Botschaften unters Volk gejubelt – und dies mit freundlicher Unterstützung der Medien. Wer spricht mir denn täglich beim Kochen um 19.20 Uhr zwischen dem Besten an Musik aus den 1980er und 1990er Jahren auf *hr1* zu, dass ich einen »Gott« lieben möge?

Der öffentlich-rechtliche Rundfunk

Wir bewegen uns hier im öffentlich-rechtlichen Rundfunk, der gemäß des Rundfunkstaatsvertrages von 1991 in Paragraph 7 festlegt, dass »Werbung politischer, weltanschaulicher oder religiöser Art unzulässig« ist. Das Thema ist durchaus komplex – denn was ist eigentlich Werbung? Den »Zuspruch« nämlich könnte man unter Werbung für eine religiöse Moralinstanz verbuchen, selbst wenn sie gesellschaftlich verwurzelt ist und als »gottgegeben« hingenommen wird. Und damit wäre er laut Staatsvertrag schlicht illegal. Aber der verantwortliche *Hessische Rundfunk* definiert Werbung offensichtlich anders; womöglich, weil es sich die Kirche medial seit Jahrzehnten so kommod eingerichtet hat. Wie formulierten es die katholischen Bischöfe in einem »Hirtenwort« bereits 1948, also kurz nach der Nazidiktatur, welche die Mitglieder der Kirche – Stichwort »Rattenlinie« – auf ganz eigene Art zu verarbeiten suchten? »Die große Bedeutung der Presse, des Rundfunks, des Theaters und des Filmes für die Unordnung oder für die Neuordnung, für den Untergang oder für die Auferstehung unserer Zeit kann von den Christen nicht übersehen werden. Es ist nicht gleichgültig, in welchem Sinne die Leitartikel geschrieben und die Nachrichtenagenturen gelenkt werden. Es ist nicht gleichgültig, ob der Geist des Guten oder des Bösen durch den Äther spricht. Nicht nur durch Reden, auch durch Schweigen und Verschweigen kann die öffentliche Meinung beeinflusst werden.«

Bemerkenswerte Zeilen, die Frank L. Schütte, der Vorstandssprecher des Internationalen Bundes der Konfessionslosen und Atheisten, auf dem Atheisten-Kongress in Fulda

1991 so herunterbrach, dass es um nichts anderes gehe als um »die Ausbreitung und Festigung des Gottesreichs«.

Doch warum lassen sich die Medien in Text, Bild und Ton auf die Verbreitung subtextueller irrationaler Botschaften überhaupt ein? Spätestens, wenn Bischöfe vom »Geist des Guten« fabulieren, müssten doch sämtliche Alarmglocken lauter läuten, als es sonntags um neun Uhr in Memmingen die Kirchenglocken tun. Aber die Kirche hat historisch fundierte gesellschaftliche Macht, und vor allem hat sie sehr viel Geld, weshalb es umso irrer ist, dass sie kostenfrei ihre mediale Präsenz über säkulare Strukturen fundiert.

Werner Sombart hat 1913 darauf hingewiesen, dass Religion und Kapital eng miteinander verwoben sind, weil »die Geschichte des kapitalistischen Geistes ... auf das engste mit der Geschichte der Religionssysteme und der Kirchen in dem Sinne verknüpft [ist], dass diese ihn teils in seiner Entfaltung aufgehalten, teils gefördert haben«. Die Medien funktionieren ebenso ganz im kapitalistischen Geist, selbst wenn ihnen eine Haltung innewohnt. Ohne Kapital gibt es kein Produkt und ergo keinen Sender kulturgesellschaftlich relevanter Botschaften und Informationen.

Medien geben religiösen Inhalten eine Plattform, weil sie ihren subversiven Hirnwäschecharakter als etabliert einkaufen. Es scheint ein Automatismus zu sein, oder wie ist zu verstehen, dass beispielsweise der Schauspieler und Arzt Joe Bausch in einem *HR*-Talk nach dem »Glauben« befragt wird? Hätte er diesbezüglich eine Botschaft, wäre sie von ihm formuliert worden. Aber offenbar ist »der Glaube« inklusive der impliziten Religionsschwangerschaft inhaltlich struktureller Bestandteil des Mediums. Genauso hätte man ihn fragen können, ob er die SPD wählt. Aber nein, das wäre zu politisch, sein Glaube aber ist jetzt Allgemeinwissen, hier findet also keinerlei Distanzierung statt. Weil ja jeder an irgendetwas zu glauben hat, was Adam und Eva besser konsequent durchgezogen hätten. Glaubt man den Herren und Damen der christlichen Lehre, dann sind die beiden schuld am ganzen Schlamassel.

Blick in den Rundfunkstaatsvertrag

Zunächst ist es der allgemein formulierte Auftrag in § 2 der öffentlich-rechtlichen Anstalt *Hessischer Rundfunk*, »durch die Herstellung und Verbreitung ihrer Angebote als Medium und Faktor des Prozesses freier individueller und öffentlicher Meinungsbildung zu wirken und dadurch die demokratischen, sozialen und kulturellen Bedürfnisse der Gesellschaft zu erfüllen«. Das klingt vernünftig, und natürlich sind Religionen Bestandteil der Gesellschaft. Sonst gäbe es ja auch keine Atheisten. Es kann also nicht darum gehen, die Religion generell aus den Medien zu verbannen, jedoch sollten religiöse Inhalte explizit als solche benannt und nicht als vorausgesetzter Bestandteil einer sich immer stärker säkularisierenden Gesellschaft kommuniziert werden.

Eigentlich hat sich der Rundfunkstaatsvertrag diesbezüglich eindeutig positioniert: § 7 (3) besagt, dass »Werbung … als solche leicht erkennbar und vom redaktionellen Inhalt unterscheidbar sein [muss]. In der Werbung dürfen keine Techniken der unterschwelligen Beeinflussung eingesetzt werden.« Und wie oben bereits erwähnt, ist »Werbung politischer, weltanschaulicher oder religiöser Art unzulässig«. Das ist eine klare Ansage. Aber schaut man ins TV-Programm der Öffentlich-Rechtlichen, findet eine mit »unterschwellig« nur unzureichend beschriebene Werbung für die christliche Religion statt.

So ist die Nonnen-Serie »Um Himmels Willen« mit Fritz Wepper und Janina Hartwig für die »Goldene Kamera« als beste »Heimat-Serie« nominiert worden. Aber was bitte ist das zwangsironisierte Battle zwischen einem Nonnenkloster und einem biederen Bürgermeister anderes als Schleichwerbung für die angeblich subversive Kraft der Kirche? Natürlich kann man über alles irgendwelche Serien drehen, man kann auch einen Pfarrer (Braun) zum Kriminalisten stilisieren. Nur bekommt es dann ein Geschmäckle, wenn kirchliche Inhalte parallel zum Serienklamauk im Verkündungsmodus nach den »Tagesthemen« ausgestrahlt werden wie beim »Wort zum Sonntag«. Das regt laut *ARD*-Selbstdefinition »jeden Samstag ... zum Nachdenken, Umdenken und zum menschlichen Denken« an, was schon einigermaßen starker Tobak ist, als würde die Religion zum »menschlichen« Denken gebraucht. Aber das passt natürlich zur These, dass der Mensch von »Gott« erschaffen wurde und daher nur im religiösen Kontext menschliches Denken zu vollziehen vermag.

Auch wird »Heimat« hier automatisch an einen Kircheninhalt gekoppelt, wobei das wiederum zum ohnehin verkorksten Heimatbegriff passt. Übrigens dürfen übertragene Gottesdienste nach § 7a nicht durch »Werbung oder Teleshopping-Spots« unterbrochen werden. Wäre tatsächlich ein Faktor zu viel.

Gottesdienst als Sendeauftrag

Wer finanziert eigentlich jenseits der als Serienformate verpackten Schleichwerbung die im Rundfunkvertrag explizit

erzwungenen Übertragungen von Gottesdiensten? Unter §
42 im Rundfunkstaatsvertrag ist festgehalten, dass »für Dritte, [hier] den Evangelischen Kirchen, der Katholischen Kirche und den Jüdischen Gemeinden … auf Wunsch angemessene Sendezeiten zur Übertragung religiöser Sendungen einzuräumen [sind]; die Veranstalter können die Erstattung ihrer Selbstkosten verlangen«. Das bezieht sich jedoch nur auf die privaten Sender (§ 42 (3), was umso mehr erstaunt, als die Kirche in privaten Kanälen wie dem überkonfessionellen *Bibel TV* oder dem katholischen *K-TV* bereits die religiöse Vollindoktrination über den Äther sendet.

Öffentlich-rechtlich sei daher beispielhaft auf die Regelungen in Hessen verwiesen. Im Gesetzestext des *Hessischen Rundfunks*, dem Gründungspamphlet von 1948, heißt es unter § 3: alle »Darbietungen sollen Nachrichten und Kommentare, Unterhaltung, Bildung und Belehrung, Gottesdienst und Erbauung vermitteln und dem Frieden, der Freiheit und der Völkerverständigung dienen«. An diesem Text hat sich bislang (2019) nichts geändert, womit der Gottesdienst also eingepreist ist in die hessisch-öffentlich-rechtliche Sendephilosophie. Und damit kann natürlich auch jede Finanzierung der Sendungsproduktion gerechtfertigt werden, weil die Vermittlung einer Messe Teil des Sendeauftrags ist, der in § 2 allerdings neutraler formuliert daherkommt. Dort heißt es, dass die »Telemedienangebote als Medium und Faktor freier individueller und öffentlicher Meinungsbildung zu wirken« hätten, um die »demokratischen, sozialen und kulturellen Bedürfnisse der Gesellschaft« zu erfüllen. Ist die Abbildung eines Gottesdienstes tatsächlich noch elementarer Bestandteil öffentlicher Meinungsbildung? Oder ist dies nicht vielmehr eine Nischenveranstaltung, die es sich im patriarchalen

Machtapparat losgelöst von allem Bedeutungsverlust bestens eingerichtet hat?

Faktor Geld

Tatsächlich werden die Produktionskosten der TV-Übertragungen einer Messe vom ausstrahlenden *Hessischen Rundfunk* gestemmt. Der Sender bildet also nicht nur ab, sondern ist am Produktionsprozess aktiv beteiligt. Im Gegensatz zu den Filmchen der Parteienwerbung, denn ungeachtet der politischen Farbe haben die Parteien ihre Spots in Inhalt und Ausführung selbst zu bezahlen. Der *Hessische Rundfunk* hat lediglich übertragende Funktion. Parteitage und die Übertragung von Fußballveranstaltungen würden ja auch in der Produktion übernommen, heißt es von Seiten des *Hessischen Rundfunks* auf Nachfrage. Das mag sein, nur ist ein Parteitag relevant für meine politische Meinungsbildung, und diesbezüglich sieht sich das Medium auf Basis des Rundfunkstaatsvertrags bereits in seiner Präambel verpflichtet. Das Fußballspiel wird übertragen, weil die Leute es sehen wollen und der übertragende Sender einen wirtschaftlichen Mehrwert über die Erfüllung einer Quote erfährt. Genau aus diesem Grund werden keine Rasenhockey-Partien prominent gezeigt. Für den Gottesdienst interessieren sich vermutlich noch weniger Menschen als für ein Rasenhockeyspiel – regelmäßig ausgestrahlt und produziert wird er trotzdem.

Indirektes Lobbying

Womit hat sich die Kirche diese Vorzugsbehandlung verdient, die der Publizist Carsten Frerk als »indirektes Lobbying«

bezeichnet? Könnte es sein, dass die Gottesgläubigkeit entscheidungsrelevanter Redakteure eine Rolle spielt bezüglich der ständigen Berieselung im Umgang mit kirchlichen Nachrichten. Gerhard Czermak, ein Jurist mit Schwerpunkt Staatskirchenrecht, diagnostiziert auf der Basis der 2012 publizierten Untersuchung »Religion bei Meinungsmachern«, dass die befragten Journalisten, allesamt anonymisierte Leute in leitenden Positionen sogenannter Qualitätsmedien, den »gesellschaftlichen Einfluss der religiös-kirchlichen Repräsentanten als legitim und bedeutsam wahrnahmen«. Aus der Studie zitiert, werde eine »ideologiekritische Auseinandersetzung mit Religion und Kirche, die diese als Hemmschuh der Modernisierung oder als Aberglaube versteht, ... in den Qualitätsmedien kaum noch geführt«.

Und führt man beziehungsweise frau diese kritische Auseinandersetzung beispielsweise an Ostern dann doch, wie ich es in einer Kolumne tat, als es um das aus der Zeit gefallene, von der Kirche verordnete Tanzverbot ging, das mit Säkularisierung ungefähr so viel zu tun hat wie Wasser mit Wein, wird der Text zwar gedruckt – der Shitstorm der Christenheit hinterher aber auf der Leserbriefseite sozusagen als ausgleichende Gerechtigkeit über Wochen abgebildet.

Geht es um Religiosität, ist schlicht Schluss mit lustig, und eine Kolumne, wenn auch polemisch überspitzt, scheinbar schon zu viel der Meinungsfreiheit und mit dem modernen Christentum für manche nicht kompatibel. Mach dich lustig über Veganer, Autofahrer, Radfahrer, Fußgänger, Frauen, Männer, Kinder, aber nie, niemals über Religion. Sonst schießt dir womöglich das Fegefeuer aus dem Rechner. Geschenkt, nur zeigt das Beispiel, wie sehr dieses ganze religiöse Bohei mit Aufmerksamkeit und vorauseilendem Gehorsam zugeschüttet wird, obwohl die Religionen der Welt völlig humorbefreit seit Jahrhunderten einen Bären nach dem anderen aufbinden. Aber diese Bären sind gesetzt, und dementsprechend gehören die religiösen Gefühlspflänzchen immer schön gewässert. Keinesfalls darf man auf ihnen herumtrampeln, und sei es auch nur in getexteter Ironie. Dabei dürfen sie doch glauben, was sie wollen.

Die Macht der Kirche

Das Problem besteht also darin, dass alle Menschenkinder auf Erden glauben sollen. Und selbst wenn wir nicht glauben, geht es mindestens um eine gesellschaftliche Deutungshoheit, die medial gespiegelt wird und die Kirche nach wie vor als einen Machtfaktor etabliert. Infolgedessen hat die Kirche strukturell beinahe einen politischen Status, obwohl sie sich immer noch nicht von der unbefleckten Maria, geschweige denn einer sprechenden Schlange und Leuten, die übers Wasser gehen, distanziert hat.

Was medial vermittelt wird, muss durch den Rundfunkrat gedeckt sein, der, wie es im *HR*-Gesetz in § 5 festgehalten ist, »… die Allgemeinheit auf dem Gebiete des Rundfunks [vertritt]. Seine Mitglieder sind nicht Vertreter einer Partei, einer Konfession, eines Standes oder einer Organisation; sie sind an Aufträge und Weisungen nicht gebunden«. Tatsächlich sind Leute der Katholischen und Evangelischen Kirche vertreten. Formuliert ist aber, dass sie eben gerade keine Vertreter seien, mit dem Zusatz, sie seien nicht an Weisungen gebunden.

Aber, sorry Leute, wenn ich explizit zwei Kirchenvertreter aufstelle, dann vertreten die natürlich ihre Interessen, und die sind christlich. So wie das die Landfrauen oder Landmusiker auch machen, nur werden die nicht ähnlich prominent abgebildet. Weil die Religiosität sämtliche Fortschrittsbewegungen überdauert, weil sie »gottgegeben« diesseitig als real verkauft wird. Und nicht als das, was sie ist. Ein Glaube.

CORINNA GEKELER

»Eine Kirchenmitgliedschaft wird erwartet ...«

Grundrechte für Beschäftigte? Nicht bei Deutschlands zweitgrößtem Arbeitgeber! Wie sich Betroffene erfolgreich wehren

Immer wieder berichten Medien über die Folgen von Diskriminierung im Kirchenarbeitsrecht. Mal geht es um die Entlassung einer Kindergärtnerin, weil sie lesbisch ist. Dann um einen Sozialarbeiter, der wegen der Missbrauchsskandale aus der Kirche ausgetreten war und deshalb prompt rausflog. Ein anderes Mal wird über den Chefarzt einer katholischen Klinik in Düsseldorf berichtet, dem wegen seiner Zweitheirat die Kündigung ausgesprochen wurde. Dann erfährt man von der Antidiskriminierungsexpertin Vera Egenberger, die als konfessionslose Bewerberin beim Diakonischen Werk in Berlin keine Chance hatte. Daneben findet man Stellenausschreibungen für Haustechniker, Hilfen in der Hauswirtschaft, Pförtner (m/w) und viele mehr, in denen es heißt: »eine Kirchenmitgliedschaft wird erwartet«.

Religion ist offensichtlich keine Privatangelegenheit, und das Recht auf ein diskriminierungsfreies Privat- und Familienleben scheint auch nicht geschützt zu sein. Im Gegenteil: Das Ausüben dieser Grundrechte kann bei Deutschlands zweitgrößtem Arbeitgeber, den kirchlichen Einrichtungen, schnell zur Existenzbedrohung werden.

Zu den wenigen, die eine Klage auf sich genommen haben, gehört der Düsseldorfer Chefarzt. Er wehrt sich seit 2009 gegen seine Kündigung durch den Verbund Katholischer Kliniken Düsseldorf, der unter der Aufsicht des Erzbistums Köln steht. Auch die abgelehnte Berliner Bewerberin brauchte Geduld und finanziellen Rückhalt für ihre Klage. Sie nahm es 2012 mit dem Evangelischen Werk für Diakonie und Entwicklung auf, das sie wegen ihrer Konfessionslosigkeit nicht zum Vorstellungsgespräch eingeladen hatte.

Der Klageweg der beiden führte bis zum Europäischen Gerichtshof in Luxemburg und zurück zum Bundesarbeitsgericht in Erfurt, der Fall des Chefarztes war zuvor sogar schon beim Bundesverfassungsgericht in Karlsruhe anhängig gewesen.

Über den Erfolg der beiden Klagen wird im Folgenden berichtet. Und über die Hintergründe zum »Fall« Egenberger, die sich für die Erstellung des Antirassismus-Berichts beworben hatte. Also just des Berichts, in dem dann Kritik an der diskriminierenden Einstellungspolitik der Kirchen geübt wurde und der auf diesem Weg die Vereinten Nationen erreichte. Wie es dazu kam, war wiederum ausführlich Gegenstand in der sehr spannenden Verhandlung »Egenberger gegen Diakonie« beim Bundesarbeitsgericht.

Doch zunächst sollen die unterschiedlichen Auswirkungen der deutschen Sonderrechte für kirchliche Arbeitgeber, wie die Caritas und die Diakonie, vorgestellt werden. Diese habe ich anhand von Gesprächen mit über hundert Betroffenen sowie Medienberichten und Urteilen untersucht.[1] Danach werden die einseitig interpretierten Grundlagen im deutschen Grundgesetz und das »Allgemeine Gleichbehandlungsgesetz« (AGG) vorgestellt. Es wird auch um Juristerei gehen, denn ohne diese ist den deutschen Kirchenprivilegien auf dem Arbeitsmarkt leider nicht beizukommen.

Ausgrenzung konkret

Fakt ist, dass kirchliche Krankenhäuser, Kindergärten, Sozialdienste, Beratungsstellen, Schulen und dergleichen von ihren Beschäftigten eine sehr weitreichende Loyalität verlangen. Das bedeutet in der Praxis:
- Wer nicht Mitglied in der katholischen oder evangelischen Kirche ist oder einer anderen Religion angehört, wird systematisch ausgegrenzt oder benachteiligt.
- Wer aus der Kirche austritt, wird fristlos entlassen.
- In katholischen Einrichtungen kommen Homosexualität, »uneheliche« Kinder, Scheidung und Wiederheirat als Kündigungsgründe hinzu.

Diese Anforderungen gelten nicht nur für Priester und Pastorinnen – also verkündigungsnahe Tätigkeiten. Nein, es geht um ganz normale Arbeitsverhältnisse von Hausmeistern, Küchenhilfen, Lehrerinnen, Pflegern, Ärztinnen, Erziehern, IT-Fachleuten, Entwicklungshelferinnen usw.

Die massive Ausgrenzung prägt Stellenbesetzungen sowie Arbeitsalltag und Privatleben. Betroffen sind Auszubildende, die noch nicht einmal einen Praktikumsplatz finden, Referendare, Mini-Jobber, Führungskräfte, Festangestellte und Leiharbeiter gleichermaßen. Und natürlich die zahlreichen Menschen, die sich dort gar nicht erst bewerben möchten, weil sie chancenlos wären, wobei es in vielen Regionen im Sozial- und Gesundheitsbereich fast nur konfessionelle Arbeitgeber gibt. Viele treten in die Kirche ein bzw. nicht aus, um eine Stelle zu bekommen bzw. nicht zu verlieren. Von Zwangskonfessionalisierung und Konversionsdruck zu reden, ist also kaum übertrieben! In meiner Studie belegen die zahl-

reichen Berichte Betroffener, wie unterschiedlich sich die deutschen Sonderrechte konkret auswirken. Hier einige Beispiele in Skizzenform:
- Zwei Putzfrauen dürfen nicht in einer katholischen Kirchengemeinde arbeiten, weil sie evangelisch sind.
- Eine schwangere Lehrerin wird zur Heirat gedrängt.
- Einer Sozialpädagogin wird im Vorstellungsgespräch bei der Diakonie angeboten, sich gleich im Nebenzimmer vom Chef, der Pfarrer ist, taufen zu lassen.
- Studierenden wird nahegelegt, ihre beruflichen Chancen nicht durch einen Kirchenaustritt einzuschränken.
- Ein Entwicklungshelfer muss die Schwangerschaft seiner Freundin verheimlichen.
- Eine Pflegerin muss die Feier ihrer eingetragenen Lebenspartnerschaft verheimlichen.
- Ein muslimischer Integrationsfachmann darf nicht in Jugendeinrichtungen arbeiten.
- Ein Arzt tritt aus Angst vor der Kündigung nicht aus der Kirche aus.
- Ein Referendar muss seine Homosexualität verschweigen.
- Eine ungetaufte Studentin der Sozialarbeit findet keinen Praktikumsplatz.
- Eine muslimische Erzieherin hat keine Aufstiegschancen.
- Eine Konfessionslose kann sich nicht auf eine Pförtnerstelle bewerben.
- Einer Fachkraft für interreligiösen Dialog wird mitgeteilt, der muslimische Glaube der Eltern sei ein Problem.

Die Vielfalt der Benachteiligungen und die demütigende Art, in der die Ausgrenzungen nicht selten ablaufen, machen die Betroffenen immer wieder fassungslos. Auch Beschäftigte, die bewusst in christlichen Einrichtungen arbeiten, empören sich über diesen Umgang mit Menschen. Sie fallen aus allen Wolken, wenn es plötzlich darum geht, dass eine Kollegin von einem Tag auf den anderen nicht mehr kommt. Doch meist reagiert das kollegiale Umfeld verunsichert und mischt sich nicht ein, wenn die Kollegin ohne Kirchenmitgliedschaft nur einen befristeten Arbeitsvertrag erhält und gehen muss, sobald sich eine christliche Kraft findet. Oder wenn der muslimische Kollege sich plötzlich taufen lässt, um endlich unbefristet eingestellt zu werden und somit auch Fortbildungsveranstaltungen besuchen darf und Aufstiegschancen erhält. Wenn sich Betroffene wehren, kommt es häufig zu einem außergerichtlichen Vergleich. Dieser geht meist mit der Auflage zur Verschwiegenheit einher, wodurch weder das Kollegium von den diskriminierenden Vorgängen etwas erfährt noch die Medien für Aufsehen sorgen können.

Weil die wachsende Anzahl konfessioneller Einrichtungen längst nicht ohne – aus kirchlicher Sicht – »passendes« Personal auskommt, wird von den Personalverantwortlichen viel weggeschaut. Doch wer als Konfessionsloser oder Homosexuelle geduldet wird, macht sich berechtigte Sorgen, wenn ein Leitungswechsel ansteht oder die Einrichtung von einem (anderen) kirchlichen Träger übernommen werden soll.

Was die Ausgrenzung und die Benachteiligung Andersgläubiger angeht, ist das alles andere als ein Beitrag zur Integration in den Arbeitsmarkt und sorgt für ein Zwei-Klassen-Kollegium. Diese offene Bevorzugung christlicher Beschäftigter gegenüber muslimischen hat mittelbar rassistische Auswirkungen, was 2015 sogar vom UN-Antirassismusausschuss kritisiert wurde. Trotzdem gelingt es den Kirchen immer wieder, sich sogar an Projekten im Migrationsbereich zu beteiligen. Das führt dazu, dass kirchliche Einrichtungen zwar Fördergelder für die Qualifizierung Geflüchteter erhalten, diese danach aber als potenzielle Beschäftigte aufgrund ihrer Religion benachteiligen. Spricht man die jeweiligen Kooperationspartner auf diesen Widerspruch an, hört man nicht selten das Argument, man könne die Kirchen nicht kritisieren, denn sie seien wichtige Verbündete.[2]

Kirchenfreundliche Rechtstradition

Deutschland ist auch heute noch von einer traditionell gewachsenen und starken strukturellen Verbindung von Kirche und Staat geprägt. So können die Kirchen massiven Einfluss auf Politik und Gesetzgebung nehmen und sorgen zahlreiche Verquickungen von politischen und kirchlichen Ämtern für eine Rechtstradition, zu der die Behauptung gehört, man könne Beschäftigten kirchlicher Einrichtungen keinen Schutz vor »Ungleichbehandlung« bieten. Ein »kirchliches Selbstbestimmungsrecht« wird angeführt, um Menschenrechtsstandards nicht einzuhalten, die den Staat eigentlich zum Schutz Beschäftigter verpflichten. Den kirchlichen Arbeitgebern wird eine Sonderrolle eingeräumt, wegen der Beschäftigte nicht unbehelligt ihrer Existenzsicherung nachgehen und ihre privaten Lebensbereiche aufgrund religiöser Vorstellungen nicht ohne Konsequenzen gestalten können.

Doch worauf basiert unsere Rechtstradition, in der das Betriebsverfassungsgesetz für Kirchenarbeitgeber nicht gilt und in der eine Kirchenklausel im sogenannten Antidiskriminierungsgesetz, also dem »Allgemeinen Gleichbehandlungsgesetz«, von der entsprechenden EU-Richtlinie abweicht? Die evangelische und die katholische Kirche berufen sich auf ein

Selbstbestimmungsrecht, das ihre Sonderrechte legitimieren soll. Sie leiten dieses aus Artikel 17 des Grundgesetzes ab, in dem ein Rückgriff auf die Weimarer Reichsverfassung (Artikel 137 Absatz 3) stattfindet. Darin heißt es: »Jede Religionsgemeinschaft ordnet und verwaltet ihre Angelegenheiten selbständig innerhalb der Schranken des für alle geltenden Gesetzes. Sie verleiht ihre Ämter ohne Mitwirkung des Staates oder der bürgerlichen Gemeinde.« Das Recht auf Selbstordnung und Selbstverwaltung wurde mehr und mehr zu einem Recht auf Selbstbestimmung umgedeutet. Diese Auslegung wird als Grundlage für die Loyalitätsanforderungen und den sogenannten Dritten Weg im Kollektivarbeitsrecht gesehen, also für starke Einschränkungen bei Streikrecht, Mitbestimmung und Tarifpflicht. Übrigens: In der Weimarer Republik waren kirchliche Einrichtungen ganz normale Arbeitgeber, ohne Sonderstatus – und es durfte dort sogar gestreikt werden.

In Fortsetzung der kirchenfreundlichen Rechtstradition ergänzte die damalige Bundesregierung bei der Umsetzung der EU-Richtlinie (2000/78/EG) zur »Festlegung eines allgemeinen Rahmens für die Verwirklichung der Gleichbehandlung in Beschäftigung und Beruf« eine viel zu weit ausgelegte Kirchenklausel. In der EU-Richtlinie von 2000 ist nämlich »eine unterschiedliche Behandlung wegen der Religion nur zulässig, wenn die Religion nach der Art der Tätigkeiten oder den Umständen ihrer Ausübung eine wesentliche, rechtmäßige und gerechtfertigte berufliche Anforderung angesichts des Ethos der Religionsgemeinschaft bzw. Einrichtung darstellt«. Daraus wurde bei der Umsetzung der EU-Richtlinie ins deutsche »Allgemeine Gleichbehandlungsgesetz« 2006 der § 9 (Kirchenklausel) mit dem Titel

»Zulässige unterschiedliche Behandlung wegen der Religion oder Weltanschauung«. Demnach ist eine Ungleichbehandlung bereits zulässig, »wenn eine bestimmte Religion oder Weltanschauung im Hinblick auf ihr Selbstbestimmungsrecht oder nach Art der Tätigkeit eine gerechtfertigte berufliche Anforderung darstellt«. Entscheidend ist das zweite »oder«, durch das es genügt, sich auf ein kirchliches Ethos zu berufen – und zwar ganz unabhängig von der jeweiligen beruflichen Anforderung. Außerdem gestattet die deutsche Kirchenklausel es den konfessionellen Arbeitgebern, »von ihren Beschäftigten ein loyales und aufrichtiges Verhalten im Sinne ihres jeweiligen Selbstverständnisses verlangen zu können«.

Luxemburg muss »es richten«

Diese kirchenfreundliche Rechtstradition manifestiert sich auch fast durchgängig in der gerichtlichen Rechtsprechung. So gab es in den letzten Jahren nur vereinzelt Arbeitsgerichte, die die Grundrechte Beschäftigter berücksichtigten. Mit einer solchen Abwägung zwischen den Grundrechten der Betroffenen und denen der Kirchen auf Religionsfreiheit ist jedoch Schluss, seit das Bundesverfassungsgericht 2014 sein bislang letztes Urteil in Sachen Kirchenarbeitsrecht gesprochen hat. Karlsruhe befand nämlich, dass die katholische Klinik den bereits erwähnten Düsseldorfer Chefarzt wegen Verletzung des ehelichen Sakraments entlassen durfte. In dem Urteil steht sinngemäß: An erster Stelle dürfen Kirchen allein bestimmen, was sie in Anbetracht der Verletzung des ehelichen Sakraments für rechtens halten. Gerichte dürfen erst in einer Art zweiter Prüfstufe so weltliche Dinge wie die Einhaltung von Grundrechten einbringen. Damit stellte

Karlsruhe erneut das angebliche Selbstbestimmungsrecht der Kirchen über individuelle Grundrechte und hebelte die verfassungsmäßig gebotene Abwägung zwischen Grundrechten (»praktische Konkordanz«) aus.

Der Fall ging zurück zum Bundesarbeitsgericht (BAG), wo man die Sache offensichtlich anders sah und sie an den Europäischen Gerichtshof (EuGH) in Luxemburg verwies. Das BAG betrachtete dieses Mal auch die Ungleichbehandlung innerhalb der katholischen Klinik, denn während konfessionslose und evangelische Kolleginnen und Kollegen erneut heiraten durften, unterliege der katholische Arzt den Anforderungen seiner Kirche, so sein Arbeitgeber. Mit dieser Argumentation kam das Diskriminierungsmerkmal »Religion und Weltanschauung« ins Spiel und somit das »Allgemeine Gleichbehandlungsgesetz« (AGG). Das Bundesarbeitsgericht holte sich Rat vom EuGH ein, weil die deutsche Version in Form des § 9 im AGG nicht der EU-Richtlinie entspräche und man deshalb nicht wissen könne, wie der Sachverhalt denn nun einzuschätzen sei.

Darauf antwortete der Europäische Gerichtshof im September 2018 mit klaren Worten: Das nationale Gericht hat sich an die EU-Richtlinie zu halten und insbesondere den in der EU-Charta der Menschrechte verbrieften Schutz vor Diskriminierung zu gewährleisten. Und zwar, »indem es erforderlichenfalls jede entgegenstehende nationale Vorschrift unangewendet lässt«.

Es muss »Gegenstand einer wirksamen gerichtlichen Kontrolle« sein, inwiefern ein Klinikbetreiber »unterschiedliche Anforderungen an das loyale und aufrichtige Verhalten im Sinne seines Ethos« stellen dürfe, so das Luxemburger Gericht. Und weiter: Bei dieser Kontrolle muss das nationale

Gericht sicherstellen, dass die Religion oder die Weltanschauung im Hinblick auf die Art der betreffenden beruflichen Tätigkeiten oder die Umstände ihrer Ausübung eine wesentliche, rechtmäßige und gerechtfertigte berufliche Anforderung angesichts des fraglichen Ethos ist«. Zugleich wurde festgestellt, dass das »von der katholischen Kirche befürwortete Eheverständnis« keine wesentliche Anforderung an die berufliche Tätigkeit zu sein scheint.

Dem folgte das Bundesarbeitsgericht im Februar 2019 und erklärte somit die Kündigungsschutzklage des Chefarztes für erfolgreich. Seine »kirchlich ungültige (zweite) Ehe« stelle zwar einen »schweren Loyalitätsverstoß« dar, das EU-Recht habe jedoch »Anwendungsvorrang«. Für das Gericht ergab sich keine Rechtfertigung der Ungleichbehandlung aufgrund der Art und Umstände der Tätigkeit. Somit war die versuchte Rechtfertigung des Anwalts des katholischen Klinikkonzerns, gerade in der Onkologie komme man Fragen von Leben und Tod und somit christlichen Grundsätzen nahe, gescheitert.

Im Fall der aufgrund ihrer Konfessionslosigkeit abgelehnten Bewerberin Egenberger hatte der EuGH bereits ähnlich wie beim Chefarzt geurteilt. Dem folgte das Bundesarbeitsgericht im Oktober 2018. Nach genauer Prüfung, inwiefern eine Kirchenmitgliedschaft für die Ausübung der Tätigkeit objektiv geboten gewesen sein könnte, sah das Gericht keine Rechtfertigung für die Ungleichbehandlung der Bewerberin und sprach Frau Egenberger eine Entschädigung zu. Diese Prüfung hing eng mit der konkreten Entstehungsgeschichte des Parallelberichts für den UN-Antirassismusausschuss zusammen, für dessen Erstellung die Stelle von der Diakonie ausgeschrieben worden war.

UN-Antirassismusausschuss kritisiert deutschen Sonderweg

Wie schaffte es die Kritik an den deutschen Sonderrechten für kirchliche Arbeitgeber in den Ausschuss für Antirassismus der Vereinten Nationen (UNO)? Und wie hängt die Klage von Frau Egenberger, der konfessionslosen Bewerberin, damit zusammen?

Die Bundesrepublik Deutschland hat 1969 die Antirassismus-Konvention der UNO (ICERD) unterschrieben. Darin verpflichtet sich die Regierung zu einem regelmäßigen Staatenbericht. Gleichzeitig wird ein sogenannter Parallelbericht der Zivilgesellschaft erstellt. Der Parallelbericht 2015 war das Gemeinschaftsprojekt einiger Nichtregierungsorganisationen und Einzelpersonen mit langjähriger Erfahrung bei der Rassismusbekämpfung im Rahmen des Forums Menschenrechte. Mit dabei Frau Egenberger, die bereits seit Jahrzehnten mit einschlägigen Netzwerken und Gremien zusammenarbeitete, so auch mit dem CERD-Komitee der Vereinten Nationen, also besagtem Antirassismus-Ausschuss.

Das Diakonische Werk Deutschland war ebenfalls Teil der Arbeitsgruppe für die Erstellung des Parallelberichts und bot an, die Stelle zur Koordination bei sich anzugliedern. Außerdem brachte es seine guten Kontakte hinsichtlich der Förderung durch die Glücksspirale erfolgreich ein. Im November 2012 veröffentlichte das Diakonische Werk die Stellenausschreibung, die zwar alle üblichen Formulierungen zum Ausschluss von Diskriminierung enthielt, aber Kirchenmitgliedschaft als Voraussetzung nannte. »Daraufhin brodelte es in der Arbeitsgruppe, zu der immerhin auch die Humanistische Union gehörte«, erinnert sich Frau Egenberger. Als ausgewiesene Expertin bewarb sie sich, obwohl sie kein Kirchenmitglied ist. Sie wurde jedoch nicht zum Vorstellungsgespräch eingeladen, und die Stelle erhielt ein christlicher Bewerber. »Trotz dieser Vorgeschichte entschied man sich in der Arbeitsgruppe zur konstruktiven Zusammenarbeit und vollen Unterstützung des Koordinators«, so Egenberger. Sie sprach nicht weiter über ihre Bewerbung und erst recht nicht über ihre Klage gegen die diskriminierende Ungleichbehandlung.

Fast schon ironisch zu nennen ist es, dass sich die Arbeitsgruppe darin einig war, dass die Ausgrenzung Andersgläubiger durch kirchliche Einrichtungen mittelbar rassistische Auswirkungen hat und deshalb in eben jenem Parallelbericht thematisiert werden sollte. So gab die Humanistische Union als Mitglied im Forum Menschenrechte bei mir ein »Hintergrundpapier« in Auftrag, um die Benachteiligung von Menschen bestimmter Religionszugehörigkeit zu analysieren.[3] Der frisch eingestellte Koordinator wollte so viel Transparenz wie möglich in die Situation bringen und formulierte einen Rahmen für die Zusammenarbeit (Terms of Reference), der den Umgang mit den Unterschieden in der Gruppe und deren Einfluss auf den Parallelbericht regeln sollte. Weil mit dem Widerstand der Diakonie gegen meine Darstellung »Rassistische Effekte kirchlicher Einstellungspolitik« zu rechnen war, hieß es in den »Terms« (Punkt 6: Thematisierung der diakonischen und kirchlichen Einstellungspolitik) unter anderem: »Die Diakonie Deutschland – Evangelischer Bundesverband hat dabei jedoch nicht das Recht, Inhalte, die den Qualitätskriterien genügen, pauschal zu blockieren.«

Trotzdem wollte sich die Diakonie die Nestbeschmutzung in dem von ihrem Angestellten koordinierten Parallelbericht nicht gefallen lassen und setzte eine umstrittene Fußnote durch. So wurden meine Ausführungen zur »systematischen Ausgrenzung und Benachteiligung Andersgläubiger, von der insbesondere türkisch- und arabischstämmige Personen aus vorwiegend muslimischen Ländern betroffen sind« im Parallelbericht durch folgende Fußnote kommentiert:

»Die Diakonie Deutschland begrüßt prinzipiell einen unabhängigen Parallelbericht der Zivilgesellschaft, hat diesen unterstützt und hat sich an dessen Prinzipien der Unabhängigkeit gebunden. Sie widerspricht zunächst den tatsächlichen Ausführungen zur Diakonie. Diese vermitteln kein zutreffendes Bild der tatsächlichen Verhältnisse. Die Diakonie widerspricht sodann den vorgenommenen rechtlichen Wertungen. Ein eventuell enthaltener Diskriminierungsvorwurf ist daher in tatsächlicher und rechtlicher Hinsicht zurückzuweisen. Zudem weist die Diakonie Deutschland die Wertungen zu § 9 AGG zurück: § 9 AGG ist Ausdruck einer sachlich begründeten Unterscheidung kirchlich diakonischer Anstellungspraxis zu nichtkirchlichen Arbeitgebern und zugleich Ausdruck des kirchlichen Selbstbestimmungsrechts in Übereinstimmung mit deutschem Verfassungsrecht, Europarecht und Völkerrecht, insbesondere mit menschenrechtlichen Normen. Weitere kirchliche Mitgliedsorganisationen des Forums Menschenrechte, die den gleichen arbeitsrechtlichen Voraussetzungen unterliegen, teilen diese Position.«

Die UN-Antirassismuskommission in Genf ließ sich davon nicht beeindrucken und erörterte die Problematik Mitte des

Jahres 2015 zum ersten Mal. Sie nahm sogar in ihren Bericht zur Rassismusbekämpfung in Deutschland ihre Besorgtheit darüber auf, »dass einige Bestandteile der Ausnahmeregelung im Allgemeinen Gleichbehandlungsgesetz Muslimas und Muslime und andere Gruppen beim Zugang zu Beschäftigung indirekt diskriminieren könnten«.

Fußnote II

Die Sache mit der Fußnote tauchte im Oktober 2018 in der inzwischen zweiten Verhandlung zur Bewerbungsablehnung von Frau Egenberger vor dem Bundesarbeitsgericht wieder auf. Sie spielte sogar eine hervorgehobene Rolle bei der Überprüfung, ob die Anforderung einer Kirchenmitgliedschaft angesichts der Ausübung der Tätigkeit (Koordination des Parallelberichts) »wesentlich, rechtmäßig und gerechtfertigt« war. Die Richterin nahm es mit der vom Europäischen Gerichtshof geforderten objektiven Prüfung im Sinne der EU-Richtlinie ganz genau. So ergab sich ein spannender Wortwechsel mit den Vertretern der Diakonie und deren Präsidenten auf der einen und den anwaltlichen Unterstützern von Frau Egenberger auf der anderen Seite.

Gerade die Fußnote zeige doch, »wie glaubwürdig die Vertretung unserer Position nach außen von dem Koordinator sein musste«, so der Anwalt der Diakonie. Er führte weiter aus, dass man, »um dies mit hinreichender Konsequenz vertreten zu können, fest im Glauben verankert sein muss«. Er sah das kirchliche Ethos berührt, denn »wenn man sich Rassismus vorhalten lassen muss, berührt das die Wurzel unseres Glaubens. Das berührt die Gottes-Ebenbildlichkeit aller Menschen, die wir in Anspruch nehmen«, und die lasse nun mal per Definition keinen Rassismus zu.»Seit 45 Jahren müssen wir uns Zweifel an unserer Menschenrechtstreue gefallen lassen«, ergänzte der Präsident der Diakonie. Da müsse man sich doch wehren dürfen!

Die Richterin fragte erneut, ob dafür die Kirchenmitgliedschaft des Koordinators wesentlich gewesen sei. Vom Anwalt von Frau Egenberger kam ein klares Nein, denn die Tätigkeit sei nicht verkündigungsnah gewesen. Es sei ja wohl eindeutig um ein gemeinsames Werk gegangen und nicht um einen Parallelbericht der Diakonie. »Die Glücksspirale hätte eine derartige verbandliche Interessenvertretung sonst gar nicht bezahlen wollen.« Zudem stehe im Impressum nur die Koordinatoren-Rolle des Mitarbeiters. »Um ihn einzufangen, hat es wohl mehrere Diakonie-Sitzungen gebraucht«, schilderte er den Ablauf. »Das hätte also auch ein Nicht-Christ vertreten können bzw. müssen«, so sein Fazit.

Die Richterin stellte die Hypothese auf, dass es »wohl eher rechtliche Argumente« gegenüber dem Angestellten bedurft haben könnte »als dessen tiefen Glauben.« Der Beistand von Frau Egenberger argumentierte: »Es ging doch um keine theologische Fragestellung, die durch den Koordinator zu lösen war. Die Kritik an der Ausgrenzung Andersgläubiger bezieht sich auf die konkrete Umsetzung im Arbeitsleben und nicht auf das Ethos selbst.«

Auf die Frage der Richterin, ob der Koordinator die Kirchen-Argumente verteidigen oder das Vorgehen koordinieren sollte, antwortete der Vertreter der Diakonie (sinngemäß): Unsere Position sollte gehört werden. Deshalb musste die Fußnote auf unsere Anweisung rein.

Einige Stunden später verlas die Richterin zum Thema Kirchenmitgliedschaft als Einstellungskriterium: »Vorliegend bestehen erhebliche Zweifel an der Wesentlichkeit der beruflichen Anforderung. Jedenfalls ist [diese] nicht gerechtfertigt, weil im konkreten Fall keine wahrscheinliche und erhebliche Gefahr bestand, dass das Ethos des Beklagten beeinträchtigt würde. Dies folgt im Wesentlichen aus dem Umstand, dass der jeweilige Stelleninhaber/die jeweilige Stelleninhaberin – wie auch aus der Stellenausschreibung ersichtlich – in einen internen Meinungsbildungsprozess beim Beklagten eingebunden war und deshalb in Fragen, die das Ethos des Beklagten betrafen, nicht unabhängig handeln konnte.«

Vera Egenberger: »Ich kannte den Weg ...«

Fragt man die Klägerin, ob sie sich ein bisschen wie David gegen Goliath fühle, sagt sie völlig überzeugend »Nein, ich fühle mich nicht klein! Schließlich kannte ich den Weg.« Und richtig: Als Expertin in der Antidiskriminierungsarbeit kannte sie einen auf das AGG spezialisierten Anwalt und konnte die Unterstützung ihrer Gewerkschaft ver.di erhalten. Zweifel an ihrer Qualifikation erschienen ebenfalls nicht möglich, verfügt sie doch über Erfahrung in Zusammenarbeit mit internationalen Regierungsstrukturen wie den Vereinten Nationen (CERD Komitee). Und zwar unter anderem als Beraterin für Rassismus und Intoleranz beim Büro für Demokratische Institutionen und Menschenrechte (ODIHR) der Organisation für Sicherheit und Zusammenarbeit in Europa (OSZE). Als die Stellenanzeige der Diakonie erschien, hatte sie gerade einige Projekte abgeschlossen und war auf Stellensuche. Als es dann bei der Diakonie nichts wurde, evaluierte sie zusammen mit sechs Kolleginnen und Kollegen das AGG im Auftrag der Antidiskriminierungsstelle des Bundes.

Sie stellt immer wieder fest, wie wenig in Deutschland bekannt ist, dass die Kirchen sogar in Polen oder Irland weniger Sonderrechte haben als hier. »Ich wundere mich immer wieder über den Kircheneinfluss auf die deutsche Politik. Es ist keine richtige Trennung von Kirche und Staat, wenn politische Entscheidungsträger gleichzeitig politische und kirchliche Ämter bekleiden. Solche Doppelmandate werden in Deutschland viel zu wenig hinterfragt!« Frau Egenberger ist sich sicher, dass »selbst der Sonderstatus von Kirchen in einigen EU-Verträgen ihnen nicht alle Freiheiten der Welt gibt. Schließlich muss auch dieser Sonderstatus mit Grundrechten wie dem Recht auf Schutz vor Diskriminierung abgewogen werden«.

Zurück nach Karlsruhe?

Diakonie und Deutsche Bischofskonferenz kündigten bereits nach den beiden Urteilen des Europäischen Gerichtshofs (EuGH) eine verfassungsrechtliche Analyse an. Europäische Gerichte seien nämlich nicht so vertraut mit dem deutschen Selbstbestimmungsrecht der Kirchen, das in Deutschland schließlich Verfassungsrang habe. Zudem kritisierten sie, dass die Bedeutung des Artikels 17 des Lissaboner EU-Vertrages zu wenig berücksichtigt worden sei, wonach die Union den Status der Kirchen in den Mitgliedstaaten zu achten hat. Gemeint ist der »Vertrag über die Arbeitsweise der Europäischen Union« (AEUV), den die deutschen Kirchen als einen Freibrief für alle möglichen Privilegien auslegen. Konkret hatte der EuGH in seinen Schlussanträgen zum Chefarzt festgehalten, dass der AEUV nicht »hierarchisch Vorrang« habe, wenn es um die Auslegung des

EU-Grundrechteschutzes gehe. Zudem sieht der EuGH keine Anhaltspunkte im AEUV dafür, dass eine »gerichtliche Überprüfung der Rechtfertigung von Ungleichbehandlungen aus Gründen der Religion oder der Weltanschauung durch Religionsgemeinschaften voll und ganz dem Recht der Mitgliedstaaten übertragen werden sollte«.

Im Chefarzt-Urteil betonte das Bundesarbeitsgericht, der EuGH habe seine Kompetenz nicht überschritten. EU-Recht darf nämlich die Voraussetzungen, unter denen die kirchlichen Einrichtungen ihre Beschäftigten ungleich behandeln dürfen, »näher ausgestalten«, so das Erfurter Gericht. Würde das Bundesverfassungsgericht den Fall annehmen, würde dies also eine Auseinandersetzung über den sogenannten Anwendungsvorrang von Unionsrecht bedeuten. Und eine weitere Prüfung, inwiefern Karlsruhe sich traut, zu EuGH-Urteilen und europäischen Verträgen zu urteilen.

Das Bundesarbeitsgericht hat die eindeutigen Ansagen des Europäischen Gerichtshofs in zwei Fällen umgesetzt und die Sonderrechte für deutsche Kircheneinrichtungen in Form des § 9 AGG nicht angewendet, da er von der EU-Richtlinie abweicht. Sollten die Kirchen die weitere Entwicklung nicht durch ein langwieriges Verfahren vor dem Bundesverfassungsgericht blockieren, dann müsste die deutsche Politik eigentlich reagieren und die Kirchenklausel im »Allgemeinen Gleichbehandlungsgesetz« durch eine einfache Gesetzesänderung der EU-Richtlinie angleichen oder am besten gleich ganz streichen.[4]

Bislang kann man jedoch feststellen, dass die deutsche Politik es den betroffenen Einzelkämpferinnen und Einzelkämpfern überlässt, sich selbst um den Diskriminierungsschutz bezüglich ihrer Existenzgrundlage und somit auch um die Verteidigung ihres Grundrechts auf Religionsfreiheit und den Schutz ihres Privatlebens zu kümmern.

Kleiner Nachtrag:

»Wir müssen hier die Möglichkeit haben, unser evangelisches Profil deutlich zu machen«, fordert der Diakonie-Präsident Ulrich Lilie und kündigt an, Verfassungsklage gegen ein Urteil des Bundesarbeitsgerichts und ein vorhergehendes des Europäischen Gerichtshofs (EuGH) einzulegen. Man sehe sich in unzulässiger Weise im verfassungsrechtlich garantierten Selbstbestimmungsrecht beschränkt, denn der EuGH habe die deutsche Rechtslage nicht angemessen beachtet und außerhalb seines Mandats gehandelt. Die Klage in Karlsruhe richte sich deswegen nicht nur gegen das Urteil des Bundesarbeitsgerichts, sondern auch gegen das der Luxemburger Richter. »Mit unserer Verfassungsklage wenden wir uns dagegen, dass theologische Kernfragen von Juristen entschieden werden«, so der Kirchenfunktionär.

Michael Herl

Himmel und Hölle
Über irdische Gottesfurcht, himmlische Wunder und anderen religiösen Mumpitz

Ist der Tod eine ernste Sache? Nun, die einen sagen so, die anderen so. Ich habe schon viele Menschen sterben sehen. Manche dämmerten einfach so dahin, anderen blieb ein Lächeln auf den Lippen stehen. Eine gute Freundin sang gar plötzlich trotz fürchterlicher Schmerzen ein Liedlein: »*Morning has broken*«. Mit brüchiger, aber dennoch fester Stimme. Nie zuvor hatte ich sie jemals singen hören. Oder meine Mutter. Sie wollte nochmal an einer Zigarette ziehen. Tat's – und verschied. Ich rauchte die Kippe dann zu Ende. So starben sie alle auf die verschiedensten Arten und Weisen. Man könnte sagen, sie starben, wie sie lebten. Die einen langweilig, die anderen unterhaltsam. Es gab sogar welche, die noch im Dahinscheiden lauthals auf sich aufmerksam machen wollten. Wichtigtuer halt, schon immer gewesen. Immer im Mittelpunkt stehen wollen. Andere machten wie Zeit ihres Lebens kein Aufhebens um sich, wollten ja niemandem zur Last fallen, möglichst unbemerkt hinübergleiten ins Andere – oder ins Nichts. Trotz verschiedenster Verhaltensweise, irgendwie besinnlich wurden sie alle. Logisch. Zu Weihnachten wird man ja auch besinnlich, denn man weiß schließlich nicht, was man geschenkt bekommt. Und nun, am Ende eines Lebens, kommt ja etwas ganz Besonderes auf einen zu. Etwas, das man noch nie erlebt hat. Selbstverständlich hält man da erst mal inne und harrt dessen, was da gleich kommen wird. Das Es ist ein Er. Ein Er, der schon draußen vor der Tür steht – und den kurzen, aber prägnanten Namen »Tod« trägt.

Viele Menschen zeigen vor dem Tod zwar Respekt, aber keine Furcht. Angst haben sie eher vor dem Vorgang des Sterbens. Der kann ja auch mit beträchtlichen Qualen verbunden sein, da hat man schon gar Grausliches gehört oder erlebt. Hat man das Sterben hingegen so gut wie hinter sich gebracht, spürt man, dass es in wenigen Sekunden vorbei sein wird, schwindet diese Furcht mit einen Mal. Denn so doll kann es nun nicht mehr kommen mit dem Leiden, dessen ist man sich gewiss. Aber nun? Was kommt jetzt? Angst vorm Tod? Nein. Da bin ich mir ziemlich sicher. Ergreift einen da vielleicht sogar eine gewisse Neugier auf das, was da nun ansteht? Ist man sogar auf ein Nichts gespannt? Klingt langweilig. Oder erst recht spannend?

Nehmen wir mal meinen Opa väterlicherseits. Opa Karl war Zeit seines Lebens ein schelmischer Geselle gewesen. Nie um einen Witz verlegen, immer ein Grinsen im Gesicht, auch auf dem Sterbebett frotzelte er noch. Aber dann geschah Eigenartiges. Außer zu gesellschaftlich geforderten Anlässen wie Taufen, Konfirmationen oder Hochzeiten war mein Opa nie in die Kirche gegangen. Ich habe ihn auch nie beten hören. Ganz im Gegenteil. Manchmal hörte man ihn auf »die Pfaffen« schimpfen; warum, vermag ich nicht mehr zu sagen. Es kam aber mit Sicherheit nicht aus einem tiefen Hass auf jegliches Klerikale heraus, es war eher ein Schimpfen, wie man halt so schimpft. So wie auf das Finanzamt, auf das schlechte Wetter oder halt ganz allgemein auf »die da oben«. Weil die ihr eigenes Ding machen und keine Rücksicht nehmen auf den kleinen Mann. Und das gilt nun mal gleichermaßen für Politiker, Regenwolken und selbsternannte Abgesandte eines angeblich existierenden Gottes.

Als ich neben meinem Opa am Sterbebett saß, tat sich Unerwartetes. Zuerst war alles ganz normal. Opa Karl atmete tief durch, schlug noch einmal die Augen auf und setzte an, etwas zu sagen. Ich dachte zuerst, nun würde er mir noch eine finale Lebensweisheit mitgeben, etwa »Sauf' dich nicht mehr als voll« oder so etwas in der Richtung. Es kam anders. In dem Moment, als er seine letzten Herzschläge verspürte, sagte er aber leise und versöhnlich: »Michael, ich geh' jetzt zu unserem Herrgott.« Ich stutzte. Was war nun plötzlich mit meinem Großvater los? War er binnen Sekundenbruchteilen verwirrt geworden, wo er doch eben noch vollkommen klaren Geistes anzüglich mit der Oma geschäkert hatte? Oder hatte er – wie in einem Fernsehquiz – im letzten Moment vor Ablauf seiner Zeit noch auf den Buzzer gedrückt, um doch noch den Hauptgewinn zu erlangen? Ich überlegte kurz, ob ich sagen sollte: »Ei Opa, glaubste wirklich, dass die dich jetzt noch nehmen, da oben?« Hatte er doch Zeit seines Lebens nichts dafür getan, um beim Herrgott und dessen Konsorten einen guten Eindruck zu hinterlassen. Also nichts, was man nach handelsüblicher Meinung dafür leisten muss, um vor dem Jüngsten Gericht eine »Bella Figura« abzugeben, sprich beten, Kirche besuchen, Klingelbeutel befüllen, all das, was Rabattmärkchen für den großen Sammelband zur Erlangung des Ewigen Lebens einbringen könnte. Opa hatte nichts von alledem getan. Was also will er nun plötzlich dort? Hätte ich ihm all das noch gesagt, es hätte seine Art von Humor getroffen. Vielleicht hätte er sich sogar totgelacht. Dennoch blieb ich still und drückte seine Hand. Man ist ja denn doch ein wenig irritiert, wenn ein geliebter Mensch von dannen geht. Opa starb, wir vergruben ihn, und natürlich sprach wieder einer dieser Pfaffen die üblichen Worte, die Opa zu Tode gelangweilt hätten. Später überlegte ich mir manchmal: Vielleicht wollte Opa Karl mit seinem »Ich geh' zu unserem Herrgott« auch einfach nur ein Witzchen machen und mich ins Bockshorn jagen? Das wäre gut möglich. Jedenfalls hat mich Opas Art abzuleben nachhaltig beeindruckt, sonst würde ich ja auch jetzt nicht dasitzen und darüber schreiben.

Nach jahrelangen Überlegungen bin ich zu dem Schluss gekommen: Opa hat das so gesagt, wie er auch bei einer Beerdigung die Hände zum Gebet faltete, in der Kirche die vom Pfarrer vorgegebenen Lieder mitstammelte und an Weihnachten etwas von einem angeblichen Erlöser sang, dessen Geburtstag gerade gefeiert werden soll. Opa war ein Mitläufer. Ihm war das ganze christliche Gesäusel wurscht, doch er machte mit, was mitgemacht werden musste. Allein schon wegen der Leute. Was wäre das für ein Getuschel gewesen, hätte Opa nicht wenigstens zum Schein mitgebetet. Am Ende hätte dann ich als kleiner Junge in der Metzgerei des strunzkatholischen Metzgers Huber kein Rädchen Fleischwurst mehr gekriegt – nur weil Opa nicht betete! Dieses Risiko war ihm zu groß. Das kann man einem Pfälzer Bub nicht antun.

Solche kleine Geschichten lassen einen natürlich schmunzeln. Der Hintergrund hingegen ist mehr als ernst. Wenn man überlegt, wie sehr die Religion selbst einen Freigeist wie meinen Opa von Kindesbeinen an beeinflusste, erkennt man, wie weit wir noch heute von einer liberalen Gesellschaft entfernt sind. Klar, die ganz schlimmen Zeiten scheinen vorbei zu sein. Ich hoffe mal, dass es heute keine Pädagogen wie meinen Volksschullehrer mehr gibt, der beim morgendlichen Pflichtgebet jedem, der nicht mittat, eine schallende Backpfeife verpasste. Auch Leute wie der Pfarrer, der mich als geistesgestört bezeichnete, nur weil ich als pubertierender Jüngling irgendeinen Psalm nicht auswendig zu lernen vermochte. Der Gotteskrieger kündigte an, mich nicht konfirmieren zu wollen. Das traf mich hart, waren doch bei dieser Veranstaltung reichlich Geschenke zu erwarten. Mein Vater – also Opa Karls Sohn und übrigens beinharter Agnostiker – war der gleichen Meinung und stattete dem Kirchenmann einen Besuch ab, bei dem es wohl recht lebhaft zugegangen sein soll. Jedenfalls geschah ein Wunder, und ich wurde in den Schoß der Kirche aufgenommen. Ich brauchte sogar als einziger keinen Bibelvers aufzusagen. Danach wurde ich von der buckligen Verwandtschaft mit prächtigen Gaben bedacht – und trat kurze Zeit später aus der Kirche aus.

Seither glaube ich felsenfest an Wunder – was mir nicht selten Hader mit gläubigen Christen einbringt. Ich bin da recht streitlustig, aber Christen sind halt nun mal so wunderbar leicht zu provozieren. Kommen sie doch hurtig an den Punkt, an dem sie keinerlei Argumente mehr vorbringen können. Logisch. Wie auch und woher? Glauben ist ein Produkt der menschlichen Großmannssucht. Im Gegensatz zur Laus, zum Olm, zum Wal und zu allen anderen nichtmenschlichen Geschöpfen haben wir uns im Laufe der Evolution eine durch nichts zu begründende Überheblichkeit angeeignet. Wir meinen, mit Gewalt alles und jedes erklären zu können – und haben ja auch so allerhand hingekriegt. Die Erfindung des Rads, der Wimperntusche und des Eierschneiders, die Nutzbarmachung des Feuers und die Reise zum Mond, das sind schon rechte beachtliche Leistungen. Diese Erfolge verleiten uns zu der Erwartung, auch das größte aller Rätsel lösen zu können, das da lautet: »Wo kommen wir her, wo gehen wir hin, und was sollen wir hier?« Da wir diese Frage nie beatworten konnten und es auch nie können werden, erdachten wir uns Götter – und schon war auch dieses Problem vom Tisch. Statt zu begreifen, dass wir uns irgendwann wie alles Irdische (und eines fernen Tages auch die Erde selbst) schlicht und einfach in unsere molekularen Bestandteile auflösen, um dann der allgemeinen Wiederverwertung zu dienen, glauben wir lieber an übersinnliche Mächte, die uns lenken, denen wir zu gefallen haben und die entscheiden, ob wir nach unserem Tod irgendwo weiterleben, wo es viel schöner ist als hier. Wir halten uns also für möglicherweise unsterblich.

Nur unser Körper bleibt übrig, und auch dafür haben wir ein beschönigendes Wort erfunden. Nicht Leichnam, erst recht nicht Kadaver oder totes Material, sondern »Sterbliche Überreste«. Selbst hier stellen wir uns noch über das Tier. Oder wer wollte schon »Sterbliche Überreste eines Schweins Wiener Art mit Pommes und Salat« essen wollen? Das ist nicht nur unappetitlich, sondern aus Sicht der Gläubigen unmöglich. Denn Schweine beten nicht und bauen sich keine Kirchen, Moscheen, Tempel oder Synagogen. Also haben sie im Himmel nichts verloren und sterben im Ganzen, nicht nur resteweise.

In diesen wesentlichen Punkten unterscheidet sich das Christentum also in nichts von allen anderen Glaubensrichtungen und ist auch vollkommen identisch mit denen diverser Urstämme, die wir allerdings gewohnt überheblich als »Primitive Religionen« bezeichnen. Um diesen armen Menschen mit ihrem hemdsärmeligen Glauben zu helfen, zogen wir denn jahrhundertelang hinaus in die Welt, diese bemitleidenswerten Geschöpfe zu bekehren, zu »christianisieren«, wie wir es nannten. Wir taten dies genauso wie jene Radikal-Islamisten, die wir heutzutage wegen ihrer Brutalität anprangern. Wer nicht an unseren Gott glauben wollte, wurde zu Tode geprügelt, gerädert oder auf dem Scheiterhaufen verbrannt. Die anderen ernannten wir zu unseren Leibeigenen und ließen sie uns als Sklaven dienen. Das tun wir heute nicht mehr, jedenfalls nicht mehr in dieser einfachen Form. Wir haben subtilere Mittel gefunden. Denn noch immer hat sich der Virus »Christentum« tief in unserer Gesellschaft und unserer Staatsform eingenistet. Oder warum wehren wir uns so sehr gegen den Zuzug von Menschen aus islamischen Ländern? Warum müssen Synagogen von der Polizei bewacht werden? Warum kommen Kirchensteuern nur den christlichen Kirchen zugute? Warum arbeiten nur christliche Theologen als Lehrkräfte an unseren Schulen, übrigens vom Staat bezahlt und nicht von den Kirchen? Warum sitzen in den Rundfunkräten der öffentlich-rechtlichen Sender immer noch verkrustete und weltfremde Kirchenvertreter und erwirken stundenlange Live-Übertragungen päpstlicher Hokus-Pokus-Veranstaltungen in Rom? Warum fließen neben den Kirchensteuern auch immense Anteile unserer sonstigen Abgaben den Kirchen zu?

Doch nach alter Tradition wehrt sich das Christentum nicht nur gegen vermeintliche Gegner von außen, auch Abtrünnige in den eigenen Reihen werden verfolgt, gestellt und eliminiert. So gestehen Staaten der Katholischen Kirche noch immer ein eigenes, nach außen geschlossenes Rechtssystem zu. So dürfen laut Kirchenrecht immer noch Arbeitnehmer gekündigt werden, wenn sie nach einer Scheidung wieder heiraten. Katholische Ärzte werden eher eingestellt als un- oder andersgläubige, ohne Berücksichtigung einer womöglich besseren medizinischen Qualifikation. Oder diese Missbrauchsfälle durch »Würdenträger«. Nur wenige werden bekannt, die allermeisten durch die katholische Gerichtsbarkeit gedeckt und nie geahndet. Die Dunkelziffer ist da unermesslich. Sind all diese Beispiele eines modernen Gesellschaftssystems auch nur im Ansatz würdig – oder erinnern sie nicht eher an das finsterste Mittelalter? Glaube bedeutet das Abhandenkommen jeglicher Rationalität. Der Verstand wird systematisch ausgeschaltet, nicht nur im Christentum, sondern bei ausnahmslos allen Glaubensrichtungen.

Warum sonst robben Menschen an Wallfahrtsorten hohe Berge hoch, um dort für ihr letztes Geld einen Liter sündhaft teures, angeblich »geweihtes« Wasser zu kaufen? Warum waschen sich Menschen im Ganges rein, obwohl zwanzig Meter flussaufwärts einer mitten im Strom an seinem LKW einen Ölwechsel vornimmt und weitere fünfzig Meter weiter gerade die halbverbrannten Reste eines verblichenen Opas in den Fluss geworfen wurden? Warum soll man freitags kein Fleisch essen? Warum wird einem Wasserbüffel bei lebendigem Leib der Hals durchgesäbelt, um dann die besten Stücke des Tieres dem Geistlichen zu geben und den Rest irgendwelchen Göttern zu opfern? Warum sollen Menschen vor Sonnenuntergang nichts essen und nichts trinken, um dann schlagartig reinzuhauen, als gäbe es kein Morgen? Warum kein Fleischiges zusammen mit Milchigem essen, also zum Beispiel kein Zürcher Geschnetzeltes und keine Blutwurst mit gebratenen Zwiebeln, Äpfeln und Kartoffelpüree? Warum lässt man christliche »Notfall-Seelsorger« auf schwer traumatisierte Unfallopfer los? Sind die nicht genug gestraft?

Das erinnert doch an die Pannenhelfer des ADAC, die einem in großer Not eine Mitgliedschaft aufschwatzen wollen! Und warum soll man sich jeden Tag zu vorgeschriebener Stunde auf den Boden werfen und in Richtung Mekka verrenken? Warum muss man sich von einem Pfarrer eine trockene Oblate in den Mund schieben lassen, von der er auch noch behauptet, das sei der Leib Christi? Warum dürfen katholische Priester keinen Sex haben, obwohl jeder seit Jahrhunderten weiß, dass sie es wahlweise mit ihren Haushälterinnen oder den Messdienern oder gleich mit beiden treiben? Warum sollen siebzig angeblich im Jenseits wartende Jungfrauen so verlockend sein? Was soll man denn mit denen anfangen? Am iPhone daddeln? Oder Fangen spielen? Oder Pferdezeitschriften lesen? Oder warum sollen junge Mädchen einem geifernden Alten im Halbdunkel des Beichtstuhls von ihren ersten sexuellen Erlebnissen erzählen? Oder was haben Kirchenmänner in weltlichen Schulen verloren? Vereinfacht ausgedrückt, passiert dort doch ständig Folgendes: Einmal in der Woche kommt ein älterer Herr in einem ulkigen Mantel und mit einem lustigen Käppi in die Schule und erzählt den Kindern Märchen. Er berichtet von einem Troll, der ohne Surfbrett über einen See gehen, Wasser in Fanta verwandeln und aus einem Fischstäbchen viele tausend Fischstäbchen machen konnte. Wenn es so wäre, wäre dies in der Tat lustig. Hinter dem Mann hängt aber auch ein Holzkreuz an der Wand, an das ein schwerverletzter Mann genagelt wurde. Das Blut schießt ihm aus Händen und Füßen, er wurde gefoltert. Das macht den Kindern Angst. Und es geht noch weiter. Der Mann hatte zwar selbst noch nie Sex, bindet den Kindern aber auf die Nase, Oralverkehr sei unzüchtig, Selbstbefriedigung Teufelszeug, Abtreibung Mord, am Karfreitag dürfe man nicht tanzen, und wer die Pille und Kondome benutze, der komme nicht zum lieben Gott in den Himmel, sondern müsse beim Teufel in der Hölle schmoren.

Das Bundesverwaltungsgericht hat entschieden, Grundschulen seien nicht verpflichtet, das Fach Ethik anzubieten – wohl aber christliche Religion. Ein skandalöses Urteil, das einmal mehr die Entwicklung von Kindern zu frei denkenden Menschen behindert. Zudem passt es nicht in eine Zeit, in der immer mehr Menschen den lieben Gott einen alten Mann sein lassen und den Kirchen den Rücken kehren.

Mein Vorschlag: Schafft doch einfach alles ab. Ändert das Grundgesetz und schreibt hinein: Religionsunterricht hat an einer öffentlichen Schule nichts verloren. Wer das Bedürfnis danach verspürt, der wende sich vertrauensvoll an seinen Pfarrer oder Pastor. Die haben Kirchen, da geht keiner mehr hin, da ist immer Platz. Oder schickt sie meinetwegen in eine Klosterschule. Die klagen sowieso über fehlenden Nachwuchs. Ein Verzicht auf jegliche Bet-Beschulung würde außerdem auch die Diskussion um Religionsunterricht nicht nur für christliche Kinder, sondern auch für muslimische, jüdische, hinduistische, buddhistische, russisch-orthodoxe und griechisch-orthodoxe ein für alle Mal beenden. Also: Befreit die Kinder generell von dem Kokolores, erlöst sie von dem Übel. Außerdem sind die heutzutage eh überschult und freuen sich, wenn sie ein Stündchen länger spielen können, statt sich Märchen von irgendwelchen obskuren Fische-Vermehrern anhören zu müssen. Und unsere Gesellschaft wäre ein Stück weiter weg vom Gottesstaat, den wir zweifellos nach wie vor haben. Der Mumpitz hat System – und das nennt man Glauben.

Bedürfte es für diese These einer weiteren Begründung, so führe man noch diese ganzen Heiligsprechungen an. Papst

Johannes Paul II. zum Beispiel wurde 2013 feierlich in den Stand der Heiligen gehoben. Er habe ein Wunder vollbracht. So was steht nicht in einem Satiremagazin, sondern auf den Politikseiten aller seriösen überregionalen Zeitungen. Er habe eine an Parkinson erkrankte Französin geheilt (womit er sich schon seine Seligsprechung eingeheimst hatte), später dann eine Frau aus Costa Rica mit Schädel-Hirn-Trauma. Deswegen wurde er schließlich zum Heiligen ernannt. Wie viele Millionen Notärzte könnte man mit dieser Argumentation heilig sprechen – und zwar mit mehr Fug und mehr Recht als den Papst, denn sie retteten wissenschaftlich begründbar unzählige Leben? Und zwar mit Wissen, Erfahrung und den Mitteln moderner Medizin – und nicht mit jahrmarktreifem Handlauflegen.

Sollte es so einfach sein, heilig zu werden, hätte auch ich so einiges Heiligenmaterial aufzubieten. Da ja alles ein wenig her sein muss, gehe ich mal in mein früheres näheres Umfeld. So käme meine Mutter in Frage wegen ihrer Markklößchensuppe. Dann meine Oma Frida wegen ihrer Dampfnudeln, Oma Elsa wegen ihres Frankfurter Kranzes, der Metzger Heist in der Pirmasenser Schlossstraße wegen seiner geräucherten Blutwurst, der Bäcker Würtz in der Kronenstraße wegen seiner Brezeln und Heinz Satter, der ehemalige Wirt der Pilsstube im Sandweg, wegen seines sensationellen Sieben-Minuten-Pilses in der Tulpe und wegen seines Tutto-Wecks. Das war ein Laugenbrötchen, belegt in der Art einer in den siebziger Jahren beliebten »Pizza Tutto« mit Schinken, Salami und Pilzen und überbacken mit Käse. Und dann natürlich Irene wegen ihrer famosen Brüste.

Aber kehren wir zurück zu meinem Opa. Den nämlich würde ich als allerersten heiligsprechen. Der nämlich war in der Lage, Formidables zu tun: Opa Karl konnte machen, dass Luft stinkt! Und zwar nicht nur ein bisschen, sondern raumfüllend. Das sollte erst mal eine Seligsprechung rechtfertigen. Die zum Heiligenstatus nötige zweite Tat verrichtete Opa Karl gleich mit. Denn während er das erste Wunder vollbrachte, furzte er auch den Radetzkymarsch. Und? Nun? Ist das genug? Wohl schon. Ergo: Santo Subito, Opa Karl!

Und Opa meinte es bekanntlich gut mit mir. Bewahrte er mir doch mein regelmäßiges Rädchen Fleischwurst, indem er den strunzkatholischen Metzger Huber friedlich stimmte und das Lügengebäude der christlichen Religion nicht in Frage stellte. In erster Linie – das sei Opa zugestanden – dachte er dabei aber an sich selbst. Wenn er alle paar Jahre mal ein Gebet mitmurmelte, hatte er ansonsten seine Ruhe. Wäre ich ihm früher auf die Schliche gekommen, hätte ich das sicherlich kritisiert. War ich doch ein politisch renitenter Jüngling und häufiger auf Demos als zu Hause. »Opa, Du musst dich doch auflehnen gegen die menschenverachtenden Strukturen dieses Gottesstaats« hätte ich zu ihm gesagt, oder irgendetwas Ähnliches. Opa hätte jedoch gewiss nur gelächelt und vielleicht gesagt »Ja, hast ja recht. ...« und weitergelächelt. Meine Kritik wäre auch unberechtigt gewesen. Opa nahm nämlich längst nicht alles hin, was von oben verordnet wurde. Vielleicht hat er sich auch nur einmal aufgelehnt in seinem Leben – als es wirklich darauf ankam. Als die Staatsreligion Christentum abgelöst wurde durch den Nationalsozialismus. Als Gott plötzlich Adolf hieß. Und als all die guten Christenmenschen sich daran machten, »Lebensunwertes Leben« zu vernichten und in bewährter alter Christentradition »Hurra« schreiend in den Krieg rannten. Logisch, dass man sich seine Kanonen von Militärpfarrern segnen ließ und mithalf, Angehörige einer falschen Religion in Vernichtungslager zu treiben – um sogar dort Lagerpfarrer ihres Amtes walten zu lassen. Noch rasch ein Vaterunser, und dann ab in die Gaskammer. Womöglich fühlten sich die Nazipfaffen gar nicht als Täter. Hatten sie doch dafür gesorgt, dass der dreckige Jude, kurz bevor er elendig erstickte, noch den Herrn um Vergebung seiner Sünden gebeten hatte. Das ist praktizierte Nächstenliebe. Eine Berufsauffassung, die im Übrigen noch heute zu finden ist. Man denke nur an die Pfarrer in den Vereinigten Staaten, die zum Tode Verurteilten noch die letzte Ölung erteilen, um dann als Zeuge zuzusehen, wie er auf dem Elektrischen Stuhl, am Galgen oder mit einer Giftspritze ermordet wird. Das Gebot »Du sollst nicht töten« wird da mal kurz außer Kraft gesetzt, natürlich vollkommen legitim, geschieht es doch im Namen des Herrn.

Mein Großvater mütterlicherseits war übrigens auch mittenmang im Krieg dabei. Ein großer, stattlicher, blauäugiger Mann, ein Arier wie aus dem Bilderbuch und strammer Katholik. Er war schon früh der SS beigetreten, natürlich ohne eigenes Zutun, wie in der Familie immer betont wurde. Er war nämlich Pferdenarr, als solcher im Reiterverein, und der wurde zwangsweise der SS unterstellt. So schnell passieren einem Dinge, für die man nichts kann. Er war denn auch an der Front, in Russland, wurde gemunkelt, doch niemand wusste Genaueres. Er selbst schwieg zu dem Thema und nahm seine Erlebnisse und womöglich auch seine Schuld mit ins Grab. Seine Frau gedachte seiner lange, indem sie sich immer vor dem Radio auf die Knie warf, sobald dort eine Ansprache des Papstes übertragen wurde.

Anders die ungläubigen Großeltern väterlicherseits. Als alle Schüler der Stadt zur Hitlerjugend rekrutiert werden sollten, wackelte Oma auf den Exerzierplatz und zog meinen heulenden Vater am rechten Ohr von dort weg und nach Hause. Vater wollte natürlich dort bleiben, hatte man den Knaben doch spannende Wettkampfspiele, Zeltlager, Nachtwanderungen und Lagerfeuer versprochen. Oma hatte das böse Spiel durchschaut und schaffte es irgendwie, ihren Knaben vor der Nazijugend zu bewahren. Auch Opa Karl kriegte es irgendwie hin, der Einberufung zu entgehen. Er war jahrelang bei der »Technischen Nothilfe« und löschte Feuer und barg Tote und Verletzte nach Bombenangriffen. Als man ihn kurz vor Kriegsende doch noch zum »Volkssturm« ziehen wollte, versteckte er sich im Wald. Opa wurde also fahnenflüchtig, in meinen Augen eine Großtat und der bestechendste Grund, ihn heiligzusprechen. Denn Deserteure sind meines Erachtens die größten Heiligen der vergangenen Jahrhunderte. Hätten mehr diesen Mut aufgebracht, wäre der Welt gewaltiges Unheil erspart geblieben. Mein Opa verbrachte einige Wochen im Wald und wurde schließlich von den heranrückenden Amerikanern aufgebracht. Eine höchstgefährliche Situation, sie hätten ihn grußlos abknallen können. Mein schlotternder Opa aber muss solch ein armseliges Bild abgegeben haben, dass die US-Soldaten nicht im Traum daran dachten, diese Gestalt könnte ein verkleideter Nazi sein. »*Go home*«, sagten sie zu ihm – und für Opa war der Krieg vorbei. Außerdem hatte er als Kollateralnutzen die einzigen zwei Wörter Englisch seines Lebens gelernt.

Oma und Opa waren keine Widerstandskämpfer. Sie waren eigentlich vollkommen unpolitische Leute. Doch sie hatten einen tief verwurzelten Spürsinn für Ungerechtigkeit und einen Glauben an das Gute. Urchristliche Werte, könnte man meinen. Doch die »Christen«, das waren die anderen.

Die ständig in die Kirche rannten, aber als erste den rechten Arm hoben. Karl Marx' Aussage »Religion ist das Opium des Volkes« hört man mittlerweile an jedem Stammtisch. Doch dadurch wird sie nicht weniger richtig. Denn Menschen unter Drogeneinfluss sind immer zu fürchten.

ADRIAN GILLMANN

Menschen, zur Säkularität, zur Freiheit!

Laizität als Religions- und Weltanschauungspolitik für das 21. Jahrhundert – oder: Warum der Bürger immer vor dem Gläubigen kommt

In geselligen Runden gehört es sich meist nicht, über Politik und Religion zu reden, denn dies sorgt oft für gesenkte oder gereizte Stimmung. Lieber gibt man sich als religiös, unmusikalisch oder politischer Laie aus, als am Ende noch Partei für unliebsame Themen zu ergreifen. Könnte man das schon Alltagslaizität nennen?

Weil man sich die Freiheit nimmt, gewisse Themen neutral oder gar nicht zu behandeln? Hält es die Politik nicht genauso mit der Religion, wenn man von Laizität spricht? Eine begriffliche Deutung der Laicité, abgeleitet von »Laios« (griechisch: das Volk, die Nation), verweist auf die Gegensätze von Laien gegenüber Priestern und damit auf die historische Verankerung in der antiklerikalen Bewegung des Laizismus in Frankreich.

Nicht von ungefähr stammt die erste Definition von dem französischen Pädagogen, Politiker und späteren Friedensnobelpreisträger Ferdinand Buisson. Er beschrieb 1881 seine Vision von einem »laizistischen Staat, der gegenüber allen Religionen neutral und gegenüber allen Priestern frei ist«, von einem Staat also, in dem die Bürger vor dem Gesetz gleich sind mit »Rechten ohne religiöse Bedingungen« und der »Freiheit aller Religionen.«[1]

Es ging demnach schon von Beginn an weniger um eine eindeutig antireligiöse Bewegung, vielmehr galt es, die zu enge Identität und Verzahnung des französischen Staates mit der katholischen Kirche aufzubrechen. Dieser Emanzipationsprozess von der organisierten Religion der Macht, beziehungsweise die laizistische Trennungspolitik des republikanischen Regimes, ist jedoch gemischt zu bewerten.[2] Einerseits nahmen die Gesetze von 1905 der Kirche ihren öffentlich-rechtlichen Status und setzten in der Bildungspolitik eigene Akzente. Andererseits konnte sich die katholische Kirche als unabhängige Körperschaft weiter entfalten, diplomatische Beziehungen zum Vatikan wurden wieder aufgenommen und die Zuschüsse für kirchliche Privatschulen nahmen eher zu als ab. Unter Nikolas Sarkozy wurde sogar eine politische Wiederannäherung an das Christentum betont, nicht zuletzt wegen der stark polemisch geführten Debatte um die islamische Religion.[3]

Ohne weiter auf den Fall Frankreich einzugehen, zeigt sich das Dilemma einer Laizität, die sich nur über negative Trennungspolitik allein definieren will. Diese negative Laizität erschöpft sich ganz in einer institutionellen Trennung von Staat und Kirche, weshalb sie es auch etwaigen Gegnern leicht macht, sie mit einer religionsfeindlichen Ideologie zu vergleichen und auf eine Art Kirchenkampf aus dem 19. Jahrhundert zu reduzieren. Der Philosoph Michael Schmidt-Salomon, der die offene Gesellschaft und einen kämpferischen Säkularismus vorantreiben will, weist deshalb jede Gleichsetzung mit einem Laizismus von sich, der die »Tabuisierung von Religion« zum Ziel hat.[4]

Für den kanadischen Philosophen und Politikwissenschaftler Charles Taylor ist Laizität hingegen ein »wesentlicher Bestandteil einer jeden liberalen Demokratie«,[5] denn sie sorgt für eine positive Distanz des Staates zu allen Religionen und Weltanschauungen. Sie steht für moderne, plurale Gesellschaften, in denen BürgerInnen nicht mehr in Gänze, geschweige denn mit einer eindeutigen Mehrheit, einer bestimmten Religion oder Weltanschauung zuzuordnen sind. Es ist ein Kennzeichen des Säkularen Zeitalters, welches für ihn gerade kein eindeutig religionsfreies oder gottloses darstellt. Vielmehr sei Religion zu einer Option unter anderen geworden. Die vielen Geschichten des »Glaubens und Unglaubens« ergänzen sich, bekämpfen sich und fächern sich aus.[6] Säkularisierungsprozesse bedeuten demnach nicht nur die Erzählung des Niederganges von Religion, sondern ebenso die Bildung neuer Formen von Religion, Agnostik, Atheismus, Humanismus, generell also von Varianten moralischer Vielfalt. In diesem weiten Feld der Orientierungen kann eine positive Laizität (oder auch politische Säkularität) zur Grundhaltung avancieren, die Freiheit, Pluralität und Gleichberechtigung als Werte vertritt. Dabei ist ihr eigen, dass zwischen Prinzipien oder Zwecken und ihren Verfahrensweisen oder Mitteln unterschieden wird.

»Die Laizität ist ein Modus politischen Regierens, der auf zwei grundlegenden Prinzipien beruht, nämlich der gleichen Achtung und der Gewissensfreiheit, sowie auf zwei Verfahrensmodi, nämlich der Trennung von Staat und Kirche und der Neutralität des Staates gegenüber den Religionen und säkularen geistigen Strömungen.«[7]

Eine positive Laizität für das 21. Jahrhundert hat umfassende Religionsfreiheit, Gleichberechtigung, Emanzipation und

Integration zum Ziel. Schließlich sollen die Menschen glauben dürfen, was sie wollen – dies darf nicht zu Vor- oder Nachteilen führen. Ihre individuelle Freiheit sollte gestärkt werden und alle sollten sich mit einem solchen Gemeinwesen grundsätzlich identifizieren können.

Dabei geht es um mehr als die freie Religionsausübung, wenn eine umfassende Religions- und Weltanschauungsfreiheit berücksichtigt wird, infolge deren ein Mensch einer, keiner oder wechselnden Religionen und Weltanschauungen angehören kann. Hier bietet der Religionswissenschaftler Michael Blume, der auch zu Säkularisierungsprozessen im Islam Stellung bezogen hat, eine aktuelle Definition von umfassender Religionsfreiheit:

»Das Recht, seine vor allem durch die Familie tradierten religiösen und nichtreligiösen Überzeugungen ab der Jugend abzuwägen, verschiedene Formen von Wissen anzustreben, dabei bejahend oder verneinend aus dem Reichtum der Weltkulturen zu schöpfen und schließlich Mitgliedschaften in selbstgewählten Familien, Verbänden und Gemeinschaften zu suchen, bildet die Grundlage auch aller wirtschaftlichen und politischen Freiheit.«[8]

Die Merkmale einer völlig identitären Religion (einmal Buddhist, immer Buddhist; der 100-Prozent-Christenmensch) werden dabei als Teil des Problems und nicht der Lösung angesehen. Säkulare Religionspolitik lebt gerade von der Spannung, dass das freie Individuum sich zwar für eine religiöse und weltanschauliche Option entschieden hat, welche die moralische Identität bestimmt, aber nicht den ganzen Menschen als solchen und vielleicht auch nicht ein Leben lang. Wer heute Christ ist, könnte morgen Atheist und übermorgen vielleicht Buddhist sein. Unglaublich? Nein, das ist säkular!

Ebenso wichtig ist das Prinzip der »gleichen Achtung«, das eine grundsätzliche Gleichberechtigung zum Ziel hat, die alle Religionen gleichermaßen und besonders die verfassungsrechtliche Gleichstellung von Religionen und Weltanschauungen betrifft.

Diese hat der Verfassungsrechtler Horst Dreier ausdrücklich als Merkmal eines säkularen – und damit positiv laizitären – Staates hervorgehoben.

»Die Areligiosität, Irreligiosität oder gar Antireligiosität wird der Religiosität verfassungsnormativ gleichgestellt – denn Weltanschauungen können bekanntlich auch dezidiert areligiöse oder antireligiöse Philosophien oder sonstige Welterklärungsmodelle umfassen.«[9]

Folglich ergeben sich die »Verfahrensmodi« oder auch Mittel der Laizität direkt aus den Zwecken, denn nur die Trennung von Staat und Kirche sowie eine staatliche Neutralität, die darauf abzielt, dass das Gemeinwesen möglichst eine Äquidistanz zu allen Religionen und Weltanschauungen einnimmt, garantieren umfassende Religionsfreiheit sowie Gleichberechtigung. Dies gilt vor allem in Gesellschaften, in denen nicht mehr nur zwischen staatlicher und privater Sphäre unterschieden werden kann. Müssen sich alte Slogans wie »Religion ist Privatsache« nicht der Tatsache stellen, dass eine vielschichtige zivilgesellschaftliche Öffentlichkeit besteht und mediale Möglichkeiten die Handlungsspielräume deutlich erweitern? So wie Staat und Politik auch im Internet mitmischen, verlagern sich Präsenz und Darstellung von Religionen und Weltanschauungen in digitale Räume. Dort beteiligen sich alle Akteure am »Kampf um symbolische Räume«.[10] Während eine staatlich-politische Öffentlichkeit, die vor allem durch staatsrepräsentative Institutionen und Personen gebildet wird, unbedingt dem Trennungsmodus wie dem Neutralitätsgebot unterliegt, ist in der Zivilgesellschaft ein Wettbewerb der Weltanschauungen durchaus im Sinne der positiven Laizität zu verstehen. Ebendiese ist nicht als Religionspolizei, sondern als eine Art SchiedsrichterIn zu verstehen, die ihren Prinzipien immer wieder durch politisches Handeln Geltung verschafft und den gesellschaftlichen Veränderungen anpasst.

Praktische Laizität – politisches Handeln ist Trumpf

Wir können festhalten, dass die theoretischen Überlegungen zu einer positiven Laizität, im Sinne einer umfassenden Säkularität, Antworten auf die komplexen Fragen suchen, die sich in modernen, pluralistischen Demokratien ganz automatisch stellen. Sicher, Staatsreligionen und auch dem Staat als Religion wird eine Absage erteilt, das Staatswesen hat sich neutral zu gestalten, denn Religionen und Weltanschauungen sind als gleichberechtigt zu betrachten, die BürgerInnen sollen in ihren Religionen und Weltanschauungen frei sein und die Zivilgesellschaft möglichst vielseitige Möglichkeiten des Engagements bereithalten. Politik hat demgemäß einen säkularen Ordnungsrahmen zu gestalten und zu erhalten.

Was jedoch, wenn auf der jeweiligen politischen Ebene nicht ganz klar ist, welche Handlungen und Haltungen eindeutig Religion privilegieren oder diskriminieren? Wie kann im politischen Tagesgeschäft eine möglichst neutrale bis säkulare Position bezogen werden, wenn Politik doch schließlich auch Interessen vertreten soll? Bedeutet jede kulturelle Veranstaltung im Namen von Religions- und Weltanschauungsgemeinschaften schon Missionierung, und wie lässt sich zivilgesellschaftliche Teilhabe von unfairen Vorteilen trennen? Müssen religiöse Abgeordnete immer im Sinne ihrer Kirche, ihres Tempels oder ihrer Moschee handeln, oder macht dies nicht gerade ParlamentarierInnen aus, dass sie zwischen privaten und öffentlichen Interessen unterscheiden? Muss ein öffentlicher Unterricht Bekenntnisse vermitteln, oder sollte er nicht eher über Religionen wie Kulturen, deren Geschichte, Philosophien und Ethik aufklären?

LaizistInnen haben immer abzuwägen, was der individuellen Gewissensfreiheit wirklich nützt und was die offene Gesellschaft stärkt. Nicht umsonst unterscheiden Maclure und Taylor zwischen nötigen und unnötigen Ausnahmeregelungen aus Glaubensgründen, was allgemeine Gesetze betrifft. Gewissensentscheidungen, die tatsächlich die »moralische Identität« des Einzelnen betreffen, sind von einfachen Vorlieben oder willkürlichen Auslegungen zu unterscheiden.[11]

Neben Ausnahmen sind auch Lösungsvorschläge von Bedeutung, die Konflikte um die Kooperation von Staat und Kirche ebenso betreffen wie eine staatliche Kirchensteuer, eine generelle Finanzierung von Kirchen und Religionsgemeinschaften sowie das religiös-kirchliche Arbeitsrecht und ein nach Konfessionen trennender Religionsunterricht. Es darf keine Denkverbote geben, wenn Religionsgemeinschaften sich doch über eigene Beitragssysteme finanzieren könnten. Anstatt dass Religions- und Weltanschauungsgemeinschaften als Körperschaften öffentlichen Rechts behandelt werden, könnten sie ebenso gut auf der Grundlage des allgemeinen Vereins- oder Verbandsrechts funktionieren. Ein einheitliches Arbeitsrecht für alle, mit Rücksicht auf das Ethos jedes religiösen Unternehmens, muss keine Utopie sein. Auch ein integrativer Religionskunde- bzw. Ethikunterricht, der nicht nach Konfessionen trennt, sollte nicht an kulturwissenschaftlicher Religionswissenschaft, philosophisch ausgebildeten Menschen oder Konzepten multikonfessioneller Theologie scheitern.

Warum nicht Eltern und Kinder entscheiden lassen, indem man ihnen endlich entsprechende Angebote macht? Der Religionspolitiker Ullrich Willems moniert in seinem Aufsatz »Stiefkind Religionspolitik« den fehlenden politischen Willen von Parteien, endlich Reformen zu wagen, die einer pluralen Gesellschaft entsprechen und die Rechte Konfessionsfreier wie religiöser Minderheiten mehr beachten. Ist das nicht eine willkommene Chance für positive Laizität?

Die Zögerlichkeit der politischen Entscheidungsträger angesichts der religiösen Pluralisierung führt zu erheblichen Unsicherheiten und Irritationen. Denn die Bevölkerung ist unzureichend auf die Herausforderungen religiöser Vielfalt und die erforderlichen Reformen auf dem Feld der Religionspolitik vorbereitet (worden).[12]

Säkulare Religionspolitik – mehr Laizität wagen

Die Stärke laizistischer Prinzipien und ihrer politischen Konzepte liegt darin begründet, dass sie sich eine moderne Religions- und Weltanschauungspolitik zur Aufgabe machen. Laizität im Sinne politischer Säkularität möchte das

Zusammenleben verschiedener Weltanschauungen ermöglichen, den gesellschaftlichen Zusammenhalt stärken und progressive Vorschläge machen, wie Konflikte zwischen Weltanschauungen in politisch akzeptable Bahnen gelenkt werden können.

Dabei rüstet sie sich sehr wohl gegen alle politischen Gegner, gegen die Religion der Macht, die politischen FrömmlerInnen und alle LobbiystInnen, die sich Vorteile jedweder Art erhoffen, indem sie für eine identitäre Religion Partei ergreifen. Es gilt: Der Bürger kommt vor dem Gläubigen (Le citoyen prime sur le croyant).[13] Eine göttliche Herrschaft oder durch Götter legitimierte Herrschaft sollte im 21. Jahrhundert selbst CSU-WählerInnen nicht mehr überzeugen. Ja, in Bezug auf unsere demokratische Grundordnung sollten wir alle heimliche LaizistInnen sein, denn nur FundamentalistInnen und FanatikerInnen heißen eine totale Religion als Grundlage unserer politischen Ordnung für gut. Aktive säkulare Politik hört beispielsweise nicht mit der seit 100 Jahren überfälligen Beendigung der Staatsleistungen an die Kirchen auf, denn nur ReligionslobbyistInnen geben sich mit »Privilegien vor Prinzipien« zufrieden.

Neue Herausforderungen könnten entstehen, wenn die Biotechnologie und die digitale Transformation der Gesellschaft vielleicht sogar jene Datenreligion möglich werden lassen, die der Historiker Yuval Noah Hariri beschwört. In seinem Bestseller »Homo Deus« proklamiert dieser den vermeintlichen Sieg eines liberalen Humanismus über reaktionäre Religion und totalitäre Politik als vorläufig, denn neue Übermenschen wie auch intelligente Algorithmen stehen in den Startlöchern, um möglicherweise das Ende des bekannten Homo Sapiens einzuläuten:[14]

»Wenn wissenschaftliche Entdeckungen und technologische Entwicklungen die Menschheit in eine Masse nutzloser Menschen und eine kleine Elite optimierter Übermenschen aufspalten oder wenn die Macht vollständig von Menschen auf hochintelligente Algorithmen übergeht, wird der Liberalismus zusammenbrechen. Welche neuen Religionen oder Ideologien könnten das dadurch entstehende Vakuum füllen und die anschließende Evolution unserer gottgleichen Nachkommen steuern?«[15]

All diese trans-humanistischen wie auch digitalen Entwicklungen scheuen positiv Säkulare nicht, wenn sie ihre laizistischen Prinzipien politisch einsetzen und zur Geltung bringen. Dabei sind parteipolitische Färbungen eher zweitrangig, wenn in Deutschland mit den Säkularen SozialdemokratInnen, den Säkularen Grünen, den Liberalen Säkularen, den LaizistInnen in der Linken und den kleineren Parteien, wie der Partei der Humanisten, ein breites Spektrum an Gruppen Gelegenheit für Engagement bietet. Auch in den Religions- und Weltanschauungsgemeinschaften gibt es diverse säkulare Initiativen, die zu beachten sind, denn von innerreligiösen Bewegungen wie »Wir sind Kirche« bis zu der 2018 gegründeten Initiative Säkularer Islam wollen viele nicht mehr die alten, verkrusteten Machtstrukturen oder den politischen Klientelismus akzeptieren, der für die alte Religions- und Weltanschauungspolitik der BRD spricht.

Hier sind wir alle gefragt, denn Laizität als politische Säkularität hat die Vielzahl der weltanschaulichen Orientierungen in der offenen Gesellschaft ernst zu nehmen, wenn sie sich auf umfassende Gewissensfreiheit beruft. Sie ist nur für diejenigen antireligiös, die unter »Religion« eine identitäre und autoritäre verstehen. Erst wenn sich der abschließende Satz des berühmten »Arbeiterkaisers« August Bebel auch als inhaltlich historisch erweist, sind wir wirklich im 21. Jahrhundert angekommen:

»Die herrschende Klasse, die sich in ihrer Existenz bedroht sieht, klammert sich an die Religion als die Stütze aller Autorität, wie das jede herrschende Klasse bisher getan hat.«[16]

INGRID MATTHÄUS-MAIER

Staatskirche oder Rechtsstaat?

Was ich von einem weltanschaulich-religiös
neutralen Staat erwarte
Zwanzig notwendige Korrekturen

»Es besteht keine Staatskirche« – dieser entscheidende Satz in Art. 137 Abs. 1 der Weimarer Reichsverfassung, in das Grundgesetz übernommen durch Art. 140 GG, ist die Grundlage für das Verhältnis von Kirche und Staat in Deutschland. Das Bundesverfassungsgericht hat diesen Artikel dahingehend ausgelegt, dass das Grundgesetz »dem Staat als Heimstatt aller Bürger ohne Ansehen der Person weltanschaulich-religiöse Neutralität auferlegt. Es verwehrt die Einführung staatskirchlicher Rechtsformen und untersagt auch die Privilegierung bestimmter Bekenntnisse.«

In der Verfassungswirklichkeit haben wir wegen unzähliger Privilegien und Subventionen an die Kirchen längst zwei Staatskirchen, die mit einem enormem lobbyistischen Aufwand öffentlich, vor allem aber hinter den Kulissen den Staat, die Politik, die Verwaltung und die Rechtsprechung massiv beeinflussen. Für die nicht kirchlich gebundenen Menschen, immerhin jetzt schon etwa 37 Prozent der Bevölkerung, stellt sich die »Kirchenrepublik Deutschland« (Carsten Frerk) durch die dauernden Verstöße gegen ihre in Artikel 4 des Grundgesetzes garantierte Religions- und Weltanschauungsfreiheit jedenfalls unter diesem Gesichtspunkt nicht als »Heimstatt aller Bürger« dar. Um diese enorm enge Verquickung mit dem Staat zu festigen, bemühen die Kirchen sich auffällig oft darum, für die Muslime in Deutschland einen ähnlichen Status zu erreichen, um dann Arm in Arm zu Dritt Reformen zu verhindern.

Dabei geht es nicht darum, die Kirchen aus dem gesellschaftlichen Leben zu verbannen. Ziel ist allein, die verfassungswidrige Verknüpfung mit dem Staat zu beseitigen, mit der die Kirchen sich Sondervorteile vor anderen Gruppen in der pluralistischen Konkurrenz um gesellschaftlichen und politischen Einfluss verschaffen. Es zeigt sich auch, dass – wenn sich überhaupt etwas ändert – dies nur gegen den erbitterten Widerstand der Kirchen mit Hilfe der Gerichte geschieht. Die Politik (leider auch meiner Partei, der SPD) kann man in diesem Zusammenhang vergessen.

1. Ermittlungsmaßnahmen wegen Kindesmissbrauch

Von einem weltanschaulich-religiös neutralen Staat erwarte ich, dass seine Strafverfolgungsorgane in Sachen Missbrauch in der katholischen Kirche von sich aus, und nicht erst nach der Anzeige von renommierten Strafrechtsprofessoren, wie im Oktober 2018, strafrechtliche Ermittlungen aufnehmen. Nachdem die sogenannte Missbrauchsstudie der katholischen Kirche von Tausenden Fällen anonymisiert berichtet hat, war dies ein zwingender Anlass für Ermittlungen von Polizei und Staatsanwaltschaft. Denn die vorliegenden tatsächlichen Anhaltspunkte überschreiten bei weitem die Schwelle für die Annahme eines Anfangsverdachts nach § 152 Abs. 2 Strafprozessordnung (StPO). Bei der Blockadehaltung der meisten Bischöfe, denen offensichtlich der Wille zur Aufklärung fehlt, weil Täter und Vertuscher bis weit hinein in die Spitze der katholischen Kirche vertreten sind, muss der Rechtsstaat der moralisch versagenden Institution zeigen, dass die persönliche Verantwortung der Täter und der untätig gebliebenen Bischöfe geklärt und geahndet wird, wie es zum Beispiel in den USA und Irland längst praktiziert wird. Dass sich trotz dieses offensichtlichen Versagens der katholischen Kirche und der Wahrscheinlichkeit, dass systembedingt auch in Zukunft eine erhöhte Gefahr der Wiederholung solcher Fälle besteht, die Politik immer noch weigert, an den Abbau oder wenigstens die Verringerung der vorhandenen Privilegien heranzugehen, halte ich für ein schweres Versagen der Politik.

2. Reichskonkordat, Länderkonkordate und Staatskirchenverträge

Von einem weltanschaulich-religiös neutralen Staat erwarte ich, dass er das Reichskonkordat zwischen dem Vatikan und Hitlerdeutschland vom 12. September 1933 aufhebt, wie es Italien, Spanien und Portugal mit ihren unter faschistischen Regierungen geschlossenen Konkordaten gemacht haben. Die katholische Kirche hat darin Privilegien erhalten, die ihr in der gesamten Weimarer Republik unter demokratischen Regierungen verweigert worden sind.

Die Kirche eröffnete umgekehrt den Nazis Befugnisse, die bis heute gelten. So wundern sich immer wieder Bürger, warum ein neuer Bischof vor dem Ministerpräsidenten eines Bundeslandes einen Eid ablegen muss: das ergibt sich aus Artikel 16 des Reichskonkordats. Und die Institution der Militärpfarrer datiert ebenfalls aus dieser Zeit. Sie ist heute im »Militärseelsorgevertrag 1957« niedergelegt und kostet den Staat pro Jahr etwa 30 Millionen Euro, einschließlich vom Staat finanzierter Soldaten-Wallfahrten, zum Beispiel nach Lourdes. Seelsorge im Militär ist keine staatliche Aufgabe, sondern sollte allein den Religionsgesellschaften obliegen.

Zu überprüfen ist außerdem die unübersehbare Zahl von Kirchenverträgen und Konkordaten, die den beiden Kirchen erhebliche Privilegien einräumen. Sie werden zwar von den Länderparlamenten beschlossen, diese jedoch haben auf die inhaltliche Ausgestaltung kaum Einfluss, weil der Inhalt auf Ministerialebene formuliert wird und das Parlament nur »Ja« oder »Nein« sagen kann. Meist noch mit einer »Ewigkeitsgarantie« versehen, gehören sie nicht in einen demokratischen Staat. Der Eifer, mit dem in den Neuen Ländern solche Verträge und Konkordate nach der Einheit installiert wurden, zeigt: Bei etwas mehr Zeit und öffentlicher Diskussion wären die dort enthaltenen Privilegien und Finanzzusagen angesichts von nur noch 20 Prozent Kirchenmitgliedern wohl so nicht abgenickt worden.

3. Ablösung der Staatsleistungen Art. 138 WRV iVm Art. 140 GG

Von einem weltanschaulich-religiös neutralen Staat erwarte ich, dass er nach nunmehr 100 Jahren Artikel 138 Absatz 1 Weimarer Reichsverfassung (WRV) umsetzt, damit der Staat und damit auch die Konfessionsfreien nicht mehr länger aus allgemeinen Steuermitteln die Gehälter von Bischöfen, Kanonikern, Domvikaren und anderen hohen Kirchenbeschäftigten zahlen. Artikel 138: »Die auf Gesetz, Vertrag oder besonderen Rechtstiteln beruhenden Staatsleistungen an die

Religionsgesellschaften werden durch die Landesgesetzgebung abgelöst. Die Grundsätze hierfür stellt das Reich auf.« Diesen »Ablösebefehl« einfach zu negieren, ist skandalös. Die Länder außer Hamburg und Bremen zahlen jährlich etwa 540 Millionen Euro an die Kirchen. Die Leistungen sollten für die Enteignung von Kirchenvermögen im Reichsdeputationshauptschluss von 1803 entschädigen. Allein seit 1949 haben die Staatsleistungen 20 Milliarden Euro betragen, davon seit der Deutschen Einheit über 2,2 Milliarden in den Neuen Ländern. Die Kirchen behaupten, sie seien zur Ablösung bereit, verlangen aber dafür eine milliardenschwere Schlusszahlung, da mit dem Begriff »Ablösung« 1919 ein Ende mit einer Schlusszahlung gemeint war. Das ist zutreffend. Nachdem die Kirchen aber jahrzehntelang zu Unrecht ein Mehrfaches dessen kassiert haben, was realistischerweise als »Ablösung« in Frage gekommen wäre, halte ich es für gerechtfertigt, die Zahlungen einfach zu beenden. Es kann keine Entschädigung mit Ewigkeitsgarantie geben. Der Bund muss endlich einen Vorschlag für ein »Ablösegesetz« machen.

Und dass die Kirchen diese Staatsleistungen bei einem riesigen Grundvermögen und Kirchensteuereinnahmen von über 12 Milliarden Euro jährlich benötigen, ist auch nicht dargelegt. Dieses allein führt über die steuerliche Absetzbarkeit zu Steuerausfällen von über drei Milliarden Euro.

4. Kirchensteuer (Staatsinkasso) und Zwangsverpflichtung der Arbeitgeber bei der Einziehung über die Lohnsteuer

Von einem weltanschaulich-religiös neutralen Staat erwarte ich, dass nicht der Staat für die Kirchen die Kirchensteuer einzieht, sondern dass die Kirchen ihren Beitrag selber einziehen. Dass der Staat dafür ein Entgelt erhält, macht die Sache nicht besser. Berufen wird sich für die heutige Praxis auf Art. 137 Abs. 6 WRV iVm Art. 140 GG. Dieser lautet: »Die Religionsgesellschaften, welche Körperschaften des öffentlichen Rechtes sind, sind berechtigt, auf Grund der bürgerlichen Steuerlisten nach Maßgabe der landesrechtlichen Bestimmungen Steuern zu erheben.« In der Weimarer Zeit wurde das so gehandhabt, wie es dem Wortlaut entspricht. Das Finanzamt überreichte den Kirchen die Steuerlisten mit den Daten und den Angaben über die gezahlte Lohn- oder Einkommensteuer. Darauf erhoben dann die Kirchen die Kirchensteuer als Annexsteuer. So wird es übrigens noch heute in Bayern für die Einkommensteuerzahler gehandhabt. Das Staatsinkasso ergibt sich aus der Weimarer Verfassung nicht.

Von einem weltanschaulich-religiös neutralen Staat erwarte ich, dass er nicht länger den Arbeitnehmer zwingt, auf der Lohnsteuerkarte seine Konfession anzugeben, und nicht länger den Arbeitgeber zwangsverpflichtet, die Lohnsteuer für die Kirchen aufgrund des Eintrags in der Lohnsteuerkarte einzuziehen. Bis 1933 wurde der Arbeitgeber an der Einziehung der Kirchensteuer nicht beteiligt. Erst im Zusammenhang mit dem Reichskonkordat wurde 1933 im »Reichssteuerblatt« für 1934 neu eingeführt, dass auf der Lohnsteuerkarte die Konfession vermerkt werden musste. Das Ergebnis war nicht nur, dass der Arbeitgeber von nun an von seinem Arbeitnehmer die Konfession oder auch die Nicht-Mitgliedschaft in einer Kirche erfuhr. Auch viele Arbeitgeber wollten nicht Vollzugsgehilfe für die Kirchen sein. Nach 1945 hat es zu beiden Themenbereichen Verfassungsklagen gegeben.

Zum einen klagte ein Arbeitnehmer dagegen, dass er trotz des eindeutigen Wortlauts in Art. 136 Abs. 1 WRV »Niemand ist verpflichtet, seine religiöse Überzeugung zu offenbaren« seine Konfession offenbaren musste. Das Bundesverfassungsgericht entschied 1978 allerdings, dass dies trotz des eindeutigen Wortlauts aus »Zweckmäßigkeitsgründen« erlaubt sei. Eine Grundrechtsverletzung beim Arbeitnehmer sei »noch nicht« anzunehmen. Aus meiner Sicht ein »eindeutig verfassungswidriges« Verfassungsgerichtsurteil!
Nicht anders erging es dem Arbeitgeber, der dagegen klagte, vom Staat zum Kirchensteuereinzug zwangsverpflichtet zu werden, auch wenn er gar nicht Mitglied einer Kirche sei. Die Verpflichtung des Arbeitgebers zum kostenlosen Einziehen der Kirchensteuer hielt das Bundesverfassungsgericht für so selbstverständlich, dass es die Verfassungsklage 1977 gar nicht erst zur Entscheidung annahm.

5. Steuer- und Gebührenvergünstigungen

Von einem weltanschaulich-religiös neutralen Staat erwarte ich, dass er die Kirchen nicht länger mit unzähligen Steuer- und Gebührenbefreiungen subventioniert. Sie sind befreit von der Körperschaftssteuer, der Erbschaftssteuer und der Grundsteuer. Alles was sie als öffentlich-rechtliche Körperschaft machen, gilt als gemeinnützig. Bei der Grunderwerbsteuer gelten Ermäßigungen. Allein durch die Befreiung bei der Grundsteuer, die auch für die Wohnungen der Bischöfe und Priester gilt, sowie für den riesigen Grundbesitz bis hin zu den verpachteten Gaststätten entgehen dem Staat nach Schätzungen etwa 850 Millionen Euro. Die genauen Zahlen sind bisher nicht festzustellen, da Fragen in mehreren Kommunalparlamenten mit dem Hinweis auf das Steuergeheimnis nicht beantwortet wurden. Der wissenschaftliche Beirat beim Bundesfinanzministerium empfiehlt schon seit Jahren die Aufhebung der pauschalen Steuerbefreiung der Kirchen von der Grundsteuer.

Versucht die öffentliche Hand – selten genug – von bestimmten Leistungen loszukommen, zum Beispiel bei den oft auf jahrhundertealten Verträgen beruhenden Kirchenbaulasten, wehrt sich die Kirche dagegen mit einer Rigorosität, die man nur als Gier bezeichnen kann.

Und wenn man liest, dass der Staat sich auch am Bau von Autobahnkirchen finanziell beteiligt, kann man nur ungläubig den Kopf schütteln.

In mehreren Bundesländern gibt es eine Befreiung von den Baugenehmigungsgebühren, den Notargebühren und von den Gerichtskosten (zum Beispiel Hamburg, Schleswig-Holstein und Saarland). Dass das die Prozessfreudigkeit der Kirchen, die gerade in Hamburg gerne gegen Presseorgane klagen, nicht gerade dämpft, ist offensichtlich. Dass es auch anders geht, zeigt Hessen, wo die Justizkostenfreiheit zum 1. Januar 2018 aufgehoben wurde.

6. Staatliche Finanzierung von Kirchentagen

Von einem weltanschlich-religiös neutralen Staat erwarte ich, dass er nicht Jahr für Jahr die evangelischen bzw. katholischen Kirchentage bezuschusst. Regelmäßig gibt es vom Bund, von den Ländern und von den Städten Kostenzuschüsse. Einige Beispiele der letzten Jahre in Millionen Euro:

- 2009 Bremen (EKT) 7,9
- 2011 Dresden (EKT) 7,9

- 2012 Mannheim (KT) 3,5
- 2015 Stuttgart (EKT) 8,6
- 2016 Leipzig (KT) 4,5
- 2019 Dortmund (EKT) 8,6

Die jeweilige Begründung, die Stadt würde durch die vielen Besucher mehr Einnahmen erwirtschaften, als sie als Zuschuss zahlt, ist längst widerlegt. Diese enorme Subventionierung eines kirchlichen Events verstößt eindeutig gegen die weltanschlich-religiöse Neutralität des Staates, zumal wenn der Anteil der Christen in einigen der genannten Städte bei deutlich unter 50 Prozent der Bevölkerung liegt. Die humanistische Kunstaktion »Archäologische Sensation: 11. Gebot gefunden! Du sollst Deinen Kirchentag selbst bezahlen!« mit einem überdimensionalen Moses spricht für sich.

7. Kirchenaustritt und Rasterfahndung

Von einem weltanschaulich-religiös neutralen Staat erwarte ich, dass ich nicht mehr gezwungen bin, beim Gericht, beim Notar oder beim Standesamt persönlich auszutreten, sondern durch schriftliche Erklärung an die Kirchen. In der Regel wird sogar eine Gebühr erhoben, die nur bei nachgewiesener Armut erlassen werden kann. Dass das bestehende Verfahren den Austritt erschweren soll, wird gar nicht erst bestritten.

Von einem weltanschaulich-religiös neutralen Staat erwarte ich, dass er mich davor schützt, in Berlin/Brandenburg noch Jahrzehnte nach dem Kirchenaustritt die Austrittserklärung aufzubewahren, wenn ich nicht Gefahr laufen will, zur Kirchensteuer veranlagt zu werden. Dort verschickt die Kirchensteuerstelle im jeweiligen Finanzamts-Bezirk beim Zuzug nach Berlin/Brandenburg im Auftrag der evangelischen Kirche in einem amtlichen Schreiben einen Fragebogen, in welchem gefragt wird, ob man der Kirche angehört. Wenn man bejaht, dass man einmal getauft worden sei, beginnt das Ungemach. Die Kirche prüft nach, ob es dort (ob Ost oder West) eine Austrittserklärung gibt (»Rasterfahndung« hat sich dafür eingebürgert). Falls sie keine findet, wird man aufgefordert, die Bescheinigung vorzulegen. Insbesondere viele Ostdeutsche konnten das nicht, obwohl sie jahrzehntelang nicht als Kirchenmitglied registriert waren und von den Eltern wussten, dass diese für die ganze Familie ausgetreten waren. Dann kam der Steuerbescheid mit zum Teil hohen Kirchensteuernachforderungen für die letzten drei Jahre. Dem zu entkommen, gab es natürlich die Möglichkeit, in die Kirche einzutreten. Die Unbarmherzigkeit, mit der die Kirche diese »Rasterfahndung« bis heute praktiziert, kann man nur noch mit dem Verhalten einer Drückerkolonne gleichsetzen.

8. Schutz von Grund-und Menschenrechten in kirchlichen Einrichtungen

Von einem weltanschaulich-religiös neutralen Staat erwarte ich, dass man nicht über sieben Instanzen klagen muss, um sich als Chefarzt in einem katholischen Krankenhaus erfolgreich gegen eine Kündigung wegen Verstoßes gegen die katholische Morallehre (Scheidung und Eingehen einer neuen Ehe) erfolgreich zur Wehr zu setzen. Obwohl die katholische Kirche schon 2010 eine Niederlage gegen eine entsprechende Kündigung eines Organisten vor dem Europäischen Gerichtshof für Menschenrechte in Straßburg erlitten hatte (Schüth-Urteil), ließ ihr das keine Ruhe. Nach Urteilen zugunsten des Chefarztes bei den Arbeitsgerichten erhob die Kirche Verfassungsklage. Das Bundesverfassungsgericht hob das Urteil auf und verwies die Sache an das Bundesarbeitsgericht zurück. Diese berüchtigte Chefarzt-Entscheidung vom 22. Oktober 2014 zeigt besonders eindrucksvoll die Verquickung von Staat und Kirche. Liest sie sich doch seitenweise wie ein katholischer Katechismus. Das Bundesarbeitsgericht ersuchte nun im Rahmen eines Vorlageverfahrens den Europäischen Gerichtshof in Luxemburg um Auslegung der europäischen Gleichbehandlungsrichtlinie (2000/78/EG). Mit Urteil vom 11. September 2018 entschied dieser, die Anerkennung des katholischen Eheverständnisses durch den Arzt sei keine wesentliche Voraussetzung für seine Tätigkeit. Die Kündigung sei als verbotene Diskriminierung nach Artikel 21 der Charta der Europäischen Union zu werten. Inzwischen hat das Bundesarbeitsgericht zu Gunsten des Klägers entschieden (siehe dazu den Beitrag von Corinna Gekeler in diesem Band).

Von einem weltanschaulich-religiös neutralen Staat erwarte ich, dass er die Diskriminierung Homosexueller in katholischen Einrichtungen wie Krankenhäusern, Pflegeheimen, Schulen und Kindergärten unterbindet. Die Kündigung von Ärzten, Kindergärtnern, Pflegern und Lehrern wegen ihrer sexuellen Orientierung ist ein eindeutiger Verstoß gegen Artikel 3 des Grundgesetzes.

Der Vatikan weiß, warum er die Europäische Menschenrechtskonvention (als einziger zusammen mit Weißrussland) nicht unterschrieben hat und auch nicht unterschreiben kann. Denn auch danach ist die Diskriminierung Homosexueller verboten.

9. Kirchliches Arbeitsrecht – Dritter Weg

Von einem weltanschaulich-religiös neutralen Staat erwarte ich, dass er für gleiche Rechte aller Beschäftigten – auch denen im kirchlichen Bereich – sorgt. Das Sonderrecht in kirchlichen Einrichtungen, der »Dritte Weg«, ist abzuschaffen. Die Restriktionen der »Katholischen Grundordnung des Kirchendienstes« und der »Evangelischen Loyalitätsrichtlinie« dürfen nur in verkündigungsnahen Positionen angewendet werden. Die Kirchenmitgliedschaft als Voraussetzung für die Tätigkeit in den 1,3 Millionen Arbeitsplätzen in Kirchen, Diakonie und Caritas ist außer in den verkündigungsnahen Bereichen abzuschaffen. Die Arbeitsplätze sind für alle, auch für Konfessionsfreie, Muslime und Juden zu öffnen. § 118 Abs. 2 des Betriebsverfassungsgesetzes – erst 1952 unter der Adenauer-Regierung eingeführt –, wonach das Gesetz für Religionsgesellschaften und ihre karitativen und erzieherischen Einrichtungen nicht gilt, ist aufzuheben. Der nötige Tendenzschutz für verkündigungsnahe Tätigkeiten würde durch § 118 Abs. 1 ausreichend geschützt – so wie er bei anderen Sozialeinrichtungen, wie der Arbeiterwohlfahrt, dem Roten Kreuz und dem Paritätischen Wohlfahrtsverband, längst ausreicht. Dieser Grundrechtsschutz ist unabhängig von einer möglichen Finanzierung der Einrichtungen durch die Kirchen nötig, erst recht aber, weil die Kirchen nur zu etwa fünf Prozent zu den Kosten der Einrichtungen beitragen, was die Kirchen gerne verschweigen (»Caritaslegende«). In beiden Kirchen ist der Streik verboten. Zwar hat ver.di

2012 ein Urteil des Bundesarbeitsgerichts erstritten, wonach ein Streik auch in kirchlichen Einrichtungen erlaubt ist. Die Bedingungen, unter denen ein Streik nun erlaubt ist, sind aber so restriktiv formuliert, dass man von einem »vergifteten Urteil« gesprochen hat. Die Verfassungsbeschwerde von ver.di war folgerichtig unzulässig. Die Gewerkschaft sieht es aber als Erfolg an, dass der große Senat das Streikrecht im Prinzip erneut bestätigt hat.

10. Streichung des § 9 AGG (Allgemeines Gleichbehandlungsgesetz)

Von einem weltanschaulich-religiös neutralen Staat erwarte ich, dass er in § 9 AGG den dort genannten Begriff »Selbstbestimmungsrecht« der Religionsgesellschaften streicht. Denn dieser entspricht nicht Art. 137 Abs. 1 der Weimarer Reichsverfassung, der im Artikel 140 ins Grundgesetz übernommen worden ist. Dort heißt es: »Jede Religionsgesellschaft ordnet und verwaltet ihre Angelegenheiten selbständig innerhalb der Schranken des für alle geltenden Gesetzes.« Die von Jahr zu Jahr verstärkte Ausweitung des »Ordnungs- und Verwaltungsrechts« in ein kompetenzerweiterndes »Selbstbestimmungsrecht» der Kirchen, unterstützt durch eine geradezu skandalös kirchenfreundliche Rechtsprechung des Bundesverfassungsgerichts, das auch noch den Artikel 4 des Grundgesetzes zu einem korporativen Grundrecht der Kirchen erweitert hat, muss revidiert werden.

11. Ausreichendes neutrales Angebot sozialer Dienstleistungen

Von einem weltanschaulich-religiös neutralen Staat erwarte ich, dass er in Bund, Ländern und Gemeinden für ein weltanschaulich neutrales Angebot sozialer Dienstleistungen in erreichbarer Nähe sorgt. Dass es in bestimmten Gegenden des Landes, zum Beispiel in Nordrhein-Westfalen, Rheinland-Pfalz oder Bayern weit und breit nur kirchliche Kitas, Altenheime und Krankenhäuser gibt, ist unerträglich. Das sogenannte Subsidiaritätsprinzip besagt, dass, soweit geeignete Einrichtungen betrieben werden, die öffentliche Jugendhilfe von eigenen Maßnahmen absehen soll. Es besagt aber nicht, dass in einigen Regionen 70 Prozent der Krankenhäuser oder 60 Prozent der Kitas konfessionell zu betreiben sind. Die Folge: Konfessionsfreie finanzieren mit ihren Steuern die enormen Zuschüsse an diese Institutionen, finden aber selbst keinen Platz in einer konfessionellen Kita.

12. Religionsunterricht

Von einem weltanschaulich-religiös neutralen Staat erwarte ich, dass er die Eingriffsmöglichkeiten der Kirchen bei der Ernennung von Religionslehrern abschafft. Dies ist leider kaum zu erwarten, da Art. 7 Abs. 3 GG vorsieht, dass der »Religionsunterricht in Übereinstimmung mit den Grundsätzen der Religionsgemeinschaften erteilt wird«. Aus einem Bekenntnisfach müsste also erst durch eine Änderung des Grundgesetzes ein Kenntnisfach »Religionskunde« gemacht werden. Alternativ ist ein »Ethikunterricht« einzurichten wie in Berlin und Brandenburg. Zumindest ist zu fordern, dass die Eltern bei der Einschulung darauf aufmerksam gemacht werden müssen, dass die Teilnahme am Religionsunterricht freiwillig ist. Dies geschieht in der Regel nicht.

13. Theologische Fakultäten

Von einem weltanschaulich-religiös neutralen Staat erwarte ich, dass die Einflussmöglichkeiten der Kirchen auf das Lehrpersonal in den theologischen Fakultäten beendet werden. Den Professoren muss uneingeschränkte Wissenschafts-, Meinungs- und Glaubensfreiheit eingeräumt werden. Am besten geschähe dies durch ihre Umwandlung in religionswissenschaftliche Fakultäten. Immer wieder nutzt die Kirche ihre Eingriffsmöglichkeiten: Professorin Uta Ranke-Heinemann wegen ihres Zweifels an der Jungfrauengeburt Marias, ein katholischer Dekan an der Universität Bonn wegen seiner Heirat oder Professor Horst Herrmann wegen seiner Unterstützung der FDP-Thesen »Freie Kirche im freien Staat«. Die jeweiligen Kultusminister müssen die Professoren auf die Forderung der jeweiligen Bischöfe hin nach alten Konkordaten entlassen. Die Betroffenen verlieren ihre Professur an der theologischen Fakultät und werden auf Staatskosten an anderer Stelle, vor allem in der Philosophischen Fakultät, eingesetzt. In der Regel wird ihre freigewordene Theologieprofessur wieder besetzt, sodass der Staat doppelt zahlt. Auch die Einwirkung bei den »Konkordatslehrstühlen« muss entfallen.

14. Blasphemieverbot § 166 Strafgesetzbuch

Von einem weltanschaulich-religiös neutralen Staat erwarte ich, dass er endlich den Paragraphen 166 des Strafgesetzbuches aufhebt. Seine Überschrift lautet: »Beschimpfung von Bekenntnissen, Religionsgesellschaften und Weltanschauungsvereinigungen.« Erscheint ein schlechter Film über Mohammed oder ein satirisches Gedicht oder eine Karikatur über

Religionen, wird regelmäßig die Forderung erhoben, der § 166 StGB müsse verschärft werden. Umgekehrt ist es richtig: zu unserer Demokratie gehören Presse-, Meinungs- und Kunstfreiheit – inklusive Religionskritik. Deutschland muss religiöse Zumutungen ertragen können. Die vorhandenen Gesetze gegen Volksverhetzung, Beleidigung oder Anleitung zu Straftaten reichen aus, falls es zu hasserfüllten Angriffen kommt.

15. Feiertagsgesetze von kirchlicher Bevormundung entrümpeln

Von einem weltanschaulich-religiös neutralen Staat erwarte ich, dass man nicht erst gerichtlich über neun Jahre hinweg eine Erlaubnis erstreiten muss (so der Bund für Geistesfreiheit München beim Bundesverfassungsgericht), um am Karfreitag eine Veranstaltung in einer Gaststätte mit Musik und Tanz durchführen zu können. Darunter fallen auch Veranstaltungen wie »Silent Dancing«, Filmvorführungen wie »Das Leben des Brian« oder Sportveranstaltungen, wie Schachturniere (!). Nach dem Motto »Ich lass Dich beten, lass Du mich tanzen!« sind die Feiertagsgesetze der Länder von diesen christlichen Vorgaben zu entrümpeln.

16. Verzicht auf sakrale Formen und Symbole im staatlichen Bereich

Von einem weltanschaulich-religiös neutralen Staat erwarte ich, dass in staatlichen Institutionen, wie Schulen, Gerichten, Universitäten, Verwaltungsbehörden und Parlamenten, auf die Verwendung sakraler Formen und Symbole verzichtet wird. Regelmäßig sind bei Zeitungs- oder Fernsehberichten über Prozesse an der Wand Kreuze zu erkennen. Im Vorraum und im Plenarsaal des saarländischen Landtags hängen Kreuze. Zu diesem Komplex gehören auch Schulgebete, das Tragen von Kopftüchern durch Lehrerinnen oder die Verwendung religiöser Eide. Die Vorgaben, die das Bundesverfassungsgericht in der Kruzifixentscheidung vom Jahre 1995 gemacht hat, sind einzuhalten. Es kann nicht sein, dass dies erst immer wieder von betroffenen Eltern, Klägern und Besuchern eingeklagt werden muss.

17. Vertretung in den Rundfunkanstalten

Von einem weltanschaulich-religiös neutralen Staat erwarte ich, dass in den Rundfunkräten der öffentlich-rechtlichen Rundfunkanstalten auch säkulare Vertreter sitzen. Dies ist bisher nur beim *Westdeutschen Rundfunk* (WDR) durch die Entsendung eines Mitglieds von drei humanistischen Organisationen – Giordano-Bruno-Stiftung (gbs), Internationaler Bund der Konfessionslosen und Atheisten (IBKA) und Humanistischer Verband Deutschlands (hvd) – der Fall und beim *Sender Bremen* mit einem Vertreter der Humanistischen Union. Nachdem es mittlerweile 37 Prozent Konfessionsfreie in Deutschland gibt, ist ihr Ausschluss aus den Aufsichtsgremien wie beim *ZDF* mit immerhin je zwei Vertretern für die Kirchen schnellstmöglich zu beenden.

Nach § 8 des *WDR*-Gesetzes sind den Kirchen angemessene Sendezeiten zur Übertragung gottesdienstlicher Handlungen und Feierlichkeiten einzuräumen. Ähnliches gilt für die anderen öffentlich-rechtlichen Sender. 2017 waren das im *WDR* insgesamt 1703 (!) Verkündigungssendungen mit Kosten von über 790.000 Euro. So etwas mag noch verständlich gewesen sein, als nach 1945 rund 95 Prozent der Bevölkerung Mitglied in den beiden großen Kirchen waren. Heute ist es nicht mehr angemessen und muss reduziert werden. Außerdem sind die Verkündigungssendungen für die Säkularen zu öffnen.

18. Sogenanntes Werbeverbot für Abtreibungen – § 219a Strafgesetzbuch

Von einem weltanschaulich-religiös neutralen Staat erwarte ich, dass der Gesetzgeber nicht immer wieder versucht, die auf seinem christlichen Weltbild beruhenden persönlichen Vorstellungen von Abgeordneten gesetzlich für alle, also auch Konfessionsfreie, verbindlich zu machen. Beispiele dafür sind insbesondere die Einschränkungen bei der Präimplantationsdiagnostik, bei der Sterbehilfe und beim Abtreibungsparagraphen.

Ärztinnen und Ärzte müssen auf ihrer Homepage darauf hinweisen dürfen, dass sie legale Schwangerschaftsabbrüche durchführen, welche Methode sie anwenden und welche Kosten entstehen. Dies ist heute aufgrund von § 219a StGB nicht möglich. Sogenannte Lebensschützer, die sich innerhalb und außerhalb des Parlaments auf ihr christliches Gewissen berufen, zeigen vermehrt Mediziner an, selbst wenn diese auf ihrer Homepage nur darauf hinweisen, dass der Schwangerschaftsabbruch zu ihren Leistungen gehört. Nachdem 2017/2018 die Frauenärztin Kristina Hänel in Gießen nach § 219a StGB verurteilt wurde, ist die Unsicherheit in der Ärzteschaft und bei den betroffenen Frauen groß. Diese haben große Schwierigkeiten, einen abtreibungsbereiten Arzt zu finden. Der jetzt von der Koalition vorgelegte Gesetzentwurf schafft den § 219a nicht ab, sondern ergänzt ihn nur. Die Bevormundung und das Misstrauen gegenüber den Frauen bleiben. Dabei gibt es nur eine klare Lösung: der Naziparagraph § 219a StGB aus dem Jahr 1933 muss schlicht und einfach abgeschafft werden.

19. Erlaubnis zum Erwerb von Natrium-Pentobarbital beim Bundesinstitut für Arzneimittel und Medizinprodukte

Von einem weltanschaulich-religiös neutralen Staat erwarte ich, dass sich dieser an Gerichtsurteile hält und einem engumfassten Kreis todsterbenskranker Menschen in extremen Notlagen die Erlaubnis zum Erwerb eines Betäubungsmittels (Natrium-Pentobarbital) zum Zwecke der Selbsttötung erteilt. Das Bundesverwaltungsgericht hatte am 2. März 2017 rechtskräftig geurteilt, dass die genannte Personengruppe ein solches Recht hat. Umgehend verfügten der damalige Bundesgesundheitsminister Hermann Gröhe und später Bundesgesundheitsminister Jens Spahn per Anweisung, dass das Bundesinstitut für Arzneimittel und Medizinprodukte (BfArM) das zu unterlassen habe. Ausnahmegenehmigungen seien nicht zu erteilen. Dieser Zustand ist für die Schwerstkranken unhaltbar. Von den über 100 Antragstellern sind bereits 20 gestorben. Soviel zum Stichwort »Barmherzigkeit«!

20. Sterbehilfe § 217 Strafgesetzbuch

Von einem weltanschaulich-religiös neutralen Staat erwarte ich, dass Menschen bei schlimmen Schmerzen, unheilbarer

Krankheit oder völliger Abhängigkeit von lebensverlängernden Maschinen die Möglichkeit haben müssen, ihr Leben in Würde mit Hilfe eines Arztes zu beenden, ohne dass dieser mit Strafverfolgung bedroht wird. Dies entspricht nicht nur der jahrhundertelangen Rechtstradition in Deutschland, sondern auch dem Grundgesetz. Art. 1 Abs. 1: »Die Würde des Menschen ist unantastbar. Sie zu achten und zu schützen ist Verpflichtung aller staatlichen Gewalt.« Trotzdem verabschiedete der Bundestag 2015 in einem neuen § 217 StGB die Strafbarkeit der »geschäftsmäßigen« Sterbehilfe, darunter viele Abgeordnete mit dem Hinweis: »Gott hat das Leben geschenkt, nur er kann es wieder nehmen.« Dabei wurde klargestellt, dass schon das zwei- oder dreimalige Helfen eines Arztes als geschäftsmäßig angesehen werden könne.

Es begann eine heftige öffentliche Diskussion, an der sich die Öffentlichkeit engagiert beteiligte. Denn alle Umfragen ergaben, dass über 75 Prozent der Bevölkerung die Sterbehilfe befürworten. Ein Bündnis von humanistischen Organisationen kämpfte unter der Überschrift »Mein Ende gehört mir« gegen den drohenden Strafrechtsparagraphen. Über 140 renommierte Strafrechtsprofessoren warnten vor der Strafbarkeit.

Wie nahtlos Kirche und Staat trotz der eindeutigen Meinung der Öffentlichkeit in dieser Frage agierten, zeigt deutlich ein Vorgang wenige Tage vor der Abstimmung. Die Evangelische Kirche in Deutschland und das Kommissariat der Deutschen Bischöfe schrieben allen Abgeordneten einen Brief, in dem sie die Annahme des neuen § 217 StGB empfahlen. Vier Tage später schrieben die drei Fraktionsvorsitzenden Volker Kauder (CDU/CSU), Thomas Oppermann (SPD) und Katrin Göring-Eckardt (Bündnis 90/Die Grünen) einen Brief an ihre Fraktionsmitglieder, in dem auch sie die Annahme des § 217 StGB empfahlen. Abgesehen davon, dass es in meinen 22 Jahren Bundestagserfahrung undenkbar war, dass in einer Gewissensfrage Fraktionsvorsitzende eine gemeinsame Empfehlung zur Stimmabgabe machten, fällt schon auf, wie sich die Briefe der Kirchen und der Fraktionsvorsitzenden ähneln. Unverhohlener hätte man die Verquickung von Kirche und Staat kaum zeigen können.

Mittlerweile haben mehrere Organisationen und Einzelpersonen Verfassungsbeschwerde gegen den § 217 StGB erhoben – die Entscheidung steht noch aus.

PHILIPP MÖLLER

Das Ketzer-Jubiläum

Bekenntnisse eines ehemals Unreligiösen
und wie er zum »Atheisten-Aktionisten« wurde –
Eine Chronik

2019 ist ein Jahr der deutschen Jubiläen: Die Weimarer Reichsverfassung wird 100 Jahre alt – mit ihr auch das Wahlrecht für Frauen in Deutschland – und das Grundgesetz unserer Bundesrepublik wird siebzig. Doch neben diesen sehr prominenten Jahrestagen gibt es noch zwei andere, vielleicht weniger bekannte, aber nicht weniger spannende Geburtstage: 10 Jahre »Säkulare Buskampagne« und 100 Jahre deutscher Verfassungsbruch – und zur Gratulation hier eine kleine blasphemische Rückschau:

Es ist ein sonniger Tag im Mai 2009, als ich auf dem geöffneten Cabrio-Oberdeck eines roten Doppeldeckerbusses sitze und die junge Frau anlächele, die mir mit einem Mikrofon in der Hand gegenüber sitzt. »Wie wird man eigentlich Atheist, Herr Möller?«, fragt sie. Ich weiß nicht, wie oft mir diese Frage inzwischen gestellt wurde, aber so eigentümlich sie auch klingen mag, ermöglicht sie mir stets diese Antwort: »Ganz einfach: indem man zur Welt kommt.«

Die Interviewerin lächelte schief. »Hä?!« hat sie darauf zwar nicht entgegnet, aber irgendwie stand es ihr ins Gesicht geschrieben, also fuhr ich fort: »Wir alle werden ohne den Glauben an einen wie auch immer gearteten Gott geboren, und er ist mir eben nie anerzogen worden.«

»Aber deswegen muss man doch kein Pressesprecher einer atheistischen Werbekampagne werden und mit einem Bus durch Deutschland fahren«, sagte sie daraufhin schnell blinzelnd und legte ihre freie Hand aufs Herz, »auf dem ein Slogan steht, der Menschen in ihrem Glauben verletzt – oder?!« Immerhin verwandelte sie ihren Vorwurf mit dem letzten Wörtchen noch in so etwas Ähnliches wie eine Frage. Hier kommt eine etwas ausführlichere Antwort darauf.

Bis zu meinem Studium war mir Religion einfach nur egal, hatte es doch mit meinem Leben so überhaupt nichts zu tun. Kirche war für mich bloß der Arbeitsplatz meines Vaters, wo er in einer katholischen Gemeinde im West-Berlin der Achtzigerjahre zwar wunderschöne Musik auf der Orgel spielte, dabei aber ständig von einem Mann unterbrochen wurde, der in einem komischen Ton komisches Zeug redete, komische Klamotten trug und, wie ich später erfahren sollte, keinen Sex haben durfte – zumindest nicht mit Erwachsenen, aber das erfuhr ich zum Glück erst noch später. Im Religionsunterricht der Grundschule lasen wir Märchen aus einem Märchenbuch, von einer Handvoll Tiere etwa, die auf einem Schiff gerettet wurden, während der liebe Gott alle anderen ertränkte, und von einem Menschen, der erst tot war und dann wieder lebendig – na klar! Mein Kommunionsunterricht wurde von einer Frau erteilt, die von den »Zehn Geboten« nur sechs auswendig konnte und den Rest immer ablesen musste. Und nachdem ich dem Typen in den komischen Klamotten, der wohl irgendwie der Chef meines Papas war, in einer dunklen, muffigen Holzkammer erzählen musste, dass ich meiner Oma mal 'ne Mark geklaut hatte, dachte ich: Schlimmer kann es eigentlich nicht kommen. Doch ich hatte mich getäuscht. Denn obwohl meine Eltern mir verraten hatten, dass Jesus längst tot ist, musste ich am Tag der Kommunion vor ganz vielen Leuten auf die Kirchenbühne gehen, wo der komische Mann vor unser aller Augen eine Oblate und Traubensaft mit einem Zauberspruch in den Leib und das Blut Christi verwandelte. »Die Hostie sieht noch immer wie Brot aus, aber es hat sich etwas verändert«, hat er danach gesagt, »Jesus ist jetzt gegenwärtig, liebe Kinder!« Zaubertrank kannte ich bis dahin eigentlich nur von Asterix, aber jetzt erklärte der Mann dem Publikum, dass sein Zauber eine andere Wirkung habe: »Wenn ich den Leib und das Blut des Herrn empfange, dann werde ich entprivatisiert«, sagte er mit lauter Stimme, die durch die Kirche hallte, »dann erkenne ich an: Du, Christus, darfst über mich verfügen!« Als Kind habe ich die Tragweite dieser Sätze natürlich null kapiert, doch bevor wir den Saft trinken und die Oblate essen durften, mussten wir einen Satz sagen, den ich sehr wohl verstanden hatte: »Herr, ich glaube an dich.«[1]

Ich log den Pfarrer an, wartete kurz, ob mich der Blitz für diese Sünde traf, und als nichts geschehen war, wusste ich endgültig: das ist Blödsinn – und trat aus dem Religionsunterricht aus. Schon wenige Jahre später interessierte ich mich vor allem für die drei großen »M«: Mädels, Musik und Marihuana, und erlebte viele wunderschöne Jahre, ohne auch nur einen einzigen Gedanken an Religion zu verschwenden. Der Hedonismus blieb, als ich mein Pädagogikstudium an der Freien Universität Berlin begann, doch die Religion kehrte zurück.

»Alles was uns als Menschen ausmacht, ist das Ergebnis neurochemischer Prozesse in unserem Hirn«, rief mein Soziologieprofessor eines Tages in den Hörsaal, »und wer diese natürliche Grundlage des Menschen nicht versteht oder gar leugnet, der muss sich zwangsweise in allem, was er über unsere Spezies behauptet, von Grund auf täuschen.«[2]

Mit weit offenen Augen spürte ich damals zum ersten Mal, wozu ich zur Uni ging: um mit Hilfe der Erkenntnisse, die Wissenschaftler und Philosophen über Jahrtausende generiert haben, ein möglichst plausibles, also widerspruchsfreies Welt- und Menschenbild zu erlangen. Wenig später saß ich in der mucksmäuschenstillen Bibliothek, erinnerte mich an das Welt- und Menschenbild, das mir im Religions- und Kommunionsunterricht vermittelt worden war, und musste laut lachen – so naiv stellte sich mir die christliche Lehre nun im Kontrast zur Wissenschaft dar, so grandios falsch, so misanthropisch, misogyn, moralinsauer, arrogant, ignorant und lustfeindlich, dabei aber auch so himmelschreiend lächerlich, dass ich aufstehen und prustend den Lesesaal verlassen musste. An Gott hatte ich ja noch nie geglaubt, aber an diesem Tag wurde mir klar: Ich bin ein Volle-Pulle-Atheist, der Religion aus guten Gründen für komplett bescheuert hält.

Immerhin, so mein nächster Gedanke, leben wir ja in einem Land, in dem dieser Aberglaube reine Privatsache ist, ein spirituelles Hobby sozusagen, dem man in geistlichen Indoor-Spielplätzen gemeinsam mit anderen Gottesanbetern nachgehen kann – mit Kniefallbank und Sündenkammer, dafür aber auch mit geiler Akustik und oft guter Musik, die vor allem dann krass klingt, wenn man vor dem Konzert einen kleinen Joint raucht. Es dauerte jedoch nicht lange, da war ich von Steven Pinkers »Das unbeschriebene Blatt«[3] über Richard Dawkins' »Gotteswahn«[4] bei der atheistischen *YouTube*-Recherche gelandet – und damit bei einem Mann, der mich in meiner religionspolitischen Unwissenheit eines Schlimmeren belehren sollte.

Vom gesetzlich verankerten und staatlich bezahlten Religionsunterricht, erklärte der freundliche Herr, über die Kirchensteuer, die vom Finanzamt eingezogen wird; vom besonderen Arbeitsrecht, das den Kirchen eine Paralleljustiz einräumt, über die etwa 500 Millionen Euro Staatsleistungen, mit denen wir die leitenden Angestellten der Kirchen aus Steuergeldern zahlen; von christlich motivierten Gesetzen zum Schwangerschaftsabbruch bis zur Bestattungspflicht begleiten uns die Kirchen in Deutschland von der Wiege bis zur Bahre. »Zusammengerechnet ziehen die evangelische und katholische Kirche jährlich etwa zehn Milliarden Euro Kirchensteuern ein, erhalten darüber hinaus aber noch einmal über 19 Milliarden Euro direkte und indirekte Subventionen – aus allgemeinen Steuergeldern!« Carsten Frerk hieß der Mann, so wurde es jetzt eingeblendet, und vor seinem letzten Satz lachte er. »Von einem säkularen Staat, in dem Religion und Regierung voneinander getrennt sind, kann hier keine Rede sein – herzlich willkommen in der Kirchenrepublik Deutschland.«[5]

Mein Schritt vom Unreligiösen zum Volle-Pulle-Atheisten war erheiternd und bereichernd – mein diffuser Glaube an eine weltanschaulich neutrale Bundesrepublik Deutschland jedoch zerschellte nun mit Karacho. Alles, was ich ab hier über die grausam gut tradierte und geschmierte Zusammenarbeit aus demokratisch legitimierten PolitikerInnen und göttlich inspirierten Macht-Schmarotzern erfahren sollte, haute mich so heftig vom Hocker, dass ich sofort mitmachen wollte: bei dem wichtigen und harten Kampf um einen aufgeklärten und säkularen Staat.

Keine vier Wochen später saß ich mit genau diesem Carsten Frerk und mit seiner Ehefrau Evelin im Kreuzberger

Büro des Werbeprofis Peder Iblher. Begeistert erzählten wir uns die Geschichte der britischen Bloggerin Ariane Sherine, die sich in London so sehr über eine christliche Buswerbung geärgert hatte, in der allen Atheisten mit dem Höllenfeuer gedroht wurde, dass sie eine Gegenkampagne gestartet hatte. Mit finanzieller und intellektueller Hilfe von Richard Dawkins und zahlreichen Geldspenden konnte Ariane bald zahlreiche Linienbusse in London mit ihrem Slogan bedrucken lassen: »There's probably no God, so relax and enjoy your life.«[6]

Und weil diese Kampagne bereits erfolgreich in Italien, Spanien und Kroatien, aber auch in den USA und Kanada adaptiert worden war, dachten wir: Das klappt auch in Deutschland! Also sammelten wir im Internet ein bisschen Geld und entschieden uns – typisch deutsch – für eine etwas kompliziertere, dafür aber auch präzisere Version der frohen englischen Botschaft: Es gibt (mit an Sicherheit grenzender Wahrscheinlichkeit) keinen Gott – ein erfülltes Leben braucht keinen Glauben.

… und erhielten von allen Verkehrsbetrieben der größeren deutschen Städte eiskalte Absagen. Man ließe nur weltanschaulich neutrale Werbung zu, log man uns von Kiel bis Freiburg an – denn überall durfte für Jesus und die Bibel geworben werden, aber auch für die nicht minder durchgeknallte Sekte der Rosenkreuzer und in Berlin sogar für ein Etablissement, das das Prädikat »durchgeknallt« vermutlich am ehesten verdient: das Artemis, und das ist kein griechisches Restaurant.

Für ein glückliches Leben ohne Aberglauben zu werben hingegen, war bundesweit unerwünscht – das fand auch *DER SPIEGEL* scheiße, und so brach am Tag des großen

SPIEGEL-ONLINE-Artikels[7] über unsere Buskampagne der Spendenserver zusammen. Mit den in kürzester Zeit gesammelten 40.000 Euro – also etwa dem Budget einer halben Pfarrerstelle – mieteten wir einen roten Doppeldeckerbus mit Cabrio-Oberdeck – den »Roten Riesen« –, ließen ihn mit unserer blasphemischen Botschaft bedrucken und fuhren damit drei Wochen lang durch unsere geliebte Kirchenrepublik. Die Botschaft, mit der wir damals durch rollende Lesungen und Pressekonferenzen an die Öffentlichkeit traten, lautete in etwa:

Hallo, liebe Leute, wir sind die freundlichen Atheisten von nebenan. Wir führen ein erfülltes Leben ganz ohne Religion, und wir möchten mit diesem Bus darauf aufmerksam machen, dass die Konfessionsfreien in Deutschland mit 32 Prozent Bevölkerungsanteil vor den Katholiken und den Protestanten die größte weltanschauliche Gruppe sind. Und wenn wir mit dem Bus schon mal hier sind, dann würden wir gern noch erwähnen, dass der Glaube an eine säkulare Bundesrepublik Deutschland, in der Religion reine Privatsache und von der Regierung getrennt ist, genauso illusorisch ist wie der Glaube an einen allmächtigen Schöpfergott, an die Jungfrauengeburt oder die Wiederauferstehung von den Toten. Und über unseren knackigen Slogan konnten wir der Öffentlichkeit und der Presse sagen, worum es uns ging: um die Trennung von Staat und Kirche, um die Privatisierung der Religion, um die weltanschauliche Neutralität der Gesetzgebung und um die Abschaffung der kirchlichen Privilegien.

Die Buskampagne wurde ein Heidenspaß – für uns zumindest, und wir trafen in ganz Deutschland auf viel weniger Menschen als befürchtet, die unsere Aktion als Höllenqual empfanden.[8] Der Zuspruch der Presse war gigantisch: Nahezu jede Zeitung schrieb online oder offline über uns – und über den Bus einer Kreationisten-Sekte, die uns mit der etwas drohenden Frage »... und wenn es ihn doch gibt?« hinterherfuhr. Als Pressesprecher wurde ich in Talkshows eingeladen und bald auch zu »Disput\Berlin!«, wo ich die Argumente der modernen Religionskritik in vier Minuten zusammenfasste[9] und nicht damit rechnete, dass das Video später über sieben Millionen Mal bei *Facebook* aufgerufen werden würde. In so ziemlich jeder Stadt, die wir mit unserem Ketzermobil ansteuerten, verbanden wir Menschen miteinander,[10] die bis dahin gedacht hatten, sie seien die einzigen Freidenker im Umkreis von hundert Kilometern. Eine nie dagewesene Aktion hatten wir damit ins Leben gerufen und der Kirchenrepublik Deutschland einen Spiegel vorgehalten.

Und heute? Wie steht es im Jahr 2019 »nach Christus« um den Glauben der Menschen in diesem Land? Um den Stellenwert der Religion in der Öffentlichkeit und um die Verflechtung von Glaube und Gesetz?

Auf den ersten Blick sieht die säkulare Perspektive sehr gut aus: Der Anteil der Konfessionsfreien ist in den vergangenen zehn Jahren von etwa 32 auf 37 Prozent gestiegen, was einfach krass ist, weil er 1950 noch bei vier Prozent, 1970 dann bei guten sechs und 1987 bei 15,5 Prozent lag[11] – der deutsche Trend geht also vom Glauben zum Denken. Die formale Zugehörigkeit zu einem der beiden Jesuskonzerne ist aber nicht der einzige religiöse Indikator, der mächtig geschrumpft ist – und mit einem perspektivischen Blick auch nicht der wichtigste, denn vor allem unter jungen Menschen stoßen die Kirchen heute auf wenig Begeisterung. Ganze 79 Prozent von 180.000 befragten Deutschen zwischen 18 und 34 Jahren sagen in der Studie »Generation What?«[12] von sich, dass sie »ohne (einen) Gott glücklich sein könnten« – europaweit sind es sogar 84,5 Prozent, wobei Deutschland nur noch vor Griechenland liegt und in Belgien sogar fast 93 Prozent »gottlos glücklich« sind. 81 Prozent der befragten Deutschen haben außerdem kein Vertrauen in religiöse Institutionen, was angesichts der gestiegenen Berichterstattung über Gottes hohe Nebenkosten und über die brutalen Ausmaße sexueller Missbrauchsfälle in kirchlichen Einrichtungen überhaupt kein Wunder ist. Aber weitere Zahlen, von denen Gottes Bodenpersonal wenig beseelt sein dürfte, kommen ausgerechnet von der evangelischen Kirche selbst. Deren Manager haben sich bei einem ihrer Meetings im Jahr 2018 nämlich gefragt, wie sie ihren Irrsinn wieder besser unters Jungvolk bekommen und haben ihr hauseigenes Forschungsinstitut damit beauftragt, die »Lebens- und Glaubenswelten junger Erwachsener in Deutschland« [13] zu analysieren.

Die Ergebnisse? Je nach Perspektive entweder himmelhochjauchzend oder zu Tode betrübt. 61 Prozent der 19- bis 27-jährigen Befragten bezeichnen sich als nicht-religiös – also bald doppelt so viele, wie die Konfessionsfreien in der Gesamtbevölkerung! Weitere 20 Prozent sind in ihrer Religiosität unentschieden, was ja auch nicht gerade der kirchlichen Vorstellung von Frommheit entspricht, und nur 19 Prozent bezeichnen sich selbst als religiös. Der Teufel steckt aber auch hier im Detail, denn selbst unter denen, die formal einer Kirche angehören, von denen man also mehr Frömmigkeit befürchten könnte, zeigen sich die gleichen Zahlen: 18 Prozent der jungen Protestanten und 21 Prozent der jungen Katholiken verstehen sich als religiös. Und das darf ich mir nach zehn Jahren Säkular-Lobbyismus wirklich mal wie eine Hostie auf der Zunge zergehen lassen: Gerade mal jeder fünfte junge Mensch in Deutschland ist nach eigenem Verständnis religiös – unabhängig davon, ob er von seinen Eltern in eine Kirche eingetreten wurde oder nicht! Aber die Studie geht noch weiter, und ich will gar nicht wissen, mit wie viel Messwein die Berufschristen ihre Ergebnisse herunterspülen mussten: »Kirche wird nicht mehr als wirksame Institution gesehen, die für Zusammenhalt und Toleranz in der Gesellschaft sorgt«, heißt es im Resümee der Studie. »Kirche muss sehen, dass die Gruppe der jungen Erwachsenen eigentlich so gut wie nichts mehr von ihr erwartet.«

»Wer nicht mit der Zeit geht«, hat mein Vater schon zu Beginn meiner Karriere als Berufsatheist über seinen Arbeitgeber gesagt, »der muss eben mit der Zeit gehen!« – und so fragen auch die Autoren der Studie zum Schluss:

»Lassen sich in diesen Einstellungen noch – wenn auch ferne – Anklänge an christlichen Glauben erkennen, an die die Kirche in irgendeiner Weise anknüpfen könnte? Oder haben wir es hier mit einer erkennbar postchristlichen Generation zu tun, die fast alle Brücken zur Kirche abgebrochen hat?« Und sie geben tatsächlich diese Antwort: »Vieles spricht für das Letztere.«

Und auch auf juristischer Ebene haben Vernunft und Fairness kürzlich zwei grandiose und folgenschwere Siege über den Glauben errungen. Im April 2018 entschied der Europäische Gerichtshof (EuGH), dass kirchliche Arbeitgeber nur solche Jobs an die Konfessionszugehörigkeit binden dürfen, bei denen es das Arbeitsethos unbedingt erfordert.[14] Mit anderen Worten fordert das Gericht damit, was unsere Kampagne »Gegen religiöse Diskriminierung« am Arbeitsplatz (GerDiA) schon lange fordert: Dass etwa Pfarrerinnen und Pfarrer für ihren Job religiös sein sollten, ist nachvollziehbar;

dass aber KrankenpflegerInnen, ErzieherInnen, Reinigungs- oder IT-Kräfte in Einrichtungen kirchlicher Träger – also Caritas und Diakonie – Mitglieder der Kirchen sein und sich an deren moralische Vorgaben halten müssen, ist ein unzulässiger harter Eingriff in die Privatsphäre und das Selbstbestimmungsrecht von ArbeitnehmerInnen – und hat in einem säkularen Rechtsstaat nichts verloren! Und während es im ersten Urteil des EuGH um die Besetzung solcher Posten ging, legten die Richter in Luxemburg im September 2018 nach: Auch Kündigungen, die Caritas und Diakonie bislang aussprechen durften, wenn ihre MitarbeiterInnen gegen kirchliche Moralvorstellungen verstießen – etwa durch Kirchenaustritt, Scheidung oder eine homosexuelle Beziehung – bezeichneten die Richter als unzulässig.[15] Und was in säkularen Ohren vielleicht vollkommen selbstverständlich klingt, ist für die Kirchen das Verbot ihres bisher zentralen Instrumentes der Zwangskonfessionalisierung ihrer 1,3 Millionen Beschäftigten – und für uns »der Anfang vom Ende des kirchlichen Arbeitsrechts«.

Doch bevor ich anlässlich solcher Tatsachen die Sektkorken knallen lasse, muss ein Blick auf die politische Realität der Kirchenrepublik Deutschland her – und dort steht eine ganz andere Tatsache all diesen Erfolgen diametral gegenüber: Während nämlich die Zustimmung der Bevölkerung zu Religion und Kirche stabil abnimmt und die europäische Gesetzgebung sich als konsequent säkular erweist, nimmt der politische Einfluss der Gottesanbeter auf die deutsche Regierung genau so stabil zu! Es ist wie verhext, aber alles weist darauf hin, dass die Bevölkerung der Bundesrepublik Deutschland deutlich aufgeklärter ist als ihre Regierung. Drei Beispiele aus den vergangenen Jahren veranschaulichen den erfolgreichen Gotteslobbyismus auf sprichwörtlich schmerzliche Weise: Die Legalisierung der Genitalbeschneidung bei Jungen, die Kriminalisierung der Selbstbestimmung am Lebensende und die Kriminalisierung der Informationen über Schwangerschaftsabbrüche.

Nach einem Urteil des Landgerichts Köln aus dem Jahre 2011, in dem die – Achtung! – medizinisch nicht indizierte Vorhautamputation bei nicht einwilligungsfähigen Patienten (denn genau das ist die Beschneidung) als Körperverletzung bezeichnet wurde, ging ein Aufschrei durch die Gottesrepublik Deutschland: »Verletzte Religionsfreiheit« tönte es empört, denn die Knabenbeschneidung gehöre zu den »Grundfesten religiöser Überzeugung«, und außerdem sei das ja auch eine »medizinisch-hygienische Maßnahme«. Dass Religiöse so argumentieren, wundert angesichts der Borniertheit ihrer Himmelsanschauung nicht. Dass aber weder plausible juristische, noch medizinische und psychologische Argumente unsere gesetzgebenden Bundestagsabgeordneten davon überzeugen konnten, dieses prämoderne Ritual abzulehnen, ist exemplarisch für den Erfolg der Gotteslobby: Religion siegte über Rechtsstaatlichkeit, und seitdem erklärt § 163a des Bürgerlichen Gesetzbuchs (BGB) die Bescheidung zum Teil des elterlichen Sorgerechts. Alle, die es in Deutschland für richtig halten, können ihren männlichen Kindern also ungefragt und ohne medizinische Not den sensibelsten Teil ihres Körpers für immer entfernen lassen – mit dem Segen des deutschen Bundestags.[16]

Ungleich mehr Menschen – und zwar wir alle – sind von der Kriminalisierung der Sterbehilfe betroffen, die 2015 in ein Gesetz gegossen wurde. Und auch hier waren unseren gewählten Volksvertretern sowohl der Wille ihres Wahlvolks als auch sämtliche juristische und medizinethische Argumente egal. Sie beschlossen, dass Ärzte, die ihren unheilbar erkrankten Patienten nach eingehender Beratung und Ausschluss einer psychischen Erkrankung ein tödliches Medikament verabreichen, mit dem sie schmerzfrei und selbstbestimmt aus dem Leben treten können, nun dafür belangt werden können – mit Freiheitsstrafe! Dies war bis dahin nicht so, doch eine starke Allianz aus christlichen Politikern, politischen Christen und vor allem fundamentalen Christen hat lange an diesem religiösen Lobby-Projekt gearbeitet – mit Erfolg.[17]

Und zuletzt ist es im Januar 2019 der Fall von Kristina Hänel, bei dem mir das säkulare Messer in der Tasche aufgeht. Die Gießener Ärztin war von christlichen Abtreibungsgegnern angezeigt worden, weil sie auf ihrer Homepage über die Tatsache informiert, dass sie in ihrer Praxis Schwangerschaftsabbrüche durchführt. Im Februar 2019 hat das Bundeskabinett, das auch im aktuellen 19. Deutschen Bundestag zum absoluten Großteil aus bekennenden Christen besteht, am katholischen Konzept der Simultanbeseelung festgehalten – und damit auch an der Grundlage für § 219a StGB: der Rechtswidrigkeit des Schwangerschaftsabbruchs.

Religion in Deutschland im Jahr 2019. Nach wie vor: nicht nur Unsinn mit abnehmender Bedeutung in den Köpfen der Menschen, sondern auch Macht mit zunehmender Bedeutung im Parlament. Und während genau dort in diesem Jahr die zwei Jubiläen gefeiert werden – »70 Jahre Grundgesetz« und »100 Jahre Weimarer Verfassung« – erinnern diese an 100 Jahre Verfassungsbruch! Denn die strikte Trennung von Staat und Kirche ist schon in der Weimarer Reichsverfassung niedergeschrieben und wörtlich ins Grundgesetz übernommen worden: »Die auf Gesetz, Vertrag oder besonderen Rechtstiteln beruhenden Staatsleistungen an die Religionsgesellschaften werden durch die Landesgesetzgebung abgelöst«,[18] steht da deutlich. Doch um genau diese Ablösung hat sich seit 100 Jahren jede Regierung genauso erfolgreich gedrückt wie um die folgende Verfassungstatsache: »Es besteht keine Staatskirche.« Und während den Kirchen auch im vergangenen Jahrzehnt die Fans weggelaufen sind, schmeißt die Regierung ihnen noch immer die Steuermilliarden hinterher und schreibt ihnen bibelkonforme Gesetze. Und als würden wir mit dem Christentum nicht schon genug Wahnsinn subventionieren, schicken sich unsere demokratisch gewählten Vertreter nun auch noch weitgehend ungeniert an, den Islamverbänden die gleichen Privilegien einzuräumen.

Damit muss endlich Schluss sein, finden wir – und schicken den »Roten Riesen« wieder los, denn pünktlich zum hundertjährigen Verfassungsbruch haben wir die Nase endgültig voll! Und während wir vor zehn Jahren erst einmal darauf hinweisen mussten, dass es uns überhaupt gibt, sind unsere säkularen Positionen zwar selbstverständlich in die Mitte der Gesellschaft vorgedrungen, nicht aber in unser Parlament. Genau deswegen treten wir mit der säkularen Buskampagne 2019 auch deutlich selbstbewusster auf und fordern:

Schlussmachen – jetzt! Schlussmachen mit den milliardenschweren Subventionen für den institutionalisierten Aberglauben! Schlussmachen mit den religiös motivierten Gesetzen! Schlussmachen mit der arbeitsrechtlichen Diskriminierung der Jesus-Mafia in Caritas und Diakonie!

Und wenn das Wetter es wieder gut meint mit uns, dann sitze ich im Mai 2019 vielleicht erneut auf dem Cabrio-Deck des Roten Riesen, lächele die Interviewerin mit ein paar mehr Falten als vor zehn Jahren an und sage:

> »Ob ein Mensch an Gott glaubt, ist vollkommen irrelevant – aber wir müssen den demokratischen Rechtsstaat gegen die undemokratischen Angriffe der Religion verteidigen!«

Andreas Altmann

Hochheilige Narreteien
Über Kreuzzüge, gen Himmel fahrende Jungfrauen und anhaltenden Gotteswahn – Ein Schurkenstück

Ein Mensch mit einem Autoritätskomplex ist jemand, der vor einer Autorität zusammenschrumpft, ja, Angst bekommt, kuscht, automatisch akzeptiert, was die Autorität sagt. Die mag angemaßt, aufgeblasen, unverdient, ja, via Gewalt etabliert worden sein: Egal, sie schüchtert den Komplexbeladenen ein, er pariert. Hunderte Millionen tun das. Kein Wahn auf Erden wäre ohne diese Herrschaften Folgsamer möglich gewesen.

Eine meiner passablen Eigenschaften verdanke ich meinem Vater. Er war ein Ex-Nazi, ein Rosenkranztandler, ein Allerweltfeind. Und er forderte Autorität. Dank ihm habe ich gelernt, Autorität zu hassen. Von der Pike auf. Schlägernde Pfaffen und tätliche Lehrer haben bei diesem Prozess mitgeholfen. Aufgrund ihres Verhaltens wurde ich erwachsen: Sobald ich zu irgendetwas genötigt werden sollte, fragte ich zuallererst mein Hirn, ob es damit einverstanden war. Oft war es das nicht, und so hatten wir ein Problem. Keinen Autoritätskomplex zu haben ist ein anstrengendes Geschäft.

Dass ich Autorität achte, ja, verehre, wenn sie sich von tatsächlichen Verdiensten nährt, von Klugheit und ungewöhnlichen Talenten – das versteht sich von selbst. Das Thema kann lebensgefährliche Ausmaße annehmen, wenn es sich um Religion handelt. Sagen wir, um die beiden (mächtigen) Monotheismen Christentum und Islam. Millionen, nein, Abermillionen, fielen – als Leichen oder zu Krüppeln Gefolterte – dem Gotteswahn und den zwei »Ewigen Wahrheiten« zum Opfer. Immer und grundsätzlich mithilfe der Folgsamen, all jener, die lieber nicht denken und lieber nicht fühlen. Aber geflissentlich »Ja« sagen und das Holz für die Scheiterhaufen holen.

Klar, auch Gottlose zählen zu den Duckmäusern, mehrheitlich. Auch Kommunisten haben blindlings und rastlos und verlassen von aller Menschenliebe ihre Zeitgenossen aus dem Weg geräumt. Millionenfach. Doch die größten und lichterlohsten Leichenhaufen inszenierten die Religiösen: Zählt man nur geduldig alle einschlägigen Blutorgien und Kreuzzüge und Judenprogramme zusammen plus la Conquista, plus Dreißigjährigen Krieg, plus Inquisition, plus die islamische – totschlaglustige und mordselige – Missionierung, dann kommt keiner an der Wirklichkeit vorbei: Ihre Götter, ob sie nun Herr Gott oder Herr Allah heißen, haben sich als die blutrünstigsten Befehlshaber erwiesen.

Natürlich sind die Götter schuldlos, und natürlich will keiner von ihnen Blut sehen und Kriege anzetteln. Die ominösen Herren (weibliche Führungskräfte gibt es in einem patriarchischen Weltbild nicht) wurden erfunden, »geoffenbart«, als furchterregendes Druckmittel in die Welt gezerrt. Denn die Aussicht auf göttliche Rache – wir wissen es längst – ist das Zaubermittel, um Milliarden in Furcht und Schrecken zu versetzen.

Als Halbwüchsiger hatte ich Glück. Früh fiel mir der Widerspruch zwischen den »Liebe-deinen-Nächsten«-Sonntagspredigten und den Bosheiten auf, die während der folgenden Werktage stattfanden. Hinter unserer Haustür, vor unserer Haustür. Ich begriff schon als Teenie, dass weniger Angst mehr Leben bedeutet. Und dass so ein diffuses Gefühl von Bedrohung – von oben, per Weltenrichter – auf geradezu unheimliche Weise die Lebensfreude stranguliert. Ich will kurz erzählen, wie ich den überirdischen Wahn – eingedrillt in Hunderten von Religionsstunden – wieder loswurde.

In der Bibliothek meines (katholischen) Vaters entdeckte ich eine Lutherbibel, die uralte Ausgabe von 1912. »Neu durchgesehen«, hieß es da und »vom Deutschen Evangelischen Kirchenausschuss genehmigt«. Also kein vom Antichristen frisiertes Machwerk, sondern das ganz offizielle »Wort Gottes«. Und ich begann – gemeinsam mit einem Freund –, die Schwarte zu sichten.

Ehrlich gesagt nicht Zeile für Zeile, doch exklusiv auf der Suche nach Stellen, die – so hatte ich es immer flüstern hören – so gar nichts mit der allseits intonierten Liebe des Herrn für seine Menschheit zu tun hatten. Himmel, wäre ich heute fünfzehn, ich bräuchte ein paar Klicks im Internet, um das zu finden, was uns damals monatelang in Anspruch nahm.

Zuerst die martialischen Sprüche aus dem »Alten Testament«. Nur eine winzige Auswahl. Beginnen wir, rein zufällig, mit dem Thema Homosexualität. Sie gilt in der Bibel grundsätzlich als »schändliche Leidenschaft«. Der Herrgott muss ein Schwulenhasser gewesen sein, denn er ließ über Herrn Moses (3. Mose 20, 13) ausrichten: »Wenn jemand beim Manne liegt wie bei einer Frau, die haben einen Greuel getan und sollen beide des Todes sterben«.

Der Herr der Herrlichkeit hat sich mehrmals zu diesem Thema geäußert, der Grundton blieb der gleiche: Jeden schlachten, der nicht »normal« ist!

Nächster Punkt: Frauen. Da hagelt es nicht weniger Todesurteile. Selbstredend sind sie – so will es die himmlische Hackordnung – »dem Manne untertan«. Wie einleuchtend, denn Männer haben die Bibel geschrieben. Und dass Frauen zuallererst als Gebärmaschinen für der Herren Fortpflanzungswahn zur Verfügung zu stehen hatten, auch das klingt gottgegeben logisch. (Zu den paar den Frauen gestatteten Berufen gehörte das Handwerk der Hebamme!) Bekamen sie keine Kinder, konnte der Mann sie verstoßen. Eine Scheidung durfte nur der Mann vollziehen. Natürlich war es der Krone der Schöpfung erlaubt, mehrere Ehefrauen zu beschlafen. Eine Frau jedoch musste ihm – unter Todesstrafe – treu bleiben. Sie war seine Beute, sein Eigentum.

Zurück zum buchstabengetreuen »Wort Gottes« in der Übersetzung von Martin Luther. Moses hatte gerade wieder mit dem Herrn geplaudert, der ihm diesmal folgenden Mordauftrag aushändigte (3. Mose 10, 18): »Wenn ein Mann beim Weibe schläft zur Zeit ihrer Krankheit und entblößt ihre Scham und deckt ihren Brunnen auf, und entblößt den Brunnen ihres Blutes, die sollen beide aus ihrem Volk ausgerottet werden.«

Absolut einleuchtend: Ein Paar, das sich liebt, wenn die Frau ihre Tage hat, gehört »vertilgt« (so steht es in anderen Ausgaben). Die monatlich blutende Frau ist »krank«, man sieht: Selbst als hochrangige Frauenfachärzte machte sich das Duo – der Allbarmherzige und sein Sprachrohr – einen Namen.

Gleich mitliquidiert werden sollen Jungfrauen, die nicht laut gebrüllt haben (siehe Mose 22, 23-24 und siehe Köln, Silvesternacht 2015/2016): »Wenn eine Dirne [ein Mädchen] jemand verlobt ist, und ein Mann kriegt sie in der Stadt und schläft bei ihr, so sollt ihr sie alle beide zu der Stadt Tor ausführen und sollt sie steinigen, dass sie sterben – die Dirne darum, dass sie nicht geschrien hat.«

Jetzt etwas für Söhne, die aufsässigen. Auch da gibt es keinen Gnadenrabatt, ab zur Steinigung. In 5. Mose 21, 18-21 heißt es: »Wenn jemand einen eigenwilligen und ungehorsamen Sohn hat ... So sollen ihn steinigen alle Leute der Stadt, dass er sterbe ..., dass es ganz Israel höre und sich fürchte.«

Lassen wir die Narreteien. Man könnte hunderte Seiten vollschreiben, die davon berichten, wie der alttestamentarische Weltenoberste so ziemlich alles vernichten will, was nicht nach seiner Pfeife tanzt: Greise, Frauen, Kinder, Männer, ach, ganze Völkermorde wurden diktiert.

Erfreulich wäre nun, wenn Hirn ins Spiel käme. Und das Hirn würde uns sagen, dass wir es nicht mit »Gottes Wort« zu tun haben, sondern mit Männern – getrieben von einer bestimmten politischen und moralisierenden Gesinnung –, die diesen grausamen Nonsens erfanden. Und ihn – schon schlau – einem »Allerhöchsten« in den Mund schoben. Subtext: Allerhöchsten widerspricht man nicht. Bei Zuwiderhandeln: Köpfen! Steinigen! Abfackeln! Lebendig begraben! Ersäufen! Ad infinitum horrendum!

Margot Käßmann, Theologin und Ex-betüterte-Ratsvorsitzende der Evangelischen Kirche in Deutschland, ließ uns einst wissen: »Man fällt nie tiefer als in Gottes Hand.«

Hm, ich würde lieber in anderer Leute Hände fallen. Bibelforschung, zweiter Teil. Ich kenne Christen, denen die Metzeleien des »Alten Testaments« schwer im Magen liegen, ja, die in Erklärungsnot geraten, wenn sie den Größenwahn des Allgütigen rechtfertigen sollen. So verweisen sie – sichtlich erlöst – auf das »Neue Testament«, wo der wohlgeratene

Sohn des Massenmörders, der Herr Jesus, auftritt. Er macht alles wieder gut, er ist die reine Liebe, er hat sich ja selbst schlachten lassen für unsere Sünden (die uns schon beflecken, bevor wir den ersten Schnaufer getan haben).

Halt ein, liebe Leserin, lieber Leser, denn bei meinen jugendlichen Recherchen war mir aufgefallen, dass die Sonntagsprediger immer nur die lieblichen Sätze des Vielgepriesenen zitierten. Die zu Menschenliebe und Friedsamkeit aufrufen. Nun denn, an diesen Tagen muss der Herr Jesus gut gelaunt gewesen sein, da zu anderen Zeiten – den ebenfalls von den Evangelisten überlieferten und von den Sonntagspredigern wohlweislich unterschlagenen – der zornbebende Vater bei ihm durchkam. Das Angebot ist auch hier immens, und ich will mich auf fünf Brandsätze beschränken. Sie allein reichen, um die Welt anzuzünden.

Bombe eins, Friedensfürst Jesus spricht Klartext (Matthäus 10, 34): »Ihr sollt nicht wähnen, dass ich gekommen sei, Frieden zu bringen auf die Erde. Ich bin nicht gekommen, Frieden zu bringen, sondern das Schwert.«

Anschließend legt Jesus nach, der eifersüchtige Ränkeschmied will sich um mehr häusliche Gewalt kümmern, dank Lukas (14, 26) wissen wir Bescheid: »Wenn so jemand zu mir kommt und hasst nicht seinen Vater, Mutter, Weib, Kinder, Brüder, Schwestern, auch dazu sein eigenes Leben, der kann nicht mein Jünger sein«. Hass ist gut – Hass ist göttlich!

Wie der Vater, so duldet der Sohn keine jugendlichen Gegenreden, dafür hält er die Todesstrafe in petto (Matthäus, 15, 4): »Gott hat geboten: Du sollst Vater und Mutter ehren; wer Vater und Mutter flucht, der soll des Todes sterben.« (Biblisch absurd, denn gerade noch hat der Oberschafhirte darauf bestanden, die eigenen Eltern – unter anderem – zu hassen.) Auf seinen Fanclub aus dem Volk lässt das »Licht der Welt« nichts kommen (Matthäus 18, 6): »Wer einen einfachen Gläubigen ärgert, sollte mit einem Mühlstein am Hals im tiefsten Meer ersäuft werden.«

Zuletzt eine Szene, die mich – Jahre später – an einen Mafiafilm mit James Cagney erinnerte. Bei Lukas (19, 27) kann man den ersten Drehbuchentwurf schon nachlesen: »Doch jene meine Feinde, die nicht wollten, dass ich über sie herrschen sollte, bringet her und erwürget sie vor mir.«

Genug der irren, wirren Reden. Selbst wenn noch fünfzig dieser lammfrommen Sprüche zur Verfügung stehen; Fakt ist: So wenig wie das Alte Testament von »Gott Vater« erzählt, so wenig ist Herr Jesus der »Gottessohn«. Fest steht: Zur Zeit der römischen Besatzung Palästinas bevölkerten Hunderte von Wanderpredigern das Land. Von ihnen spielten sich so manche als »Messias« auf oder schmückten sich mit ähnlich überirdischen Titeln. Wissenschaftlich geprüft ist die ernüchternde Einsicht: Alle Evangelien wurden eine oder mehr als zwei Generationen nach der Geburt eines Mannes geschrieben, dem sie den damals eher gewöhnlichen Namen »Jesus« gaben. Geschrieben weit weg von der Zeit, weit weg vom Schauplatz, zusammengestückelt von Leuten, die ihn nie gesehen hatten, die sich – im Märchenland Orient – auf »Augenzeugenberichte« von Personen stützten, die sich wiederum auf »Augenzeugenberichte« beriefen: ad infinitum absurdum. Umso aberwitziger, als es keinen einzigen Zeitgenossen und tatsächlichen Augenzeugen gibt, der schriftlich über den so wundersam vom Himmel Herabgestiegenen und das die »damalige Welt« angeblich so bewegende Ereignis Zeugnis abgelegt hätte. Nichts liegt vor. Gar nichts. Auch der vielzitierte Tacitus verließ sich, Jahrzehnte später, aufs »Hörensagen«.

Ich erinnere mich an meine lange Reise durch Palästina und die Erfahrung, dass ich schon froh sein musste, wenn ich am ersten Tag nach einem Vorfall aus allem Gehörten eine einigermaßen wirklichkeitsgetreue Schilderung rekonstruieren konnte. Nach Gegenchecks, nach dem Rausfiltern aller beabsichtigten und unbeabsichtigten Verdrehungen, nach Abwägen von zehn oder zwanzig Stimmen, die sich oft haarsträubend widersprachen.

Lukas scheint der begabteste Märchenonkel gewesen zu sein. Etwa fünfzig Jahre nach Jesu Geburt beschreibt Mister Lukas – weit weg vom Ort des »Geschehens« – dieses in allen Details. Dass ein anderer der vier Phantasten die göttliche Niederkunft – Maria, die Jungfrau, wurde ja vorher vom »Heiligen Geist« geschwängert – woanders hat stattfinden lassen, soll nicht stören. Geht es ums Hochheiligste, haben Tatsachen nichts zu melden. Auch im »Alten Testament« wimmelt es von widersprüchlichen, wissenschaftlich vollkommen unhaltbaren Aussagen. Wie sagt es Karlheinz Deschner, Verfasser der zehnbändigen »Kriminalgeschichte des Christentums«, so grandios treffend: »Je größer der Dachschaden, desto schöner der Ausblick zum Himmel!«

Dass es im Koran nicht intelligenter und zartfühlender zugeht, auch das hat sich bei den Einsichtigen herumgesprochen. Nehmen wir nur eines von unzähligen Beispielen, die umstandslos zeigen, wie mit jenen zu verfahren ist, die den Herren Mohammed und Allah widersprechen (Sure 5, Vers 33): »Der Lohn derer, die gegen Allah und seinen Gesandten Krieg führen und überall im Land eifrig auf Unheil bedacht sind, soll darin bestehen, dass sie umgebracht oder gekreuzigt werden, oder dass ihnen wechselweise Hand und Fuß abgehauen wird, oder dass sie des Landes verwiesen werden.«

Dass die Frau auch hier nur als halbe Portion gilt und sich der Mann gleich vier davon zulegen darf und die Angetraute – wenn sie nicht unter einem Steinhagel verenden will – ihr außereheliches Begehren schwer verheimlichen sollte, versteht sich von selbst. Klar, der anmaßende Kokolores wurde dem Propheten direkt vom Islam-Gott »geoffenbart«, sprich, jeder Furz soll göttlich und ewig gelten. So lautet der Wahrheit letzter Schluss, in allen Religionen: Der Chef der Männer ist der Herrgott, und der Chef der Frauen ist der Mann.

Teufel nun, was bewegt Menschen, diese monotheistisch-christlich-muslimischen Barbareien, diesen Altherren-Mumpitz für bare Münze zu nehmen? Ja katastrophaler noch, ihnen jahrtausendelang blindlings und mordlüstern zu folgen, Warum lassen sich die Gottesanbeter knebeln von einer Moral, die – milde formuliert – nichts zur Lebenslust beiträgt, nie die Glücksfunken anfeuert, eher selten zur Freundschaft zwischen den Völkern anstiftet, nie »unnormale« Frauen und Männer achtet, nie das Hohelied des Denkens anstimmt, nie Einspruch duldet?

Die Antwort ist komplex, aber eine Antwort übertönt alle anderen: ANGST! Die kleinere Angst: dass das Leben nach dem Tod vorbei ist. Und die ganz furchtbare Angst: dass der Weltenhöchste ihnen, den Ängstlichen, jede Abtrünnigkeit am »Jüngsten Tag« heimzahlt. Mörderisch heimzahlt.

Hat man die Angst erst einmal erfolgreich verkauft, dann kann man den Hirngewaschenen jedes weitere Abrakadabra andrehen: die Höllenbrut, das züngelnde Fegefeuer, gen Himmel rauschende Jungfrauen (im Islam dürfen die Gläubigen immerhin einen kompletten Jungfrauen-Harem vögeln), den Größenwahn der absoluten Wahrheit, die Bereitschaft zur Gewalt, die Erhabenheit der Dummheit

(»Glücklich die Armen im Geiste«), die Intoleranz, das unerschöpfliche Sündenregister, die grenzenlose Nichtigkeit vor dem Himmelsfürsten.

Bei meiner lieben, erschöpften, erbsündenverblödeten Mutter konnte ich fast hautnah beobachten: den Gurgelgriff, den der katholische Glaube an ihr praktizierte. Selbst für einen (von mir angemahnten) Kirchenaustritt würde sie – so die Begründung ihrer Ablehnung – »von Gottes Hass« bestraft.

Eines Tages habe ich ihr Elend begriffen, vollkommen begriffen. In einem Buch, das sie damals las, fand ich ein Lesezeichen, auf dem fettgedruckt stand: »... freut euch, dass ihr Anteil an den Leiden Christi habt! Petrusbrief 4:13.«

Wo die Brechstange Vernunft ansetzen bei so viel wahnwitziger Inbrunst? Wohl Schwerstarbeit, denn der Monotheismus befriedigt noch eine weitere Sehnsucht: die Sehnsucht nach dem »Vater«, dem Weltenvater. Nach einem, der über allem steht, ja, der aufräumt und uns dereinst aus dem Chaos der Welt retten wird. Das schier unstillbare Verlangen nach dem »guten Hirten«. Der seine Schafe ins Königreich Gottes führt.

So sind wir wieder beim Thema Autorität gelandet. Für viele ist es offensichtlich unvorstellbar, in Eigenverantwortung ihr Leben zu organisieren, sprich, ein freier, selbständig denkender und handelnder Mensch zu werden. Nein, einer muss her, der anschafft. Dem großen Haufen hinterherrennen – ganz gleich, ob es sich um religiöse oder weltliche (die erfolgreichste zurzeit: grimmiger Konsumismus) Schafdressur handelt: Ein solcher Lebensentwurf klingt unwiderstehlich verführerisch.

Natürlich braucht ein Mensch Vorbilder, ja, Leitlinien, um ein Ziel auszumachen, eine Richtung, in die er gehen will. Er muss einen Sinn finden. Warum aber den (leeren) Himmel danach absuchen? Warum nach Göttern Ausschau halten, die erstaunlich weniger zur Verschönerung des Lebens hier auf Erden unternommen haben? Warum kein Loblied auf den Humanismus anstimmen? Warum nicht als Humanist auf die Welt schauen? Und auf die Weltbewohner? Ohne Kirchenglockenterror um sechs Uhr morgens, ohne täglich fünfmaliges Gebrüll nach Allah, ohne Missionierungswahn, ohne Schlachtruf, ohne Trostversprechen aufs dubiose Jenseits, ohne einen einzigen Rachegott. Nur Menschen, nur Humanisten – humanus heißt menschlich –, die verstanden haben, dass jedes Wesen – kraft seiner Geburt – Würde und Respekt verdient: Frauen, Männer, Gelbe, Schwarze, Weiße, alle. Geeinigt darüber, dass absolut niemand als »Erbsünden-Befleckter« auf die Welt kommt, um schon die erste Ladung Schuld zu kassieren. Ja, dass keiner getauft werden muss, um ihn »vor Satans Macht« – 2015 bei einer Taufe gehört – »zu bewahren«. Ja, dass keiner einen Treueschwur ablegen muss, um göttlicher Vergeltung zu entgehen. Ja, dass keiner (wenn er denn Glück im Unglück hat) ins Fegefeuer muss, um die Bosheiten eines Sadisten auszusitzen. Ja, dass keiner töten und sterben muss, um den Blutrausch eines Überirdischen zu befriedigen. Was er jedoch müsste, was er sollte, der Mensch: Freundlichkeit trainieren, Mitgefühl und – für die Begabtesten unter uns – Güte.

In einem Bericht über Angela Merkel und ihre Flüchtlingspolitik las ich: »Ihr Verhalten speist sich aus einer christlichen Ethik.« Ich weiß nicht, ob das stimmt, aber ich denke mir bei solchen Aussagen immer: Warum muss sich ein anständiges Handeln auf eine Religion berufen? Warum muss der Herrgott bemüht werden, um ein menschenwürdiges Tun zu erklären? Braucht Frau Merkel den christlichen Gott, um sich rühren zu lassen vom Leid anderer? Vermutlich nicht, denn viele, die keine Christen sind, lassen sich ebenfalls rühren. Aus der so simplen Überzeugung heraus, dass andere ein gräuliches Schicksal trifft. Und dass Hilfe vonnöten ist.

Ist es nicht ein Armutszeugnis, wenn man erst mittels »höherer Instanz« zur Anteilnahme bereit ist? Also man nicht um der Menschen willen, nein, erst um Gottes willen eingreift? Ich vermute, Frau Merkel tut, was sie tut, weil sie ist, wie sie ist. Sie würde sicher auch mitfühlen, wenn sie keine Christin wäre. Wie ja viele anpacken, die Muslime sind. Oder Buddhisten oder Agnostiker oder Nichts-Gläubige. Und andere – das ist nicht weniger wahr – keinen Finger rühren, ja, auf die Syrer und Iraker und Eritreer fluchen. Obwohl sie, die Flucher, einer Religionsgemeinschaft angehören oder sie, die Atheisten, von Menschenliebe schwafeln.

Dreht man den Satz um, stimmt er genauso: Natürlich überredete Hitler die meisten Deutschen – zu 95 Prozent Christen – nicht zu seinen Mordtaten, weil sie Christen waren. Sondern weil sie waren, wie sie waren: geschlagen von einem Autoritätskomplex, manipulierbar, schafsgehorsam, hungrig nach einem Erretter, selig, nicht mehr denken zu müssen.

In der Grundschule hatte ich gelernt, dass wir »nach Gottes Ebenbild« geschaffen wurden. Von Gott. Später, mitten im Leben, habe ich erfahren, dass viele dieser Ebenbilder als Verbrecher oder Schwerverbrecher von sich reden machten. Auch Mörder oder Massenmörder. Auch christliche. Nach »Gottes Ebenbild« geschaffen? Ist Gott also auch ein Mörder, ein Massenmörder? Steckt in seinen Genen auch das Mord-Gen? Freilich nicht. Denn den lieben und/oder fürchterlichen Gott haben wir nicht. Wir haben nur diesen celestialen Simsalabim, der die Menschheit seit Urzeiten schikaniert.

Was habe ich geschwitzt, um dieser Sucht nach dem Gotteswahn auf die Spur zu kommen. Auf fünf Kontinenten den Gottessüchtigen die uralte und gänzlich banale Frage gestellt, wie es sein kann, dass ein Alleskönner wie ihr Herrgott all diese Grausamkeiten zulässt. Und ihre ebenfalls gänzlich banale und absolut richtige Antwort lautete: »Es sind doch die Menschen, nicht Gott, die diese Schandtaten begehen.« Und schon waren sie – reflexartig – in diese Falle getappt: Wozu dann beten und buckeln und knien und wimmern und wippen, wenn die Menschen verantwortlich sind? Wäre es nicht klüger, sich vor diesen Monstern niederzuwerfen und sie anzuflehen, ihre Monstertaten einzustellen? Aber nein, so viel Verstand verträgt der Gottesfürchtige nicht. Sogleich rennt er wieder in eine Kirche, eine Moschee oder eine Synagoge und bettelt seinen zuständigen Herrn und Meister um Beistand an.

Ein konkretes Beispiel, eines zum Erbarmen für die menschliche Kreatur: Einem 85-jährigen (!) Priester, Abbé Jacques Hamel, wurde während der Messe von zwei blutjungen Terroristen die Kehle durchgeschnitten. Vor dem Tabernakel (!), im »Gotteshaus« (!), die Gläubigen waren live dabei. Die grausame Tat geschah nicht weit weg von Paris, das Verbrechen ging im Juli 2016 durch die Weltpresse. So weit das Böse.

Jetzt der Irrsinn: Sechs Tage später wurde der Mann beerdigt. Ein hilfsbereiter Mensch, hieß es. Und beim Trauergottesdienst lobten die Anwesenden – darunter gewiss einige, die in »Echtzeit« den Mord miterlebt hatten – »la miséricorde du Seigneur.« Nachdem ich das im Radio gehört hatte, musste ich mich erst fassen. Die Barmherzigkeit des Herrn, genau so. Religion, das hat etwas Unheimliches. Das grenzt an Irresein.

Das Nachwort habe ich in der Ukraine, in Lwiw (Lemberg) geschrieben. Eines Nachmittags besuchte ich – wie andere historische Gebäude der Stadt – aus reiner Neugier auch die griechisch-katholische Sankt-Georg-Kirche. Witzig das Piktogramm am Tor, das darauf verweist, dass der Besuch in Badehosen nicht gestattet ist.

Eine Gebetsstunde fand gerade statt, und der Vorbeter greinte alle ausdenkbaren Sünden rauf und runter. Und die Gläubigen greinten sie nach. In diesem Leierton, der an Untote in einer spinnwebverhangenen Gruft erinnerte. Lauter Sünden, von denen der Herrgott sie lossprechen sollte. Wie in meinen Kindertagen – nichts hatte sich geändert: Nicht der Weihrauch, nicht das Flennen, nicht die perfide Bosheit, dass Frauen und Männer grundsätzlich aus Sünden bestehen. Und sie deshalb täglich antreten müssen, um zu winseln. Um Vergebung. Was für ein erbärmliches Schauspiel!

Neben meiner Perplexität befällt mich in solchen Situationen noch ein anderes Gefühl, tatsächlich: Mitgefühl. Mit Leuten, die – meist wenig gebildet und mit geringen Chancen, sich zu bilden – vorgeführt werden. Wie Esel, vor deren Nase die Karotte Herrgott baumelt. Seit 2000 Jahren unerreichbar, rastlos, hinterherhechelnd, lebenslang geschunden von der Übersünde, IHM nicht genüge zu tun.

Würde ich nach einem Gott suchen, dann gewiss nach keinem, der mit Mühlsteinen und anderen Todesurteilen nach mir ausholt. Auch nach keinem rasend gewordenen Narzissten, der rund um die Uhr darauf besteht, dass die

Leute ihn vergöttern und ihm – in allen vier Himmelsrichtungen – kolossale Paläste bauen, gewiss auch nie nach einem, den ich jedes Mal um Verzeihung anheischen müsste, weil ich wieder einmal eine Liebesnacht – unkeusch und unverheiratet – verbracht habe.

Nach dem Besuch der wimmernden Grabkammer bin ich ins »Café Masoch« gegangen. Schon auf dem Weg zum Tisch zischten ein paar Peitschenhiebe auf meinen Hintern. Verabreicht von lächelnden Serviererinnen, amüsantes Hallo für jeden Hereinkommenden. Die Bar soll an Leopold von Sacher-Masoch erinnern, der 1836 in Lemberg geboren wurde. Aufgrund seines literarischen Werks entstand nach seinem Tod der Begriff des Masochismus: Lust erleben, wenn man Schmerzen erfährt. Körperliche, seelische – egal. Wo immer es wehtut: Man jubelt. Großartige Metapher für die Szene in der Kirche. Leiden und Schluchzen als höchster Ausdruck von Wonnegefühl. Denn von glücklichen Erdenbewohnern will auch der hiesige Heilsbringer nichts wissen. Sein Verkaufsschlager heißt Schuld, und sein Markenzeichen – untrügliches Sinnbild der »Frohen Botschaft« – ist eine ans Kreuz genagelte Leiche.

Meine Augen flirrten durch die Bar. Und sie wurden fündig. Im stillen Eck saß ein Paar. Die junge Frau und der junge Kerl schmusten, hingegeben und wunderbar innig. Ach, ich konnte mich nicht sattsehen: *Leben, Eros, Gegenwart. Ach, sie sind die Hoffnung der Welt.*

Georg Diez

Die letzte Freiheit
Vom Recht, sein eigenes Ende selbst zu bestimmen –
oder: Warum die freie Verfügung über das eigene Leben
ein Gradmesser der Freiheit ist

Was bedeutet es für das Leben, wenn es vom Ende her gedacht wird? Nicht als eine Chance, eine Möglichkeit, ein Feld der Freiheit – sondern nur als Gefahr, als Problem, als etwas Illegales, das dort droht, wo ein Mensch sich entschließt, sein Leben und sein Sterben in die eigene Hand zu nehmen? Was passiert, wenn diese existenzielle Frage, die nur den Einzelnen betrifft, überfrachtet wird mit einer gesellschaftlichen Angst, die sich aus ganz anderen Schreckenserfahrungen speist, die aber mit dem gleichen Wort verbunden sind – der Selbstmord also als eine Art Über-Metapher dieser Epoche ist, die im Schatten der Angst steht, spätestens seit den Anschlägen vom 11. September 2001?

Damals bekam das Wort vom Selbstmord eine bedrohlich neue Dimension. Menschen wurden zu Waffen, indem sie bereit waren, sich zu opfern. Das war in diesem Ausmaß neu: Sie konnten Menschen zu Tausenden töten und ganze Städte, ganze Nationen in Unsicherheit und Wut versetzen. Das Selbstopfer, der Märtyrer, so religiös, fanatisch, extrem überhöht, wurde zu einer realen Gefahr, in den Bussen von Tel Aviv und auf den Marktplätzen von Kabul, auf den Straßen von Islamabad und in den Hotels von Mumbai – der Selbstmord bekam eine tatsächlich militärische Bedeutung durch die Asymmetrie des Tötens, eine Bedeutung, die sich mit neuer Angst um diese Tat legte, die immer mit Angst und Argwohn behaftet war, seit Jahrtausenden, schon weil der Tod das ultimative Rätsel bleibt.

Es ist, man sieht es schon, eine Eskalations-Argumentation, es ist die etwas panische Hysterie, die, wie so oft heute, auch diese Diskussion verfolgt, bei der so vieles vermischt wird, was nicht zusammengehört: Kritik am Kapitalismus, extremistischer Terror, Krankheit, Depression, Altern, der gute Wille zu helfen und eine paternalistische Moral, die sich vor dem Einzelnen aufbaut – das alles zusammengefasst in dem ungeheuren Wort »Selbstmord«, das alles verschluckt in einer fast schon gewollten Ungenauigkeit.

Denn die Herrschaft über das Leben ist ja das älteste Mittel der Dominanz, es ist das Fundament, auf dem die politische Ordnung, die Diktatur, die Freiheit beruht, hier entscheidet sich, was individuelle Moral oder höheres Gesetz sein soll, hier ist der Moment, an dem das Denken beginnt, wie Camus meint, und damit auch die Existenz – jede Zeit und jede Macht hat deshalb gute Gründe, sich davor zu fürchten, dass der Mensch sein Schicksal, wenn man es so nennen will, in die eigene Hand nimmt. Diese Autonomie bedroht den Wesenskern einer Herrschaft, die auf Abhängigkeit beruht: Und weil die Freiheit des Einzelnen sich nur aus sich selbst heraus rechtfertigt, gilt das im Grunde für jede Gesellschaft, Regierung, Doktrin, Moral, Instanz.

Um dieses Freiheitsmoment geht es: Eine Leere, die alles möglich macht, eine Tat, aus der alles folgt, eine Vernichtung, die uns entstehen lässt. Es ist die Idee des eigenen Todes, die diese Freiheit schafft, die Idee der eigenen Herrschaft über den Tod, woraus die Autonomie entsteht und die Chance, auch über das eigene Leben und die Frage der Freiheit nachzudenken.

Diese Freiheit ist der Ausgangspunkt – aber um an diesen Anfang des Nachdenkens über den Tod wie über das Leben zu gelangen, muss man erst einmal Vieles von dem wegräumen, was sich um das Wort und die Tat gelegt hat: ein Paket aus Ängsten, Projektionen, Mutmaßungen, Interessen, all das, was sich schon in dem Wort bündelt, »Selbstmord«. »Sein selbst morden«, sagte Martin Luther 1527, so kam das Wort vom Selbstmord in die deutsche Sprache, es war die christliche Sicht, und die Kirche wollte sich lange aus ihrem Gottesbild heraus die Kontrolle, die vollständige Kontrolle über Leib und Seele der Gläubigen nicht nehmen lassen.

Sprache ist Herrschaft, das sieht man an diesem Angstwort »Selbstmord« – man könnte auch vom »Suizid« sprechen, ein Begriff aus dem 17. Jahrhundert, der aus dem Lateinischen kommt, eine etwas seltsame Aneinanderreihung von Buchstaben, gespreizt, fast klinisch, so kompliziert wie die Gründe, ein wenig durchscheinend, fast luzide, und gleichzeitig behauptet dieses Wort eine Neutralität, die unangebracht wirkt, unpersönlich, schmerzfrei, mechanisch im Vollzug. Immerhin gibt dieses Wort der Tat keinen kriminellen Drall: Mord ist eine gesellschaftliche Kategorie, der Freitod dagegen ist individuell – und damit trifft es dieses Wort am besten, der »Freitod«, es ist ein fast schon positives Wort, euphorisch, beschwingt, bedrohlich romantisch, es passt besser, um erst einmal zu umfassen, wovon man spricht, was man meint, wenn man davon spricht, dass sich jemand das Leben nimmt.

Und das ist schließlich die schönste und einleuchtendste Formulierung, in der all das enthalten ist, worum es beim

Nachdenken über den freien, den selbstbestimmten Tod geht – eine emanzipatorische Ahnung davon, dass sich hier vieles findet, was den Menschen ausmacht oder ausmachen sollte. Wer sich das Leben nimmt, tut es aus eigenem Antrieb, er nimmt sich, was ihm gehört, es ist eher Besitz als Mangel, eher Präsenz als Abwesenheit, eher Tat als Passivität, es ist die Quintessenz dessen, was überhaupt ein gutes Leben ausmacht. Und damit auch einen guten Tod.

Warum bringen sich Menschen um? Weil sie ihre Ehre verletzt sehen, weil die Liebe sie enttäuscht hat, weil sie sich selbst ruiniert haben oder doch eher andere? All das waren Gründe, früher, so hieß es, die hinter den privaten Motiven größere gesellschaftliche Zusammenhänge erkennbar machten: Das Feld der Kränkungen und Niederlagen wechselte, die Antwort blieb die gleiche. Die Adelswelt kannte den ehrenhaften Freitod, die Romantik kannte den romantischen Freitod, die bürgerliche Gesellschaft kannte den ruinösen Freitod – und die postkapitalistische Gegenwart kennt den postruinösen Freitod, kennt das Erlöschen ohne Feuer, den Burnout, so heißt es heute, der nichts mit dem rauen Cowboy-Burnout von Neil Youngs »Hey hey, my my« zu tun hat und die Depression meint und nur moderner klingt.

Im Gegenteil, die Verlöschensangst der Angestellten- und Selbständigenwelt ist das langsame Verglimmen im Zwang der Routine, die Überforderung, Schritt für Schritt, ein Druck, der sich so nebenbei aufbaut, dass er kaum als solcher wahrgenommen wird – bis es nicht mehr geht. Man kann nun von diesem Punkt aus einen Kapitalismus kritisieren, der den Einzelnen zum Unternehmer seiner selbst macht. Man kann das Individuum kritisieren, das bei diesem Spiel mitmacht und sich mehr über seine eigene Schwäche ärgert als über die Zwänge des Systems. Aber die Pathologien des Systems sind nur bedingt aussagekräftig für die Pathologien des Einzelnen, selbst wenn sie manchmal gemeinsame Gründe haben mögen.

Der Freitod kennt gesundheitliche oder genetische Faktoren, eine Disposition zum Tode, wie sie in manchen Familien vorkommt, er kann private Gründe haben, aus einem Impuls heraus geschehen oder lange geplant sein, er kann mit verblassendem Wesen zu tun haben oder mit verblassender Schönheit oder einer generellen Schwäche, die man nicht mehr ertragen kann. Er kann 1000 Gründe haben, die niemand kennt. Jeder dieser Gründe ist relevant. Jede Tat für sich ist relevant. Keine Tat weist über sich selbst hinaus.

Dem Rätsel des Freitods kommt man nicht dadurch näher, dass man seinen Grund kennt. Wer mag entscheiden, dass der Grund der Grund ist? Was weiß der Einzelne von sich, was die Menschen um ihn herum nicht wissen? Was verbirgt der Mensch vor sich und vor den anderen, wann reißt dieser Schleier, wann geht es nicht mehr anders? Es ist ein Geflecht von Täuschungen, Irrtümern und Projektionen, das unser Bild von uns und von den anderen ausmacht.

Und so weist jede Tat doch wieder über sich selbst hinaus, aber in eine andere Richtung. Jede Tat, für sich betrachtet, ist das Ende eines Romans. Jede Tat, für sich betrachtet, ist das Ergebnis eines Lebens. Jede Tat, für sich betrachtet, bringt Klarheit nicht über dieses einzelne Leben, sondern über das Leben an sich. Denn wenn man das Leben ohne das Leben denkt, öffnen sich andere Perspektiven.

Der Freitod, erst einmal als Idee und nicht als Tat, bietet damit die Möglichkeit, sich selbst klar zu sehen, sich selbst nackt zu betrachten, allein vor dem Schwarz der Zeit. Es ist ein grausames Bild und darum vielleicht tröstlich, denn es geht allen so, alle sind allein und dadurch verbunden. So betrachtet, ist der Freitod das Ground Zero des Individualismus, ein Schreckensort, aus dem Wissen davon erwachsen kann, was das Leben ausmacht.

Ein Weiser, schrieb Seneca in seinem »Brief über den Selbstmord«, wird »leben, solange er muss, nicht solange er kann: zusehen wird er, wo er leben soll, mit wem, wie, was er tun soll. Er bedenkt stets, wie das Leben beschaffen, nicht, wie lange es ist: wenn ihm viel begegnet, beschwerlich und seine Ruhe verwirrend, wird er sich freilassen. Und nicht tut er das nur in äußerster Notlage, sondern sobald ihm verdächtig zu sein beginnt das Geschick, prüft er gewissenhaft, ob nicht jetzt Schluss zu machen ist. Überhaupt nicht, meint er, sei es für ihn wichtig, ob er mache ein Ende oder finde, das langsamer geschehe oder schneller: nicht hat er davor Furcht wie vor einem großen Schaden. Niemand kann beim Vertröpfeln viel verlieren. Schneller zu sterben oder langsamer ist belanglos, anständig zu sterben oder schäbig ist wesentlich: anständig zu sterben ist aber das Meiden einer Gefahr – schäbig zu leben.«

Wie entscheidet sich also, ob jemand lebt oder stirbt? In wie vielen Augenblicken? Wie lange geht es? Und wann geht es nicht mehr? Jean Améry veröffentlichte sein Buch »Hand an sich legen. Diskurs über den Freitod« im Jahr 1976, es war ein Buch, das ganz aus seinem Nachdenken über den Holocaust entstand und dennoch frei davon war, ein Akt der Emanzipation. Das biologistische Denken ist fast immer der Feind einer Freiheit, die auf dem Willen des Menschen aufgebaut ist, auf dem also, von dem er will, dass es ihn ausmacht.

Man nennt das Kultur, es ist das Bild, das der Mensch von sich selbst zeichnet – und wenn heute durch Neurologie oder

Evolutionsbiologie das Bild des Menschen differenzierter und komplizierter wird, wenn der freie Wille relativiert und in einen gattungsgeschichtlichen Kontext gestellt wird, dann ist das erst einmal eine Frage danach, was es für das Denken über den Menschen bedeutet, und noch keine Antwort.

Das Ringen des Menschen, sich von den Zwängen der Biologie zu befreien, die Zivilisation also, war schließlich immer befeuert vom Glauben daran, jenseits der Biologie ein besseres Leben zu finden. Die Herrschaft über den Tod, moralisch gesehen, öffnete dabei die Möglichkeit für eine Herrschaft auch über das Leben. So wurde die Biologie doppelt benutzt, als Gegner und als Argument in einem Kampf um die Deutung über das Leben.

Die Biologie stand dabei gegen die Freiheit, der Zwang des Lebens gegen die Entscheidung des Menschen: In der Diskussion über die Abtreibung wurde das besonders deutlich, das erklärt auch die Heftigkeit der Auseinandersetzungen. Eine moralisch überhöhte Vorstellung von Leben wurde gegen eine pragmatische Version von Freiheit gestellt, die Gesellschaft in Form von Kirche und Staat griff ein in die Rechte des Individuums, sein Leben und, sehr viel direkter, seinen Körper so zu behandeln, wie es ihm beliebt.

Hier stellte sich das Leben direkt gegen den Tod, die Abtreibung wurde als Mord verstanden und benutzt, um die Macht über das Leben auszuweiten: Wer über den Tod bestimmt, und das gilt eben auch für den Freitod, der dehnt unausweichlich seine Herrschaft aus in Bereiche, die ihn nichts angehen. Der Staat gerät an diesem Punkt in einen direkten Widerspruch zu denen, die ihn ausmachen: den einzelnen Bürgern. Es sind Refugien des Schmerzes, die sich in den Fragen von Leben und Tod formieren und die uneinsehbar bleiben für andere, es sind die Schatten der Seele, in die niemand drängen sollte, der eigene Interessen vertritt. In den siebziger Jahren wurde die Position der emphatischen Ich-Verteidigung noch politisch offensiv vertreten, verbunden mit einer generellen Freiheits- und Emanzipationseuphorie – in den Angst- und Abwehrdiskussionen unserer Tage dagegen fehlt diese Emphase. Aus dem demokratischen Nachdenken über die Rechte des Einzelnen ist ein technokratischer Prozess geworden, der Notwendigkeiten postuliert und Alternativen vernichtet.

Was Jean Améry seiner Dunkelheit abrang, sind helle Worte, die immer noch gelten. »Irre ich mich nicht«, schrieb er, »dann ist die Todesneigung eine Erfahrung, die jedermann in sich machen könnte, sofern er nur entschlossen wäre, zu suchen ohn' Unterlaß. Sie ist in jeder Art von Resignation enthalten, in jeder Faulheit, jedem Sich-gehen-Lassen – denn wer sich gehen läßt, neigt sich bereits freiwillig dorthin, wo letzten Endes sein Platz ist. Dann wäre also der Freitod, entgegen all dem, was ich dreist behauptete, nicht frei? Wäre nur ein Neigen zur angeborenen Neigung hin? Wäre nichts als die Aufsichnahme der ultimen Unfreiheit, die das Nichtsein ist, und in deren Fesseln wir uns schlagen lassen? Nicht doch. Die Neigung, sage ich, ist da: aber der Lebenstrieb ist auch da, und wer den Freitod wählt, erkürt etwas, das dem Lebenstrieb gegenüber das Schwächere ist. Es sagt gleichsam: Dem Starken Trutz! – indem er gegen den Lebenstrieb der Todesneigung nachgibt.«

Und Arthur Schopenhauer schrieb: »Soviel ich sehe, sind es allein die monotheistischen, also jüdischen Religionen, deren Bekenner die Selbsttötung als ein Verbrechen betrachten. Dies ist um so auffallender, als weder im Alten noch im

Neuen Testament irgendein Verbot oder auch nur eine entscheidende Mißbilligung derselben zu finden ist; daher denn die Religionslehrer ihre Verpönung des Selbstmordes auf ihre eigenen philosophischen Gründe zu stützen haben, um welche es aber so schlecht steht, daß sie, was den Argumenten an Stärke abgeht, durch die Stärke der Ausdrücke ihres Abscheues, also durch Schimpfen zu ersetzen suchen.«

Man könnte es auch klarer sagen: Da das Christentum das Leiden zum Markenkern erhoben und deshalb ein Legitimationsproblem hat, wenn der Einzelne sich entscheidet, dieses Leiden selbst in die Hand zu nehmen, muss die Haltung zwangsläufig sein, den Freitod zu verurteilen oder sogar zu verdammen. Die Folgen davon sind dann ganz real: Wer die Herrschaft über die Angst vor dem Tod verliert, verliert die Herrschaft über den Menschen – wer aber den Menschen die Angst beibringt, lässt sie mit dieser Angst auch dann noch in Abhängigkeit, wenn sie sich aus den Fängen der Institution befreit haben.

»Die europäischen Gesetze sind erbarmungslos streng gegen die Selbstmörder«, schrieb Charles de Montesquieu. »Man schlägt sie sozusagen noch einmal tot, man schleift sie durch den Schmutz der Straßen, man behaftet sie mit dem Makel der Ehrlosigkeit, man zieht ihre Güter ein. Es scheint mir, Ibben, daß diese Gesetze sehr ungerecht sind. Wenn ich von Schmerz, Elend und Verachtung erdrückt werde, warum will man mich hindern, meinen Leiden ein Ende zu setzen, und warum beraubt man mich eines Heilmittels, das in meinen Händen ist? Warum verlangt man, daß ich für eine Gemeinschaft arbeite, der ich nicht mehr angehören will? Daß ich gegen meinen Willen einen Vertrag halte, der ohne meinen Willen abgeschlossen ist? Die Gesellschaft beruht auf gegenseitigem Vorteil, aber wenn sie mir lästig ist, was hindert mich da, auf sie zu verzichten? Das Leben ist mir als ein Gunstbeweis zuteil geworden, ich kann es also wiedergeben, wenn es das nicht mehr für mich ist: die Ursache verschwindet, die Wirkung muß also auch verschwinden.«

Wenn man im Glauben also eine instrumentalisierte Angst des Menschen vor sich selbst sieht, dann wird die aggressive und mit Verboten und Drohungen untermauerte christliche, jüdische, muslimische Politik gegen den Freitod verständlich: Von diesem Moment der Autonomie aus kann man das ganze Gefüge von Abhängigkeit und Macht kritisieren, das sich um den Einzelnen herum gebildet hat. Am Nullpunkt der Angst wird wahr, was Lucius Annaeus Seneca schrieb: »Finden wirst du auch Lehrer der Philosophie, die bestreiten, man dürfe Gewalt antun dem eigenen Leben, und es für Gotteslästerung erklären, selbst sein eigener Mörder zu werden: warten müsse man auf das Ende, das die Natur bestimmt hat. Wer das sagt, sieht nicht, dass er den Weg zu Freiheit verschließt.«

Der eigene Tod also als der Ausgangspunkt für das Nachdenken darüber, wer man ist, wer man sein will, ganz ohne Furcht betrachtet, wird so zum eigentlichen Moment der Emanzipation – ein Sieg der Kultur über die Natur, der Zivilisation über die Biologie, das Zeichen für das, was den Menschen zum Menschen macht und aus seiner Abhängigkeit befreit: Und gerade in dem biologistischen Zeitalter, in dem wir leben, ist es immer wieder nötig, sich von dem auch ethischen Druck, der dadurch entsteht, dass so vieles möglich ist, zu befreien. »Willst du gegenüber deinem Körper unabhängig sein«, fragte schon Seneca. »Als ob du auszuziehen beabsichtigst, bewohne ihn.«

Es ist ein Element der Größe, das in diesem Begriff des Freitods steckt, eine Enthobenheit des Selbst, »dem Schicksal möglichst rasch zu entreißen«, wie Seneca die Kräfte nennt, die größer wirken als man selbst, bis man sich aufrafft und sich ihnen entgegen stellt: »Das Leben muss ein jeder auch vor anderen rechtfertigen«, so Seneca, »den Tod vor sich«.

Respekt also, erst einmal sich selbst gegenüber, woraus aber, weitergedacht, Respekt anderen gegenüber entsteht. Jede Ethik, könnte man sagen, beginnt mit dem Gedanken an den Suizid – aber das ist nicht entscheidend bei dieser Tat oder selbst bei dem Gedanken an diese Tat, die so klar und abstrakt sein kann, wenn sie nicht aus pathologischer Notwendigkeit entsteht, dass sich das Leben von hier aus neu definieren lässt.

Es ist das, was an einem anderen Ort als Aufklärung bezeichnet wurde, und in diesem Sinn sind auch die Worte des englischen Philosophen David Hume zu verstehen, der schrieb: »Es ist gottlos, sagt der alte römische Aberglaube, Ströme aus ihrem Lauf abzulenken und in die Rechte der Natur einzugreifen. Es ist gottlos, sagt der französische Aberglaube, die Pocken einzuimpfen und das Geschäft der Vorsehung sich anzumaßen durch absichtliche Hervorbringung von Krankheiten. Es ist gottlos, sagt der moderne europäische Aberglaube, dem eigenen Leben eine Grenze zu setzen und dadurch gegen den Schöpfer sich aufzulehnen.«

Wie ein Riss zieht sich die Geschichte des Freitods durch das Denken des Abendlandes, und Hume versucht an diesem Beispiel deutlich zu machen, dass die Philosophie eigentlich ein »Gegengift gegen Aberglaube und falsche Religion« sein sollte, dass der Versuch, »den Menschen in seine natürliche Freiheit wieder einzusetzen«, genau in dem Moment beginnt, in dem alle Argumente gegen den Suizid widerlegt sind. Ist es also ein Verbrechen, sich selbst zu töten, so fragt er. Wer wäre der Geschädigte bei diesem Verbrechen, wer wäre das Opfer? Die Gesellschaft? Aber ein »Mensch, welcher sich aus dem Leben zurückzieht, fügt der Gesellschaft kein Leid zu; er hört bloss auf, ihr Gutes zu thun«, so Hume, »welches, wenn es ein Unrecht ist, ein Unrecht von der geringsten Art ist«.

Oder ist Gott der Geschädigte, ist der Suizid ein Verbrechen gegen eine Allmacht, die »allgemeine und unveränderliche Gesetze« [aufgestellt hat,] »durch welche alle Körper, vom grössten Planeten bis zum kleinsten Theilchen der Materie« [geleitet werden, und die] »alle lebenden Wesen mit körperlichen und geistigen Fähigkeiten« [ausgestattet hat,] »mit Sinnen, Gefühlen, Begierden, Gedächtniss und Urtheil, durch welche sie in dem ihnen bestimmten Lebenslauf angetrieben und geleitet werden«?

Hume, der Aufklärer, ringt mit diesem Gott, er hat ihn noch nicht verabschiedet, auch wenn er wie ein ungebetener Gast in seiner Philosophie herumsteht. Er argumentiert mühsam gegen einen Vorwurf, dessen Gültigkeit er substanziell nicht mehr sehen kann – selbst einem Gott, der die Menschen geschaffen haben sollte, würden sie ja nicht gehören, die Menschen, Gottes Werk wäre keines des Besitzes, sonst wäre Freiheit gar nicht denkbar, sein Werk wäre höchstens eines der Gesetze, wie sie sich in der Natur zeigen.

Was aber, fragt Hume, »bedeutet nun jener Gegensatz, dass ein Mensch, welcher des Lebens müde und gehetzt von Schmerz und Elend die natürlichen Schmerzen des Todes mannhaft überwindet und sich jenem grausamen Schauspiel entzieht, dass, sage ich, ein solcher Mann durch einen Eingriff in das Geschäft der göttlichen Vorsehung und durch

Störung der Weltordnung den Zorn des Schöpfers auf sich geladen haben soll?«

Die Auseinandersetzung, die Hume beschreibt, ist damit eigentlich schon eine andere, eine moderne, es geht ihm nicht um ein metaphysisches Ringen mit Gott, es geht ihm um die Frage, ob das, was den Menschen bindet, die Gesetze der Natur sind, ob der Mensch sich auch davon emanzipieren soll oder sogar muss, wenn er wirklich frei sein will, ob es diese Konstellation ist: Natur gegen Kultur, an der sich die Frage der Freiheit entscheidet – und ob die Idee des Freitods letztlich am klarsten diesen Gedanken der Freiheit birgt.

Die Natur, so sieht es schon Hume, kämpft gegen die Kultur, oder umgekehrt: Die Kultur setzt sich gegen die Natur zur Wehr, indem sie dem Menschen die Möglichkeit der Entscheidung eröffnet – und die Entscheidung, dieses oder jenes zu tun und dieses und jenes zu lassen, ist die Grundlage dessen, was den Menschen ausmacht. Denn alle Tiere, schrieb Hume, »sind rücksichtlich ihrer Lebensführung der eigenen Klugheit und Geschicklichkeit überlassen, und haben volles Recht, so weit ihre Kraft reicht, die Wirkungen der Natur abzuändern. Ohne die Uebung dieses Rechtes könnten sie nicht einen Augenblick leben«.

Und so ist die »freie Verfügung über sein eigenes Leben« tatsächlich mehr als der Gradmesser der Freiheit – es ist für Hume ein Grundprinzip des Kosmos, und das tiefe Wesen dieses Kosmos beinhaltet auch, dass die Entscheidung über den eigenen Tod selten leichtfertig getroffen wird, dass aber vor allem niemand anderer als man selbst diese Entscheidung wirklich einschätzen kann.

»Ich glaube, dass noch niemand ein Leben wegwarf, das zu erhalten der Mühe werth war. Denn unsere natürliche Furcht vor dem Tode ist so gross, dass kleine Beweggründe nie im Stande sein werden uns mit ihm auszusöhnen«, schrieb Hume und folgerte dann: »Wenn Selbstmord ein Verbrechen ist, so ist es Feigheit allein, die uns dazu antreiben kann. Wenn er kein Verbrechen ist, so sollten sowohl Einsicht als Tapferkeit uns anhalten, uns auf einmal von dem Dasein zu befreien, wenn es eine Last wird.«

RICHARD DAWKINS

„Religion ist Unsinn!"

Ein Gespräch mit Daniela Wakonnig

Wakonigg: *Professor Dawkins, vor 23 Jahren waren Sie zu Gast in einer sehr bekannten Radiosendung der BBC: »Desert Island Disc«.[1] Ich würde mir gern die Grundidee dieser Sendung für unser Interview ausleihen und möchte Sie einladen, auf der Insel dieses wunderschönen Konferenzraums mit mir gemeinsam ein Schiffbrüchiger zu sein. Alles um uns herum ist nur eine Fata Morgana, hier sind nur wir beide und – lustigerweise – Ihr jüngstes Buch »Forscher aus Leidenschaft«. In dem Buch schreiben Sie, dass es ursprünglich ein Kinderbuch war, das die Forscherleidenschaft in Ihnen erwachen ließ: »Doktor Dolittle«.*

Dawkins: Ich habe Doktor Dolittle geliebt. Er war der Held meiner Kindertage. Ich träumte davon, mit nicht-menschlichen Tieren sprechen zu können, als ich etwa sieben war, und stellte mir vor, selbst Doktor Dolittle zu sein. Heute sehe ich ihn eher als eine Art jungen Charles Darwin auf der Beagle, weil Doktor Dolittle immer auf kleineren Schiffen wie der Beagle unterwegs war. Üblicherweise gingen sie dabei zu Bruch. Und er war ein großer Naturalist, so wie Charles Darwin, und beide waren sehr sanfte, gütige Menschen. Beide hassten die Sklaverei. Darum ist Doktor Dolittle für mich heute eher Charles Darwin. Ich glaube, das was ich als Kind hauptsächlich von ihm gelernt habe, war etwas, das wir heute Speziesismus nennen würden, die Annahme, dass Menschen im Gegensatz zu anderen Tieren etwas ganz Besonderes seien. Auch Darwin hat sich – wenn auch in ganz anderer Weise – in mehreren seiner Bücher bemüht, die Menschheit mit dem restlichen Tierreich zu vereinen. »Der Ausdruck der Gemütsbewegungen«, »Die Abstammung des Menschen« und viele seiner Bücher versuchen, diese Verbindung, diese Ähnlichkeit zwischen Menschen und anderen Säugetieren aufzuzeigen.

Sprechen Sie mit Tieren?

Nun, Konrad Lorenz hat ein Buch geschrieben, »Er redete mit dem Vieh, den Vögeln und den Fischen«, wo er behauptete, er habe die Fähigkeit, mit Tieren zu sprechen. Aber ich habe sie leider nicht.

Wie schade. Ich auch nicht. Obwohl ich sie sehr gern hätte. In Ihrem Buch schreiben Sie, dass Sie mit den üblichen religiösen Einflüssen Ihrer Zeit aufgewachsen sind. Als Junge waren Sie sogar im Kirchenchor. Ich frage mich, ob Sie zu dieser Zeit an Gott geglaubt haben.

Ja, größtenteils schon. Als ich etwa neun war, fand ich heraus, dass es viele verschiedene Religionen gab und dass sie nicht alle Recht haben konnten. Das machte mich misstrauisch, und ich war damals diesbezüglich recht streitlustig. Das ließ dann aber wieder nach und ich hatte mit 13 meine Konfirmation in der anglikanischen Kirche. Ich glaube, damals war ich ziemlich fromm. Aber das dauerte nicht lange.

Aber Sie können sich nicht mehr richtig daran erinnern, wie es war zu glauben?

Oh doch, das kann ich. Ich kann mich sehr gut daran erinnern, wie es war zu glauben, zu beten und auch an dieses Gefühl der kuscheligen Zweisamkeit mit Gott. Aber ich möchte nicht den Eindruck erwecken, dass meine Eltern mich indoktriniert haben. Nicht im Geringsten. Das wurde mir in der Schule vermittelt.

Sie sind heute einer der bekanntesten Atheisten der Welt – wenn nicht sogar der bekannteste – und außerdem ein leidenschaftlicher Fürsprecher der Wissenschaft. Warum, glauben Sie, ist die Wissenschaft für den Umgang mit der Welt besser geeignet als die Religion?

Nun, weil sie recht hat. Es gibt Belege dafür, dass sie Recht hat. Der einzige gute Grund, an etwas zu glauben, ist, dass es Beweise dafür gibt. Und selbstverständlich ist die wissenschaftliche Vorgehensweise die Vorgehensweise, durch die wir Wahrheiten über diese Welt herausfinden können, indem wir Belege heranziehen und logische Schlussfolgerungen treffen. Und falls irgendwann eine bessere Methode entdeckt werden würde, würde diese Methode auch Teil der Wissenschaft werden. Natürlich entwickelt sich die Wissenschaft. Die Wissenschaft verändert sich, die Wissenschaft macht Fehler. Sie entwickelt sich durch ihre Fehler, aber sie nähert sich, während sie sich entwickelt, immer weiter dem an, was wahr ist. Ich gehöre tatsächlich zu denen, die an objektive Wahrheiten glauben. Meine Zeit ist mir zu kostbar für so modernen Quatsch wie »Wissenschaft ist nur eine Annäherung an die Wahrheit« und »Es gibt noch andere Annäherungen an die Wahrheit«. Sie ist die einzige Annäherung an die Wahrheit – wenigstens an die Wahrheiten der realen Welt. Man könnte über andere Arten von Beweisen nachdenken, wenn es darum geht, was moralisch gut ist, oder etwas Ähnliches. Aber das ist eine völlig andere Sache. Selbst wenn es um solche Dinge geht wie die Frage, ob Ihr Ehepartner Sie liebt, geht es um Belege. Es sind keine Belege, wie die Wissenschaft sie liefert, Sie machen keine Experimente – jedenfalls hoffe ich das. Aber es geht um dieselbe Art von Belegen. Sie achten auf Hinweise in seinen Blicken, in seiner Stimme und so weiter, um herauszufinden, ob Ihr Partner Sie liebt. Es geht nicht nur um ein rein subjektives, inneres Gefühl.

Ich höre oft die Frage: Warum kann man eigentlich nicht beides haben – Wissenschaft und Religion? Wäre es denn wirklich so schlimm, wenn wir beide, während wir hier auf der Insel sitzen, für unsere Rettung beten? Es gibt schließlich viele Menschen, auch Wissenschaftler, die sagen, dass es für sie kein Problem ist, gleichzeitig Wissenschaftler zu sein und an Gott zu glauben.

Ich denke nicht, dass wir irgendeinen Schaden anrichten, wenn wir auf unserer Insel beten. Schließlich bedeutet das ja nicht mehr, als dass wir uns wünschen, dass wir hoffen, dass jemand kommt, um uns zu retten. Aber ich bin davon überzeugt, dass die Vorstellung, dass es da irgendetwas Übernatürliches gibt, zu dem man beten kann, schädlich und antiwissenschaftlich ist. Es ist besser anzuerkennen, dass die Welt nur aus der realen Welt besteht, die von den

Gesetzen der Natur beherrscht wird. Beten funktioniert nicht. Höchstens, indem es zum Beispiel Ihre psychischen Kräfte erhöht. Es könnte also einige indirekte Effekte haben, indem es Ihre Entschlossenheit zum Überleben erhöht, weil Sie glauben, dass Sie gerettet werden, weil Sie gebetet haben. Aber das ist ja nicht das, worüber wir sprechen. Wir sprechen von der irrealen Vorstellung, dass da oben oder da draußen jemand ist, der Ihren Gebeten tatsächlich zuhört. Das wirkt zersetzend auf das wissenschaftliche Unterfangen, dessen Ziel es ist, die wahren Gründe für alles und hinter allem zu finden. In meinem Fall – als Evolutionsbiologe – den wahren Grund des Lebens, wo es herkommt und warum es so ist, wie es ist. Das gesamte darwinsche Unterfangen basiert auf dem Erfolg der darwinschen Erklärung für Komplexität durch einen langsamen schrittweisen Prozess, die Evolution. Schon die bloße Vorstellung eines übernatürlichen Gottes widerspricht zutiefst der Wissenschaft der Evolution und meiner Ansicht nach sogar jeder Art von Wissenschaft. Obwohl Sie vollkommen Recht haben: Es gibt Wissenschaftler, die behaupten, sie seien gleichzeitig religiös und Wissenschaftler. Das stimmt. Ich halte das für gefährlich für das wissenschaftliche Unterfangen. Und wenn Sie diese religiösen Wissenschaftler mal genauer fragen, werden Sie oft feststellen, dass sie nicht religiös in dem Sinne sind, dass sie an etwas Übernatürliches glauben. Es kommen dann Antworten wie: »Oh, ich bin spirituell, ich glaube an etwas zutiefst Geheimnisvolles im Universum.« Das tue ich auch! Aber ich glaube nicht an etwas Übernatürliches. Ich glaube nicht an irgendein Geistwesen, das Gebete erhört, Sünden vergibt oder mit einem spricht. Ich denke, dass so etwas den wissenschaftlichen Gedanken zersetzt.

Sie haben oft gesagt, dass Sie die Religion für etwas Gefährliches halten. Was sind Ihrer Meinung nach negative Auswirkungen der Religion und des nicht-wissenschaftlichen Denkens, die wir heute in der Welt sehen können?

Abgesehen von der gefährlichen Auswirkung auf die Wissenschaft, die nicht ganz so tragisch ist, hat die Religion sehr ernstzunehmende Einflüsse auf die heutige Welt. Allein gestern und heute habe ich in Berlin mehrere Ex-Muslime getroffen, die aus ihren Heimatländern fliehen mussten und die von ihren Verwandten, von Brüdern und Onkeln verfolgt werden, die sie umbringen wollen. Weil sie ihre Familien entehrt haben, indem sie dem Islam den Rücken kehrten. Und das ist zutiefst böse. Allein die Vorstellung, dass eine metaphysische Sicht auf die Welt und die Moral – also das, was wir Religion nennen – den empfindlichen menschlichen Geist parasitär infiltrieren und übernehmen kann, bis er sich so verformt, dass jemand seine eigene Schwester oder Tochter umbringen will, weil sie vom Glauben abgefallen ist! Wir sehen also die offenkundig bösen Auswirkungen der Religion, welche die Schlagzeilen bestimmen, auch wenn die Schlagzeilen manchmal übertreiben. Aber nichtsdestoweniger gibt es in der heutigen Welt etwas zutiefst Böses, und das ist der religiöse Fundamentalismus. In Amerika ist es nicht ganz so schlimm, weil die Menschen sich im Allgemeinen nicht gegenseitig deswegen umbringen – nicht oft jedenfalls. Trotzdem gibt es auch in Amerika diesen Fundamentalismus, der Leute dazu bringt, Abtreibungskliniken in die Luft zu sprengen oder Politiker zu wählen, die unsinnige anti-wissenschaftliche Dinge glauben. Zum Beispiel, dass die Welt nur 6000 Jahre alt ist. Leute, die solch einen Unsinn glauben, dürfen tatsächlich wählen. Und wenn man nach Amerika schaut, sieht man, was dabei herauskommt.

Glauben Sie, dass die Menschheit eine Zukunft hat? Und, falls ja, was glauben Sie, wie diese Zukunft aussehen wird?

Natürlich müssen wir uns Sorgen machen in Hinblick auf die Erderwärmung. Und es gibt auch noch ein paar andere besorgniserregende Dinge, für die wir dringend politische Lösungen finden müssen. Aber mir haben diesbezüglich in jüngster Zeit einige Bücher Mut gemacht. Wie Steven Pinkers »Aufklärung jetzt« und »Gewalt: Eine neue Geschichte der Menschheit«, Matt Ridleys »Der rationale Optimist« oder Michael Shermers »Der moralische Fortschritt«, die eine eher optimistische Sicht der Menschheit eröffnen, wenn man den großen Bogen der Geschichte betrachtet und nicht nur den kleinen Zeitausschnitt, in dem wir zufällig leben. Ich habe das Gefühl, dass wir uns verbessern, dass die Welt eine bessere wird. »Gewalt: Eine neue Geschichte der Menschheit« beleuchtet die positive Entwicklung unserer moralischen Werte über die Jahrhunderte hinweg. Es braucht also Zeit. Und es gibt Rückschritte – in einem davon befinden wir uns gerade. Matt Ridleys »Der rationale Optimist« zeugt von großem Vertrauen in die Wissenschaft hinsichtlich der Lösung von Problemen. Es gibt Menschen, die davon überzeugt sind, dass uns die Wissenschaft auch bei den wirklich ernsthaften Umweltproblemen helfen wird, mit denen wir gerade konfrontiert sind. Es gibt also tatsächlich einige optimistische Ausblicke in die Zukunft, die mir ein bisschen Mut machen.

Es gibt Wissenschaftler, die behaupten, dass die Zukunft religiöser sein wird, weil religiöse Menschen mehr Kinder haben. Glauben Sie, dass die Zukunft eher religiöser oder eher wissenschaftsorientierter sein wird? Werden wir einen religiösen Backlash erleben?

Die Vermutung, dass die Religion auf dem Vormarsch ist, weil religiöse Menschen mehr Kinder haben, basiert auf der grotesken Annahme, dass Kinder die Religion ihrer Eltern erben. Falls das wahr sein sollte, müssen wir etwas dagegen unternehmen. Ich befürchte, dass es möglicherweise wahr sein könnte, aber trotzdem sollten wir nicht davon ausgehen, dass es wahr ist. Was die genannte Überlegung tut. Und was wir alle tun, wenn wir zum Beispiel von »katholischen Kindern« sprechen. Es ist ein Skandal, von einem »katholischen Kind« zu sprechen. Dieses Kind ist viel zu jung, um zu wissen, was es glaubt. Wir müssen unbedingt aufhören, Kinder mit dem Glauben ihrer Eltern zu etikettieren. So etwas ist Kindesmissbrauch. Und wenn irgendjemand sagt, dass die Religion auf dem Vormarsch ist, weil religiöse Menschen mehr Kinder haben, dann geht er automatisch davon aus, dass Kinder die religiösen Überzeugungen ihrer Eltern erben. Diese Annahme ist eine Sünde. Sprechen Sie niemals von einem »katholischen Kind« oder einem »protestantischen Kind«, einem »jüdischen Kind« oder einem »muslimischen Kind«!

Gut, werde ich nicht! Glauben Sie, dass eine Welt ohne Religion eine bessere Welt wäre?

Ohne jeden Zweifel. Gar keine Frage: Ja. Es gibt Verdienste der Religion, sogenannte Verdienste, wie zum Beispiel große

Werke der Kunst, zweifelsohne. Ohne die Religion hätten wir weder die Sixtinische Kapelle noch die H-Moll-Messe. Aber das liegt natürlich nur daran, dass die Kirche das Geld hatte. Die Künstler wurden bezahlt, subventioniert. Aber wir könnten ebenso viel Inspiration für große Kunstwerke erhalten durch die Wissenschaft, die Realität – im Gegensatz zur Fake-Realität.

Wenn man sich als Atheist mit religiösen Menschen über ihren Glauben unterhält, bekommt man ja oft die Frage zu hören, ob ein Leben ohne Religion nicht sinnlos sei. Was würden Sie zu diesen Menschen sagen?

Wie kannst du es wagen? Wie kannst du es wagen! Wenn dein Leben sinnlos ist, dann stirb doch einfach und überlass es denen, die es schätzen können! Das Leben ist wundervoll, die Welt ist wundervoll, das Universum ist wundervoll. Es ist wundervoll, die Welt zu verstehen, das Universum zu verstehen, das Leben zu verstehen. Und es ist ein großes Privileg, hier sein zu dürfen, um es zu verstehen. Allein die Vorstellung, dass das Leben sinnlos sei, nur weil es das Ende ist, wenn man stirbt, und weil das Leben nicht bloß eine Art Probe für das nächste Leben ist! Was für ein erbärmlicher Wicht bist du, wenn du sowas denkst!

Gut, aber ...

Ich weiß, Sie tun das nicht.

Sie sind zweifellos ein Experte, wenn es darum geht, mit religiösen Menschen zu diskutieren. Haben Sie vielleicht ein paar Tipps für Ihre Mit-Atheisten, wie man Menschen die negativen Auswirkungen, die Überflüssigkeit und den Unsinn der Religion und zugleich den Nutzen und die Schönheit der Wissenschaft nahebringen kann – ohne bei solchen Diskussionen den Verstand zu verlieren?

Ich weiß nicht, ob ich diesbezüglich der beste Ansprechpartner bin. Mir wird ja oft vorgeworfen, ich sei zu schonungslos und zu wenig einladend. Es gibt Menschen, die sagen, der richtige Weg im Umgang mit Religiösen sei es, sie zu umwerben, sie zu verführen und zu sagen: »Okay, du kannst deinen Jesus behalten und du kannst deinen Gott behalten und du musst auch nur ein kleines bisschen Wissenschaft verstehen«, also ganz sanft und behutsam. Ich halte das für einen guten Ansatz und ich bin froh, dass es einige Menschen gibt, die das so machen. Aber es passt einfach nicht besonders gut zu mir. Es ist einfach nicht das, was ich mache. Ich ziehe es vor, die Dinge offen auszusprechen und zu sagen: »Hier sind die wissenschaftlichen Fakten, hier sind die Belege – und es ist wundervoll!« Und ich möchte es nicht herunterspielen, ich möchte nicht, dass es banal und alltäglich wirkt. Denn das ist es nicht. Es ist wundervoll, es ist herrlich! Und das versuche ich zu transportieren. In gewisser Weise mache ich das mit der Biologie, was Carl Sagan mit der Astronomie getan hat. So gesehen versuche ich vielleicht, Menschen mit der Schönheit der Wissenschaft zu verführen. Aber ich versuche nicht, irgendjemanden zu verführen, indem ich ihm auf halbem Weg entgegenkomme und sage: »Du kannst deine Religion behalten«. Ich glaube nicht, dass du deine Religion behalten solltest, denn sie ist Unsinn.

Ist das der Grund, dass viele Menschen Sie für aggressiv halten?

Ja, manche Menschen denken, dass ich aggressiv bin. Ich bin höflich bei persönlichen Begegnungen. Aber vermutlich wirke ich gedruckt manchmal etwas aggressiv. Allerdings gibt es hierbei einen weiteren Faktor: Wir haben uns über die Jahrhunderte so sehr daran gewöhnt, dass die Religion mit Samthandschuhen angefasst und niemals direkt angegriffen wird, dass sogar eine relativ milde Kritik der Religion als aggressiv wahrgenommen wird. Es wirkt aggressiver als es tatsächlich ist, einfach weil es so ungewohnt ist. Aber wenn Sie es mit Theaterkritiken, Restaurantkritiken und Ähnlichem vergleichen, werden Sie genauso aggressive Worte hören. Nur bei Theaterkritiken und Restaurantkritiken haben wir uns daran gewöhnt, dass sie recht forsch sind. Bei Religionskritik wirkt das Ganze nur deshalb forscher, weil wir daran nicht gewöhnt sind. Es gibt natürlich auch Menschen, die jede Form von Kritik an der Religion als persönlichen Angriff auf sich selbst werten – was natürlich nicht stimmt. Es ist eine bessere Sicht der Welt. Es geht um eine Weltsicht und nicht um einen Menschen, der keine Kritik vertragen kann.

Es gibt einen weiteren, recht modernen Ansatz, Religionen zu kritisieren. Und zwar, indem man eigene Religionen erfindet, Parodien wie das »Fliegende Spaghettimonster«. Was halten Sie von diesem Ansatz?

Ich halte das für eine ziemlich gute Sache. Ich liebe Satire und ich liebe die Arbeit mit dem Komischen. Was das »Fliegende Spaghettimonster« betrifft: Das eignet sich natürlich besonders gut für jene Menschen, die sagen, dass man Gott nicht widerlegen kann und dass man nicht beweisen kann, dass Gott nicht existiert. Was natürlich stimmt, aber völlig unbedeutend wird, sobald man feststellt, dass sich auch die Existenz des »Fliegenden Spaghettimonsters« nicht widerlegen lässt. Und nicht nur die Existenz des »Fliegenden Spaghettimonsters«, sondern eine unendliche Anzahl möglicher Dinge, die man sich vorstellen kann, Feen und Kobolde, pinkfarbene Einhörner, fliegende Spaghettimonster, einfach alles. Ein weiterer Ansatz besteht darin, auf all die Tausende von Religionen hinzuweisen, die in der Geschichte existiert haben und noch heute auf der ganzen Welt existieren und die sich alle voneinander unterscheiden. Menschen denken sie sich einfach aus. Und es gibt absolut keinen Grund zu glauben, dass ausgerechnet die Religion, mit der du zufällig groß geworden bist, die richtige ist.

Auf unserer kleinen Insel ist es inzwischen Nacht geworden. Über uns: Ein fantastischer Sternenhimmel. Und aus unserem Schiffswrack haben wir nicht nur Ihr Buch gerettet, sondern auch eine Flasche Wein. Während wir die Flasche trinken, geraten wir in eine recht philosophische Stimmung. Sie wissen schon, diese Art von Stimmung, in der man Fragen stellt, die man normalerweise nicht stellen würde. Den Blick hoch zum fantastischen Sternenhimmel über uns gerichtet, ist meine erste Frage: Was ist der Mensch?

»Was ist der Mensch, dass du seiner gedenkst?«[2] Der Mensch ist »ein gespaltner Rettich«.[3] Der Mensch ist ein Tier. Ein afrikanischer Affe. Ein Produkt der Evolution. Eine Überlebensmaschine für seine egoistischen Gene. Eine von momentan rund zehn Millionen lebenden Spezies und von Milliarden von ausgestorbenen Tieren und Pflanzen. Wir sind Teil des riesigen, weit verzweigten Baums des Lebens. Das Produkt biologischer Evolution. Der letzte Sinn und Zweck des Menschen und jedes anderen Wesens ist die Verbreitung seiner DNA, die unsere Entwicklung bestimmt hat. Das ist die eine Wahrheit. Aber das bedeutet nicht, dass das der Sinn ist, den wir alle in unserem Leben sehen. Das ist etwas ganz anderes. Wir können unserem Leben alle einen unterschiedlichen Sinn geben. Aber ich denke, es ist wichtig, immer auch zu verstehen, dass wir das Ergebnis physikalischer Gesetze sind, geformt durch den ziemlich eigentümlichen Prozess der Evolution, durch natürliche Selektion. Das ist es, wodurch wir entstanden sind und dem wir unsere Existenz verdanken. Andererseits wurden wir durch dieselben darwinschen Prozesse mit großen Gehirnen bedacht und diese Gehirne verschaffen uns die Fähigkeit, über unsere biologischen Ursprünge hinauszuwachsen, uns mit Mathematik und Philosophie zu beschäftigen, zu lieben und zu hassen, sie ermöglichen uns Dichtung und Kunst. Darum sind wir wesentlich mehr als unsere biologischen Körper. Aber wir sind trotzdem nichts weiter als eine Besonderheit, die auf unserem biologischen Körper beruht.

Der deutsche Philosoph Immanuel Kant hat einmal gesagt, dass alle Philosophie auf die Beantwortung von drei Fragen zielt: Was kann ich wissen? Was soll ich tun? Was darf ich hoffen? Ich möchte Ihnen diese Fragen in etwas abgewandelter Form stellen: Was wissen Sie?

Ich weiß, was jeder Wissenschaftler des 21. Jahrhunderts weiß. Ich weiß wesentlich mehr als meine Vorgänger vor 100, 200 oder 300 Jahren. Ich halte es für wichtig, das in Erinnerung zu rufen, denn es ist ein großes Privileg zu wissen, was wir wissen und was unsere Vorfahren nicht wussten. Ich sage gern, dass jeder im 21. Jahrhundert in der Lage wäre, Aristoteles eine Unterrichtsstunde zu geben. Sie würden ihn einfach nur umhauen und zum Staunen bringen, allein mit dem, was Sie als ganz normaler Mensch wissen, der das Glück hat, im 21. Jahrhundert zu leben. Wahrscheinlich könnte man auch Kant damit umhauen. Das ist es, was ich weiß. Ich denke, ich weiß auch noch ein paar andere Dinge, die mit der Wissenschaft nichts zu tun haben. Ich weiß etwas über meine Mitmenschen. Ein Wissen, das ich, wie schon erwähnt, nicht durch strenge wissenschaftliche Experimente erlangt habe. Ich weiß, was es heißt, ein Mensch zu sein. Ich weiß, was es heißt, zu fühlen, zu denken, zu lieben, etwas zu ersehen. Das ist eine andere Art des Wissens, die auf wissenschaftlichem Wege schwieriger zu erklären ist, die aber nichtsdestoweniger für jeden von uns sehr real ist. Ja, das ist es, was ich weiß.

Was tun Sie?

Was tue ich? Ich atme und gehe und lebe und liebe und schreibe und lese und mache Urlaub und wundere mich über Dinge und sehe hinauf zu den Sternen und hinein in Mikroskope und tue im Großen und Ganzen genau das, was auch andere Menschen tun.

Was hoffen Sie?

Ich hoffe auf eine bessere Welt. Ich hoffe, dass ich einen kleinen Beitrag dazu leisten kann, dass diese Welt eine bessere wird. Ich hoffe auf ein Ende des Tribalismus, des Nationalismus und der Religion. Auf ein umfassendes Verständnis für die Schönheit des Lebens, die Schönheit der Welt, in der wir leben. Auf umfassende Bildung, damit Menschen tatsächlich das Wenige wertschätzen können, das man wissen kann, statt weiter umnachtet zu sein von Aberglauben und tradierten falschen Wahrheiten. Ich hoffe auf ein Ende des Leidens, eine Verminderung des Leidens. Ja, das ist es, was ich hoffe.

Was ist Ihnen heilig?

Wahrheit. Wahrheit im wissenschaftlichen Sinne. Die Wahrheit über die reale Welt. Die objektive Wahrheit, die wunderschön ist und die beschützt werden muss, weil sie bedroht ist. Es gibt Menschen, welche die Wahrheit nicht wertschätzen oder die Wahrheit untergraben. Menschen, die sogar sagen, dass sie nicht wichtig ist, dass man sich seine eigene Wahrheit schaffen muss, und ähnlichen Blödsinn. Es gibt die Wahrheit. Und sie ist da draußen. Und es ist die Aufgabe der Wissenschaft, sie zu enthüllen. Das ist etwas Heiliges. Und falls irgendwann in der Zukunft eine Zeit kommen sollte, in der die Menschen aufgehört haben, an objektive Wahrheiten zu glauben, in der jeder seine eigenen Wahrheiten hat und als Wahrheit das gilt, was politisch zweckdienlich ist, dann würde ich verzweifeln.

Gibt es in Ihrem Leben wichtige Dinge, von denen Sie sich wünschen, dass sie sie getan oder gelassen oder häufiger oder seltener getan hätten?

Ich habe viel Zeit verschwendet. Im Laufe meiner akademischen Karriere habe ich zum Beispiel viel Zeit mit dem Programmieren von Computern verbracht. Was intellektuell durchaus anregend war, meinen Horizont aber nicht wirklich erweitert hat. Zumal andere das wesentlich besser konnten als ich. Ich schätze, das ist etwas, das ich bereue. Aber im Großen und Ganzen bin ich sehr glücklich mit meinem Leben. Na ja, könnte besser sein. Eine Fernsehproduktionsgesellschaft hat mal mein Genom sequenziert, vollständig, was nicht oft gemacht wird. Sie haben die Daten auf einer CD gespeichert und hatten den Plan, diese CD zu vergraben. Und in 500 Jahren sollte die CD wieder ausgegraben und ein Klon von mir angefertigt werden. Es würde also in 500 Jahren ein Zwilling von mir existieren. Das Ziel des Fernsehbeitrags war es, philosophische Probleme zu diskutieren. Ob der Klon »Ich« wäre oder nicht, zum Beispiel. Selbstverständlich wäre er das nicht, es wäre nur ein Zwilling. Es ging also um solche Dinge. Aber darüber hinaus sollte ich meinem 500 Jahre jüngeren Klon auch Ratschläge geben. Welche Fehler ich gemacht habe. Was ich hätte tun sollen. Nach dem Motto: Mach nicht dieselben Fehler wie ich, du hast meine Gene, also nutze sie besser! Der Beitrag wurde nie gedreht. Mein Genom wurde zwar sequenziert, aber daraus ist dann ein anderer Beitrag entstanden. Also habe ich mich nie entscheiden müssen, was ich meinem jüngeren Klon für Ratschläge geben würde. Die Welt, in der er aufwachsen würde, würde sich von der heutigen ohnehin so stark unterscheiden, dass meine Ratschläge vollkommen sinnlos wären.

Das heißt, Sie wissen noch immer nicht, welchen Ratschlag Sie Ihrem Klon geben würden?

Eigentlich nicht. Ich würde viel lieber von ihm erfahren, wie die Dinge so in 500 Jahren sind.

Überkommt Sie manchmal ein Memento mori, in dem Sie über Ihre eigene Sterblichkeit nachdenken?

Ja. Das geht uns wahrscheinlich allen so. Ich hätte gern ein langes Leben. Es gibt noch so viel zu lernen, so viel zu entdecken. Einer der Gründe, warum ich gern länger leben würde, ist, dass ich gern sehen möchte, was noch passiert, denn die Dinge entwickeln sich so schnell. Wir leben in einer Welt mit großen und schnellen Veränderungen – was sehr spannend ist. Ich würde gern die Erforschung des Sonnensystems erleben, wenn die Menschheit den Mars besiedelt und vielleicht Leben auf dem Mars findet. Oder auf Enceladus, der den Saturn umkreist. Die weitere Erforschung des Lebens, biologische Forschung. Das sind Gründe, aus denen heraus ich gern länger leben würde. Ich denke, die Vorstellung der Ewigkeit ist eigentlich das, was am Tod so beängstigend ist. Und es ist noch beängstigender, wenn man sie erlebt. Wie ich schon mal gesagt habe: Ich würde die Ewigkeit gern unter Vollnarkose verbringen. Und genau das wird letztendlich passieren.

Haben Sie Angst vor dem Tod und dem Sterben?

Ich habe Angst vor der Ewigkeit. Aber, wie gesagt, unter Vollnarkose ist sie vollkommen harmlos. Mark Twain hat mal gesagt: Ich war Milliarden von Jahren tot, bevor ich geboren wurde, und habe das nicht im Geringsten als unangenehm empfunden. Und genauso wird es sein.

Wie würden Sie gern sterben?

Friedlich und ruhig. Eines der beunruhigenden Dinge am

Menschsein ist, dass es uns nicht erlaubt ist, einfach zum Tierarzt zu gehen und uns schmerzlos töten zu lassen. Wir sind dazu verdammt, an natürlichen Ursachen zu sterben, was oft Leiden bedeutet. Ich würde lieber zum Tierarzt gehen und mir eine schmerzlose Injektion geben lassen.

Da ist er wieder: Doktor Dolittle.

Wenn Sie so wollen ...

Wenn man sich als Atheist mit sehr religiösen Menschen unterhält, kommt früher oder später der Satz: Wart's nur ab, wenn der Tod näher rückt, wirst du dich so sehr fürchten, dass du wieder gläubig wirst. Denken Sie, das könnte Ihnen passieren?

Ja, ja: »Im Schützengraben gibt es keine Atheisten.« – Nein, ganz sicher nicht. Ich würde mich, wie Bertrand Russell sagte, voll Verachtung weigern, in diesem Moment vor Angst zu zittern und all meine Prinzipien zu verraten. Warum sollte ich auch? Natürlich nicht!

Ich vermute, Sie kennen die berühmte Geschichte von Christopher Hitchens' Bekehrung auf dem Sterbebett?

Das ist doch bloß üble Nachrede gewesen. Sie meinen diesen grässlichen Kerl, der Lügen über ihn erzählt hat?

Nein, ich rede von der Geschichte, wo das Ganze umgedreht wurde: Als Hitchens im Sterben lag, betrat ein Priester sein Zimmer. Kurze Zeit später kam der Priester wieder heraus

– und war Atheist. Das ist die Geschichte von Christopher Hitchens' Bekehrung auf dem Sterbebett.

Die Geschichte kannte ich noch nicht. Die ist gut.

Wäre das vielleicht auch was für Sie?

Ja, ich denke schon. Das würde mir gefallen.

Die Rettungskräfte werden uns bald erreichen. Ich nehme den letzten Schluck aus unserer Flasche und stelle Ihnen meine letzten betrunkenen Fragen. Wenn ich Sie nach etwas fragen würde, ohne das Sie niemals würden leben wollen – was wäre das Erste, das Ihnen in den Sinn kommt?

Menschliche Liebe.

Wenn Sie die Wahl hätten treffen müssen, die Welt entweder so zu erschaffen, wie sie jetzt ist, oder überhaupt nicht – hätten Sie sie erschaffen?

Ja. Ja, das hätte ich. Es ist eine interessante Frage, ob es überhaupt eine alternative Welt geben könnte. Einstein hat sich für diese Frage interessiert. Gibt es mehr als eine mögliche Art, auf der die Welt existieren könnte? Eine interessante Frage. Ich weiß darauf keine Antwort. Ich vermute, dass die Antwort wahrscheinlich »Ja« lautet. Aber ja, ich würde die Welt so erschaffen, wie sie ist, wenn die Alternative die wäre, dass sie überhaupt nicht entsteht. Auf jeden Fall.

Finden Sie, dass die positiven Aspekte der Welt überwiegen?

Ja. Die positiven Aspekte und das enorme Wunder, das sie nun mal ist.

Was ist das Ziel Ihres Tuns, Ihrer Bücher, Ihrer Vorträge und so weiter?

Aufklärung. Bildung. Das Wecken von Verständnis. Manchmal vielleicht auch ein bisschen Poesie. Ich habe die Wissenschaft mal als die Poesie der Wirklichkeit beschrieben. Ich denke, dass die Wissenschaft ein wunderbarer Träger von Poesie und Kunst ist. Ich versuche, in meinen Büchern in einem Stil zu schreiben, der manchmal eine Art poetische Prosadichtung ist. Weil das Thema es erfordert.

Was würden Sie späteren Generationen gern mitgeben?

Eine Liebe zum Wissen. Eine Liebe zur Wahrheit. Das Verlangen, etwas zu entdecken. Niemals zufrieden zu sein, bis man nicht noch mehr gelernt hat. Im Großen und Ganzen das, was ich auf die letzte Frage geantwortet habe.

Die letzte Frage: Sie haben vermutlich Tausende von Interviews gegeben. Gibt es irgendeine Frage, die Ihnen nie gestellt wurde, die sie aber gerne hören und beantworten würden?

Ich habe in der Tat schon furchtbar viele Interviews gegeben, und sie waren tatsächlich oft recht eintönig – was dieses hier nicht war. Das hier war ein wenig interessanter. Wofür ich mich bedanke. Mir fällt spontan keine weitere Frage ein, die ich gern beantworten würde. Aber ich bedanke mich dafür, dass Sie Ihre Fragen etwas anders gestellt haben, als ich es gewohnt bin.

Nichts zu danken. Ich freue mich, dass ich Sie nicht gelangweilt habe.

Nicht im Geringsten.

Johann-Albrecht Haupt

Die Privilegien der Kirchen
Gesetze und Verfassungen –
Eine Dokumentation

> »Das Grundgesetz legt (...) dem Staat als Heimstatt
> aller Bürger ohne Ansehen der Person weltanschaulich-
> religiöse Neutralität auf. Es verwehrt die Einführung
> staatskirchlicher Rechtsformen und untersagt auch die
> Privilegierung bestimmter Bekenntnisse«
> Bundesverfassungsgericht, Urteil vom 14. 12. 1965 BVerfGE
> 19, 206/216

Trotz dieser eindeutigen Aussage des höchsten deutschen Gerichts, die auch von niemandem ernsthaft bestritten wird, gibt es eine Unzahl von rechtlichen oder faktischen Privilegien der beiden christlichen Kirchen, deren Legalität gemessen am Maßstab der deutschen Verfassung und deren Legitimität gemessen am Maßstab der konfessionellen Vielfalt der Bevölkerung zweifelhaft ist.

Dabei sieht sich allerdings derjenige, der die Verfassungskonformität der bestehenden Strukturen im Bereich der Religionsgemeinschaften anzweifelt oder bestreitet, einer massiven kirchenfreundlichen Praxis in Politik, Medien, Rechtsprechung und Rechtslehre gegenüber. Zugleich sieht er sich nahezu unvermeidlich dem Vorwurf der Kirchen- oder gar Religionsfeindlichkeit ausgesetzt – ein Vorwurf, der – obgleich unsinnig – auch heute noch im sozialen und politischen Umfeld diskriminierenden Charakter hat. In Abschnitt I sind die bedeutsamsten Fälle, in Abschnitt II weitere Privi-

legientatbestände dargestellt. Die folgende Liste der Privilegien erhebt keinen Anspruch auf Systematik und Vollständigkeit.
Mit Blick auf die Vielfalt der neben den christlichen »Amtskirchen« bestehenden Religions- und Weltanschauungsgemeinschaften muss unterschieden werden zwischen

- der Sonderstellung, die allen Religionsgemeinschaften im Gegensatz zu anderen gesellschaftlichen Gruppierungen zukommen,
- der Sonderstellung der sogenannten korporierten Religionsgemeinschaften (Körperschaften des öffentlichen Rechts nach Artikel 137 Absatz 5 Weimarer Reichsverfassung – WRV), zu denen auch, aber nicht nur, die christlichen Kirchen gehören, gegenüber den anderen (privatrechtlich verfassten) Religionsgemeinschaften
- und der Sonderstellung der christlichen Kirchen gegenüber allen anderen Religionsgemeinschaften.

I. Die neun bedeutsamsten Privilegien

1. Körperschaft des öffentlichen Rechts
Die beiden christlichen Kirchen sind kraft Verfassung Körperschaften des öffentlichen Rechts, andere Religions- und Weltanschauungsgemeinschaften können unter bestimmten Voraussetzungen diesen Status von den Bundesländern verliehen bekommen (Art. 137 Abs. 5 WRV). Das ist in einer Anzahl von Fällen auch geschehen (z. B. Jüdische bzw. Israelitische Gemeinden, Altkatholische Kirche, Zeugen Jehovas, verschiedene Freireligiöse Gemeinden, Russisch-Orthodoxe

Kirche im Ausland, einige Landesverbände des Humanistischen Verbands Deutschlands, Ahmadiyya Muslim Jamaat). Was der Status einer Körperschaft des öffentlichen Rechts eigentlich bedeutet, ist unklar. Die Anerkennung der besonderen Bedeutung der öffentlichen Wirksamkeit einer Religionsgemeinschaft soll damit verbunden sein, »ein Mittel zur Entfaltung der Religionsfreiheit« (BVerfGE 102, 370/387), »eine Heraushebung über andere Religionsgemeinschaften«, ohne dass jeweils erläutert wird, was das konkret heißt. Einerseits keine Eingliederung in die staatliche Organisation, keine spezielle staatliche Aufsicht. Andererseits keine hoheitlichen Eingriffsbefugnisse, soweit die Verfassung dies nicht selbst vorsieht. Dort vorgesehen ist einzig die Befugnis der Kirchen als Körperschaften des öffentlichen Rechts, Steuern von ihren Mitgliedern zu erheben (Art. 137 Abs. 6 WRV, siehe unten Nr. 2). Soweit mit dem Status »Körperschaft des öffentlichen Rechts« in zahlreichen einfachen Gesetzen besondere Befugnisse oder Befreiungen verbunden sind, verstößt die damit verbundene Vorzugsbehandlung gegen das Verbot der staatlichen Privilegierung einzelner Religionen bzw. Religionsgemeinschaften, gemäß dem obigen Zitat des Bundesverfassungsgerichts.

Mit der Qualifikation als Körperschaft des öffentlichen Rechts verbunden ist nach vielfach zu lesender Auffassung ein sogenanntes **Privilegienbündel.** Dazu gehören – neben zahlreichen unten in Abschnitt II genannten Privilegien – zum Beispiel:

- **Dienstherrenfähigkeit:** Befugnis der Kirchen, öffentlich-rechtliche Dienstverhältnisse (für Geistliche und Kirchenbeamte) zu begründen, die nicht dem Arbeits-

und (jedenfalls prinzipiell) nicht dem Sozialversicherungsrecht unterliegen. Es gibt dazu eigene kirchliche Gesetze. Ob und in welchem Umfang das staatliche öffentliche Dienstrecht bei der Ausgestaltung des kirchlichen Amtsrechts zu beachten ist (»Typenzwang«), eventuell nur als strukturbildendes Minimum, ist streitig. Die Kirchen sind daran interessiert, dass der kirchliche Dienst als öffentlicher Dienst anerkannt wird, damit beim Wechsel vom kirchlichen in den staatlichen/kommunalen Dienst die Zeiten im Kirchendienst als ruhegehaltsfähig anerkannt werden.
- **Disziplinargewalt:** Teil der Dienstherrenfähigkeit mit der Folge, dass bei Kirchenbeamten nicht arbeitsrechtliche Sanktionen (Abmahnung, Kündigung), sondern spezielle kirchenrechtliche Sanktionen durch die Kirchenleitung oder durch eigene kirchliche Disziplinargerichte (z. B. Amtsenthebung, Entfernung aus dem Dienst, Versetzung in den Ruhestand, Gehaltskürzung, Strafversetzung) verhängt werden können. Von Bedeutung ist diese Unterscheidung vor allem für die Frage, ob und in welcher Tiefe staatliche Gerichte die kirchlichen Sanktionsmaßnahmen überprüfen können.
- **Organisationsgewalt:** Die Befugnis, über Art. 137 Abs. 5 WRV hinaus Organe, Zusammenschlüsse und Untergliederungen in den Rechtsformen des öffentlichen Rechts (als rechtsfähige Anstalten oder Stiftungen des öffentlichen Rechts) zu bilden und zu ändern, teilweise unter staatlicher Mitwirkung (z. B. Art. 11 Loccumer Vertrag): dazu zählen Akademien, Schulen, diakonische Einrichtungen, kirchliche Versorgungskassen.
- **Res sacrae:** Kirchliche Befugnis, Bestandteilen des Ver-

mögens durch Widmungsakt (»Weihe«) den Status einer »öffentlichen Sache« zu verleihen. Solche »Res sacrae« (Heilige Dinge) müssen gottesdienstlichen Zwecken dienen: Kirchengebäude samt Einrichtung, Glocken und Friedhöfe. Ob Dritte gegen die Benutzung der kirchlichen öffentlichen Sache (Glockengeläut!) im Verwaltungsrechtsweg oder im Zivilrechtsweg klagen können, ist höchst umstritten, wie überhaupt die Frage des Rechtsschutzes wie des Rechtsweges bei Klagen gegen die Kirchen – soweit diese Körperschaft des öffentlichen Rechts sind – höchst kontrovers und undurchsichtig ist.

- **Autonomie:** öffentlich-rechtliche Regelungs-(Normsetzungs-)Befugnis der Kirchen in ihrem eigenen Bereich. Der praktische Unterschied gegenüber privatrechtlichen Regelungsbefugnissen ist gering, da die Privatautonomie (z. B. von Vereinen) Formen mit gleicher Wirkung zulässt (»Vereinssatzung«, »Benutzungsordnung«). Die Rechtssätze der Kirchen gelten auch nur für denjenigen, der Kirchenangehöriger ist oder der sich als Benutzer einer Kircheneinrichtung (z. B. Friedhof) in den Bereich der Kirchen begibt.
- **Parochialrecht:** Dieses bewirkt die automatische örtliche Zugehörigkeit eines »Bekenntnisgenossen« zu der Gemeinde seiner Religionsgemeinschaft; im Umzugsfalle bedarf es keiner Anmeldung oder keines Beitritts zu der neuen Gemeinde. Streitig ist, ob das auch für den Fall des Zuzugs aus dem Ausland gilt (BVerwG NVwZ 1992, 66; Engelhardt, NVwZ 1992, 239)

Den erwähnten Körperschaftsrechten ist gemeinsam, dass sie im Wesentlichen nur innerkirchliche Bedeutung haben, also für die Kirchen selbst sowie für Bürgerinnen und Bürger, die der Kirche angehören. Ferner ist ihnen gemeinsam, dass über diese Körperschaftsrechte als Rechtspositionen nichts in der Verfassung steht. Es wird die Auffassung vertreten, dass im Jahre 1919 der Artikel 137 Abs. 5 WRV den Kirchen nicht nur ihren öffentlich-rechtlichen Status, sondern damit auch »bestimmte Vorrechte, die sie bislang genossen hatten, für die Zukunft ... garantieren« wollte (Axel von Campenhausen und Heinrich de Wall »Staatskirchenrecht«, 4. Aufl., München: Beck 2006, S. 128). Der Zusatz »und bestimmte Vorrechte, die sie bislang genossen hatten« findet im Wortlaut der Verfassung keine Stütze und ist eine für die deutsche Staatskirchenrechtslehre nicht untypische freie Erfindung.

2. Besteuerungsrecht

Die Verfassung verleiht den Körperschaften des öffentlichen Rechts das Recht, »auf Grund der bürgerlichen Steuerlisten ... Steuern zu erheben« (Art. 137 Abs. 6 WRV). Von diesem Recht, das allen korporierten Religionsgemeinschaften zusteht, haben außer der evangelischen und der katholischen Kirche nur wenige Körperschaften des öffentlichen Rechts Gebrauch gemacht (z. B. die Alt-Katholiken und zahlreiche jüdische bzw. israelitische Gemeinden).

- Da im Grundgesetz garantiert, ist von Verfassung wegen gegen das Steuererhebungsrecht nichts einzuwenden, auch wenn die Erhebung von Mitgliedsbeiträgen als Steuer (Zwangsabgabe) befremdlich erscheinen mag und kirchenintern nicht unumstritten ist. Ein klarer Verfassungsverstoß ist jedoch die Mitwirkung des Staates, der

Arbeitgeber und des Kreditgewerbes bei der Erhebung und Beitreibung der Kirchensteuern. Denn nicht der Staat (mittels der Finanzämter) oder seine Gehilfen erheben nach Sinn und Wortlaut der Verfassung die Kirchensteuer, sondern die kirchensteuerberechtigte Religionsgemeinschaft. Dass die Kirche sich (kostengünstig) der staatlichen Steuerverwaltung bedienen darf, verstößt gegen das Trennungsgebot: der Steuerbescheid des Finanzamtes ist der Hauptanwendungsfall staatlicher Hoheitsausübung gegenüber dem Staatsbürger. Die Vermengung von staatlichen und kirchlichen Abgaben in einem Steuerbescheid ist durch den Verfassungswortlaut nicht gedeckt, denn der Staat stellt hier weit mehr als »bürgerliche Steuerlisten« zur Verfügung. Zudem verstößt für den Steuerzahler der Zwang, dem Arbeitgeber die Zugehörigkeit oder Nichtzugehörigkeit zu einer steuererhebenden Religionsgemeinschaft mitzuteilen, gegen das Grundrecht, die religiöse Überzeugung gegenüber jedermann zu verschweigen (Art. 136 Abs. 3 WRV). Das Bundesverfassungsgericht hat zwar die staatliche Kirchensteuererhebung gebilligt, ist jedoch eine Begründung dafür bis heute schuldig geblieben (BVerfGE 20, 40/43; 44, 103/104; DVBl, 2002, 1624).

3. Religionsunterricht

- Nach Art. 7 Abs. 3 des Grundgesetzes (GG) findet an öffentlichen Schulen, außer den bekenntnisfreien, Religionsunterricht als ordentliches Lehrfach statt. Weil dort vor allem auch Glaubenswahrheiten vermittelt werden sollen, ist der Unterricht in Übereinstimmung mit den

Grundsätzen der Religionsgemeinschaften zu erteilen. Die Vorschrift gilt nach Art. 141 GG nicht in Bremen, Berlin und – das ist streitig – in den Ländern der ehemaligen DDR. Voraussetzung ist nicht, dass die betreffende Religionsgemeinschaft eine Körperschaft des öffentlichen Rechts ist.
- Faktisch findet der staatlich finanzierte und überwiegend durch staatliche Lehrkräfte erteilte Religionsunterricht nahezu ausschließlich für die christlichen Kirchen statt, für andere Religionsgemeinschaften mangels »Masse« (eine Mindestzahl von Schülern einer Glaubensgemeinschaft ist erforderlich) und mangels ausgebildeter Lehrkräfte sehr selten.
- Islamischer Religionsunterricht findet in zahlreichen Bundesländern versuchsweise statt, ist aber kein echter Religionsunterricht, weil bezüglich der Unterrichtsinhalte in den einzelnen islamischen Glaubensgemeinschaften bisher keine legitime Instanz zur Festlegung der »Übereinstimmung mit den Grundsätzen der Religionsgemeinschaft« existiert. Das gilt auch für die im Jahr 2011 in Nordrhein-Westfalen und in Niedersachsen eingeführte Form des islamischen Religionsunterrichts mit einer Beiratslösung (§ 132a Schulgesetz für das Land Nordrhein-Westfalen, in Niedersachsen als Schulversuch: § 22 Niedersächsisches Schulgesetz). Zudem ist, weil und solange die muslimischen Gemeinschaften kein Mitgliedschaftsrecht kennen, nicht klar, wer zur Teilnahme an einem ordentlichen Lehrfach »Islamischer Religionsunterricht« verpflichtet wäre.
- Durch den nach Religionszugehörigkeit getrennten Religionsunterricht kommt es in einem für die Gemein-

schafts- und Persönlichkeitsbildung der Schüler wichtigen Unterrichtsfach und Lebensbereich zu einer integrationsfeindlichen Spaltung nach Konfessionsgesichtspunkten innerhalb der für alle gemeinsamen Schule. Die notwendigen ethischen und religionskundlichen Lerninhalte (für alle Weltreligionen!) sollten und könnten in der öffentlichen Schule in einem für alle Schülerinnen und Schüler gemeinsamen Lehrfach vermittelt werden (Hartmut Kreß, Konfessioneller Religionsunterricht oder pluralismusadäquater Ethikunterricht, ZRP 2019, S. 22ff.) Ein solches Lehrfach ist nicht der in Hamburg versuchsweise eingeführte »Religionsunterricht für alle«, da es sich um einen »Religionsunterricht« handelt. Religionsgemeinschaften steht es frei, den Anhängern ihrer Religion ihre Glaubenswahrheiten außerhalb der Schule zu vermitteln (Konfirmandenunterricht, Koranschulen).

- Der staatliche konfessionelle Religionsunterricht, von dem sich jeder konfessionsangehörige Schüler – oder bis zum 14. Lebensjahr seine Erziehungsberechtigten – abmelden kann, wird dadurch in unzulässiger Weise abgesichert, dass die an ihm nicht teilnehmenden Schüler (wegen ihrer Nichtteilnahme am christlichen Religionsunterricht) gezwungen sind, an einem Ersatzunterricht teilzunehmen (Verstoß gegen Art. 3 Abs. 3 GG, »Heidenhüten«). Das Argument der »Belastungsgleichheit« aller Schüler unterstellt kurioser Weise, der Religionsunterricht stelle eine »Belastung« dar, während er in Wahrheit ein Privileg ist, wie das Bundesverwaltungsgericht zu Recht festgestellt hat (Urteil vom 17. Juni 1998, BVerwGE 107, 75/85).

4. Theologische Fakultäten

Zahlreiche katholische und evangelische Fakultäten werden an staatlichen Universitäten vorgehalten und ausschließlich staatlich finanziert. Sie dienen der theologischen »Wissenschaft« und Forschung, der Ausbildung des theologischen Nachwuchses sowie der in den Schulen benötigten Religionslehrkräfte. Anders als die Weimarer Reichsverfassung sieht das Grundgesetz theologische Fakultäten nicht vor, der Bestandsschutz der vorhandenen Theologischen Fakultäten des Art. 149 Abs. 3 WRV ist weder wörtlich noch sinngemäß in das Grundgesetz übernommen worden. Das wäre aber erforderlich gewesen, wenn diese Einrichtungen als offenkundige Durchbrechung des bundesverfassungsrechtlichen Gebots der Trennung von Staat und Kirche zulässig sein sollten, ähnlich wie dies für den Religionsunterricht an den öffentlichen Schulen in Artikel 7 des Grundgesetzes ausdrücklich geschehen ist. Ohne explizite bundesverfassungsrechtliche Legitimierung ist die staatlich finanzierte Mitwirkung an der Glaubenslehre und Ausbildung des eigenen kirchlichen Nachwuchses mit dem bundesverfassungsrechtlichen Trennungsgebot nicht vereinbar. Das Bundesverfassungsgericht sieht dies in seiner Lüdemann-Entscheidung vom 28. Oktober 2008 (BVerfGE 122, 89) anders. Die staatliche Theologenausbildung erfolgt bisher nahezu ausschließlich für die christlichen Kirchen. Sie ist namentlich bei der katholischen Kirche nicht unumstritten. In jüngster Zeit gibt es auch an einigen Universitäten versuchsweise eine Ausbildung von islamischen Geistlichen und Religionslehrkräften.
Zulässig wären theologische (glaubensgeleitete) Lehrinhalte an staatlichen Universitäten bei der Ausbildung der staatli-

chen Lehrkräfte für den verfassungsrechtlich garantierten staatlichen Religionsunterricht. Ob dazu eigene Fakultäten erforderlich sind, erscheint aber fraglich.

5. Staatsleistungen

Die Bundesländer – mit Ausnahme von Hamburg und Bremen – gewähren den beiden Amtskirchen jährlich sogenannte Staatsleistungen, die nach Maßgabe der Entwicklung der Beamtenbesoldung steigen und derzeit (im Jahre 2018) rund 538 Millionen Euro betragen. Dabei beruft man sich auf Art. 138 Abs. 1 WRV, der durch Art. 140 GG in die geltende Verfassung übernommen wurde. Diese Vorschrift sieht allerdings nicht die dauerhafte Garantie der bis zum Inkrafttreten der Weimarer Verfassung (d. h. bis zum Jahre 1919) gewährten, auf besonderen Rechtstiteln beruhenden historischen Staatsleistungen vor, sondern als Konsequenz der erstmals in Deutschland konstitutionell vorgesehenen Trennung von Staat und Kirche gerade die Ablösung durch die Länder nach Maßgabe eines zu erlassenden Reichsgesetzes über die Grundsätze der Ablösung. Die Garantie der übergangsweisen Fortzahlung der Staatsleistungen bis zum Erlass des Reichsablösungsgesetzes (so Art. 173 WRV. Auf diese Norm haben sich die Gerichte während der Weimarer Republik stets berufen) wurde gerade nicht in das Grundgesetz übernommen. Sowohl in der Weimarer Zeit als auch nach 1945 haben der Reichs- bzw. Bundesgesetzgeber pflichtwidrig ein »Grundsätzegesetz« nicht erlassen und es ist auch sonst keine Ablösung erfolgt, vielmehr wurden die Staatsleistungen kontinuierlich nicht nur gezahlt, sondern sogar staatskirchenvertraglich abgesichert, verstetigt, neu begründet und mit Steigerungsraten nach Maßgabe der Entwicklung der Beamtenbesoldung veredelt. Der Verfassungsauftrag wird damit seit 100 Jahren bis heute bewusst missachtet.

6. Anstalts- und Militärseelsorge

Die Verfassung sieht in Artikel 141 WRV vor, dass die Religionsgesellschaften in bestimmten Einrichtungen (Bundeswehr, öffentliche Krankenhäuser, Strafanstalten) zur Vornahme von religiösen Handlungen zuzulassen sind. Diese im Kern sinnvolle Regelung zur Sicherung der Religionsausübungsfreiheit wird praktisch in mehrfacher Weise unzulässig ausgeweitet:

- Der »Militärseelsorgevertrag« von 1957 mit der evangelischen Kirche, der im Verhältnis zur katholischen Kirche analog angewendet wird, sieht vor, dass die hauptamtlichen Seelsorger (einschließlich der Bischöfe und Dekane) Beamte oder Angestellte des Bundes sind und dass sie mitsamt ihrer Ausstattung vom Bund bezahlt werden (Finanzbedarf: rund 30 Millionen Euro pro Jahr). Über die von der Verfassung allein vorgesehene »Zulassung zur Vornahme religiöser Handlungen« geht das weit hinaus. Im Übrigen gibt es eine solche staatliche Seelsorge bisher nur für die christlichen Kirchen.
- Dasselbe gilt auch für die staatliche Bezahlung kirchlicher Gefängnis-, Polizei- und Notfallseelsorger.
- Es gibt lebenskundlichen bzw. berufsethischen Unterricht, verpflichtend für alle Soldaten und Polizisten, unabhängig von ihrer Religionszugehörigkeit. In diesem Unterricht werden berufsethische und sittliche Grund-

satzfragen des Wehrdienstes bzw. des Polizeidienstes behandelt. Eine Begründung, warum gerade und nur kirchliche Lehrkräfte den Unterricht erteilen, ist nicht ersichtlich. Wenn der Staat einen solchen Unterricht für geboten hält, ist er auch religionsneutral durch nichtkirchliche Lehrkräfte zu erteilen. Der Verstoß gegen das Prinzip der staatlichen Religionsneutralität auch und gerade in »sittlichen« Fragen ist evident.

7. Staatskirchenverträge

Die Länder haben – überwiegend seit Inkrafttreten des Grundgesetzes – nahezu flächendeckend Staatskirchenverträge mit dem Heiligen Stuhl und den evangelischen Kirchen geschlossen, welche kodifikatorisch den gesamten Bereich der denkbaren Berührungspunkte und Zusammenarbeitsfelder abdecken, also auch solche Fragen, die im Grundgesetz selbst und in anderen staatlichen Gesetzen bereits geregelt sind. Die Regelungen sind durchweg einseitig kirchengünstig. Die von den jeweiligen Landesregierungen geschlossenen Verträge erhalten die staatliche Form eines Gesetzes durch die jeweiligen Zustimmungsgesetze der Landtage. Eine Kündigungsklausel fehlt, sie gelten also im Prinzip ewig. Spätere staatliche Gesetze, die einen vom Vertrag abweichenden Inhalt haben (z. B. Schließung einer Theologischen Fakultät oder Änderungen bei den Staatsleistungen), stellen eine Vertragsverletzung dar, wenn die Kirche nicht ausdrücklich zustimmt. Zweck der Staatskirchenverträge aus Sicht der Religionsgemeinschaften ist die langfristige Sicherung der kirchlichen Positionen auch für den Fall des Wechsels politischer Mehrheiten oder den Fall des Wandels der Verfassungs- und Rechtsordnung. So beharrte die katholische Kirche nach 1945 vor allem auf den Schulbestimmungen des im Jahre 1933 mit Hitler geschlossenen Reichskonkordats und lehnte deswegen das Grundgesetz ab.

Verträge mit den Religionsgemeinschaften sind überflüssig und undemokratisch, da sie den Gesetzgeber über die Legislaturperioden hinaus dauerhaft binden. Mit keiner anderen gesellschaftlichen Gruppierung werden solche Verträge geschlossen. Sollten jenseits der Vorschriften des Grundgesetzes Bundes- oder Länderregelungen über das Verhältnis von Staat und Religionsgemeinschaften erforderlich sein, so kann dies – wie allgemein im demokratischen Rechtsstaat üblich – im Wege der Gesetzgebung geschehen. Dies sieht Art. 137 Abs. 8 WRV auch ausdrücklich vor. Das Gesagte gilt auch für Verträge mit den jüdischen Religionsgemeinschaften, die vom Bund und von allen Bundesländern geschlossen wurden, sowie für die in Hamburg und Bremen bereits geschlossenen Vereinbarungen mit islamischen Verbänden, die allerdings ohne Zustimmungsgesetze der Bürgerschaften beschlossen worden sind.

8. Arbeitsrecht

Die 1,2 bis 1,5 Millionen Arbeitnehmerinnen und Arbeitnehmer im kirchlichen Bereich (einschließlich der diakonisch-caritativen Einrichtungen) leben, was Tarifverträge, Streikrecht, Mitarbeitervertretungen (Betriebs- bzw. Personalräte), Kündigungsgründe (Scheidung, eheliche Untreue, Kirchenaustritt, Abtreibung) oder Loyalitätsanforderungen angeht, in einem arbeitsrechtlichen Sondersystem. Dies wird bemerkenswerterweise aus der Vorschrift des Artikels 137

Abs. 3 WRV abgeleitet. Dieser lautet: »Jede Religionsgemeinschaft ordnet und verwaltet ihre Angelegenheiten selbständig innerhalb der Schranken des für alle geltenden Gesetzes.« Das »für alle« geltende Gesetz gilt im Bereich des Arbeitsrechtes also gerade nicht für alle, jedenfalls nicht für die Arbeitnehmer in kirchlichen Einrichtungen, selbst wenn die Kirchen eine Monopolstellung haben und die Einrichtungen ganz oder überwiegend staatlich finanziert werden. Auch das geschieht mit Billigung der höchstrichterlichen deutschen Rechtsprechung (siehe dazu vor allem die Urteile des Bundesverfassungsgerichts vom 4. Juni 1985 BVerfGE 70, 138 und vom 22. Oktober 2014 BVerfGE 137, 273). Europarechtlich begründete Korrekturen der deutschen Praxis werden erfreulicher Weise immer häufiger (Urteile des Europäischen Gerichtshofs für Menschenrechte vom 23. September 2010, EuGRZ 2010, 560 und des Europäischen Gerichtshofs vom 11. September 2018, EuGRZ 2018, 544).

9. Steuer- und Gebührenbefreiungen

Eine besonders unübersichtliche Materie. Niemand ist in der Lage, die sich hier ergebende finanzielle Privilegierung betragsmäßig zu quantifizieren (Bundesregierung in der Bundestags-Drucksache 19/5658, S. 3).

9.1 Steuerbefreiungen

In der Regel knüpfen die Steuergesetze an die Unterscheidung zwischen Körperschaften des öffentlichen Rechts und sonstigen (privatrechtlichen) Religionsgemeinschaften an. In der Verfassung steht nichts davon, dass die Körperschaften des öffentlichen Rechts steuerrechtlich besser zu stellen wären oder besser gestellt werden dürften als andere Religions- oder Weltanschauungsgemeinschaften. Allerdings scheint die Differenzierung praktisch keine besonders große Rolle zu spielen, weil die Steuerbefreiung wegen Gemeinnützigkeit in der Regel auch einer privatrechtlich organisierten Religionsgemeinschaft – jedenfalls im Prinzip – zugutekommt, sofern sie nicht verfassungsfeindliche Bestrebungen verfolgt oder im Verfassungsschutzbericht erwähnt wird (§ 51 Abs. 3 Abgabenordnung) und ihr Handeln nicht der »abendländischen Kulturauffassung« widerspricht.

Steuerbefreiungen sind nach herrschender Meinung, die sich dabei – zu Unrecht – auf die Entscheidung des Reichsgerichts vom 20. Juni 1925 zum braunschweigischen Grundsteuergesetz (RGZ 111, 134/139 und 146) stützt, als sogenannte negative Staatsleistungen wie die positiven Staatsleistungen nach Art. 138 Abs. 1 WRV verfassungsgeschützt. Mit dem Verfassungswortlaut (»Leistungen«) ist diese Auffassung schlechterdings unvereinbar. Das Bundesverfassungsgericht hat sich mit der Frage bisher noch nicht befasst.

- **Körperschaftssteuer:** Während privatrechtlich organisierte Religionsgemeinschaften im Grundsatz unbeschränkt steuerpflichtig sind (§ 1 Abs. 1 Nr. 4 Körperschaftsteuergesetz – KStG), sind Körperschaften des öffentlichen Rechts nur bezüglich ihrer gewerblichen Tätigkeit körperschaftssteuerpflichtig (§ 1 Abs. 1 Nr. 6 und § 4 KStG). Allerdings sind auch sonstige Personenvereinigungen von der Körperschaftssteuer befreit (und nur bezüglich ihrer gewerblichen Tätigkeit körperschaftssteuerpflichtig), wenn sie ausschließlich gemeinnützigen, mildtätigen oder kirchlichen Zwecken dienen (§ 5 Abs. 1 Nr. 9 KStG). Daher kommt wohl im Ergebnis auch eine privatrechtlich organisierte Religionsgemeinschaft in ähnlicher Weise in den Genuss der Steuerbefreiung, zumal Mitgliedsbeiträge – wie die Kirchensteuern bei den kirchensteuerberechtigten Religionsgemeinschaften (Körperschaften des öffentlichen Rechts) – bei der Ermittlung des Einkommens der Personenvereinigung (das sind im allgemeinen Religionsgemeinschaften) außer Ansatz bleiben (§ 8 Abs. 5 KStG), dafür also keine Körperschaftssteuer entrichtet zu werden braucht.

- **Gewerbesteuer:** Alle Religionsgemeinschaften sind gleichermaßen steuerpflichtig, wenn sie wirtschaftliche Geschäftsbetriebe unterhalten (außer Land- und Forstwirtschaft), also zum Beispiel Brauereien, Verlage sowie Immobilienverwaltung und -vermietung (§ 3 Nr. 6 Satz 2 Gewerbesteuergesetz – GewStG), im Übrigen aber steuerbefreit, privatrechtlich organisierte Religionsgemeinschaften nur, soweit sie ausschließlich und unmittelbar gemeinnützigen Zwecken dienen (siehe oben zur Körperschaftssteuer). Von Kirchen getragene Krankenhäuser, Altenheime, Pflegeheime und ambulante Pflegeeinrichtungen sind steuerfrei, die Einrichtungen Privater, also auch privatrechtlich organisierter Religionsgemeinschaften, nur unter bestimmten Voraussetzungen (§ 3 Nr. 20 GewStG).
- **Grundsteuer:** Steuerfrei sind die Körperschaften des öffentlichen Rechts und die jüdischen Kultusgemeinden (unabhängig davon, ob diese Körperschaften des öffentli-

chen Rechts sind) hinsichtlich ihrer eigenen und kirchengenutzten Grundstücke. Dazu gehören Dienstwohnungen, die Grundstücke, der kirchliche Versorgungsfonds sowie Bestattungsplätze und schließlich Grundstücke Dritter, die den Kirchen zum Gebrauch für Kirchenzwecke überlassen werden (§ 3 Abs. 1 Nrn. 4 bis 6, Abs. 2 Grundsteuergesetz – GrStG). Eine Grundsteuerbefreiung von privatrechtlich organisierten Religionsgemeinschaften ist unter dem Gesichtspunkt der Gemeinnützigkeit (§ 52 Abs. 2 Nr. 2 AO) für von ihnen ausschließlich und unmittelbar für gemeinnützige oder mildtätige Zwecke genutzte Grundstücke vorgesehen (§ 3 Abs. 1 Nr. 3 Buchst. b GrStG).
- **Grunderwerbssteuer:** keine Sonderbehandlung der Religionsgemeinschaften.
- **Umsatzsteuer:** Nach bisherigem Recht (§ 2 Abs. 3 Umsatzsteuergesetz – UStG) waren Körperschaften des öffentlichen Rechts nur mit ihren Betrieben gewerblicher Art als Unternehmer umsatzsteuerpflichtig. Umsatzgrößen unter 35.000 Euro im Jahr (Nichtaufgriffsgrenze) wurden bislang in aller Regel als nicht steuerbar behandelt. Diese relativ günstige Rechtslage kann im Rahmen einer Anwendungsoption bis zum Jahr 2020 beibehalten werden. Im Übrigen sieht der neue § 2b des Umsatzsteuergesetzes für juristische Personen des öffentlichen Rechts eine – spätestens im Jahr 2021 wirksame – neue Rechtslage vor. Eine ausführliche Erläuterung dazu aus der Deutschen Bischofskonferenz findet sich unter: https://www.dbk.de/fileadmin/redaktion/diverse_downloads/VDD/AH_298_Umsatzsteuer.pdf
- **Erbschafts- und Schenkungssteuer:** Zuwendungen (in

Form einer Erbschaft oder Schenkung) an eine Körperschaft des öffentlichen Rechts und an jüdische Kultusgemeinden sind erbschaftssteuerfrei, desgleichen Zuwendungen, die ausschließlich kirchlichen, gemeinnützigen oder mildtätigen Zwecken gewidmet sind, sofern die Verwendung zu dem bestimmten Zweck gesichert ist (§ 13 Abs. 1 Nrn. 16 und 17 Erbschaftsteuer- und Schenkungsteuergesetz – ErbStG).

- **Vergnügungssteuer:** Von der Vergnügungssteuer, welche die Kommunen erheben können, sind in der Regel solche Veranstaltungen freigestellt, deren Ertrag ausschließlich und unmittelbar zu mildtätigen, kirchlichen oder gemeinnützigen Zwecken verwendet wird, wenn der Verwendungszweck bei der Anmeldung angegeben worden ist.
- **Einkommensteuer:** Von großer finanzieller Bedeutung ist die unbeschränkte Abzugsfähigkeit der gezahlten Kirchensteuer als Sonderausgabe (§ 10 Abs. 1 Nr. 4 Einkommensteuergesetz – EStG). Nach dem 26. Subventionsbericht der Bundesregierung ging es hier bei rund 12 Millionen Kirchensteuerzahlern im Jahre 2018 um eine Vergünstigung von 3880 Milliarden Euro (Bundestags-Drucksache 18/13456, S. 93). Der einzelne Kirchensteuerzahler wird also im Durchschnitt um rund 323 Euro im Jahr entlastet. Die Regelung kommt mittelbar auch den Kirchensteuer erhebenden Religionsgemeinschaften zugute (Gerhard Hammer, Handbuch des Staatskirchenrechts der Bundesrepublik Deutschland, Bd. 1, 2. Aufl. 1994, S. 1082). Abzugsfähig bis zur gleichen Höhe sind auch Beiträge an Religionsgemeinschaften, die zwar Körperschaften des öffentlichen Rechts

sind, aber keine Kirchensteuern erheben. Mitgliedsbeiträge sowie Spenden privater natürlicher Personen (und von privaten Körperschaften, Vermögensmassen und Personenvereinigungen) für mildtätige, kirchliche, religiöse und wissenschaftliche Zwecke sind bis zu 20 Prozent der Einkünfte abzugsfähig (§ 10b Abs. 1 EStG).

9.2 Gebührenfreiheit

- **Gerichtskosten:** Kirchen, sonstige Religionsgemeinschaften und Weltanschauungsgemeinschaften sowie ihre Verbände, Anstalten und Stiftungen, jeweils soweit sie juristische Personen des öffentlichen Rechts sind, sind landesrechtlich, in praktisch allen Gerichtszweigen von der Pflicht zur Zahlung von Gebühren und sonstigen Kosten befreit (z. B. § 108 Niedersächsisches Justizgesetz). Daneben sind auch Caritas und Diakonie den korporierten Religionsgemeinschaften teilweise gleichgestellt. Auch gemeinnützige Körperschaften und Vereinigungen genießen teilweise Kostenfreiheit. Die Rechtslage ist unübersichtlich.
- **Notarkosten:** Dies ist bedeutsam für die Beurkundung von Grundstücksgeschäften! Die Gebührenermäßigung für Körperschaften des öffentlichen Rechts und vom Finanzamt anerkannte gemeinnützige Vereinigungen steigt mit der Höhe des Geschäftswerts ab einer Million Euro auf bis zu 60 Prozent (§ 91 Gerichts- und Notarkostengesetz).
- **Verwaltungskosten:** Körperschaften des öffentlichen Rechts sind von der Zahlung der Gebühren für Amtshandlungen landesrechtlich – in unterschiedlichem Um-

fang – befreit. Privatrechtliche Religionsgemeinschaften können für bestimmte Zwecke spezielle Befreiungen erlangen.

II. Weitere Privilegien

In der Tabelle ist in der rechten Spalte jeweils vermerkt, ob sich das Privileg oder die Sonderstellung auf einzelne der dort genannten Religionsgemeinschaften beschränkt oder auf solche, die Körperschaften des öffentlichen Rechts nach Art. 137 Abs. 5 WRV (abgekürzt als KdöR) sind.

Nr.	Stichwort	Sachbereich	Rechtsvorschrift	Privileg/Sonderstellung
1.	Amtseid	Regierung	Art. 56 GG, Vorschriften der Landesverfassungen	Religiöse Beteuerung (»So wahr mir Gott helfe«); meistens Regelfall, ohne Beteuerung ist die Ausnahme
2.	Atomare Abfallstoffe	Kommission Endlagerung	§ 3 Endlagergesetz	Vertretung der Kirchen in der Kommission (evangelisch, katholisch)
3.	Städtebau		§ 1 Abs. 6 Nr. 6 Baugesetzbuch	Berücksichtigung der von den Religionsgesellschaften (KdöR) festgestellten Erfordernisse
4.	Datenschutz	Geltung des staatlichen Datenschutzrechts	Art. 91 Datenschutzgrundverordnung	Weiteranwendung der kircheneigenen Datenschutzregeln
5.	Datenübermittlung	Meldewesen	§ 42 Bundesmeldegesetz	Besonderes Recht auf Datenübermittlung aus dem Melderegister für KdöR

Nr.	Stichwort	Sachbereich	Rechtsvorschrift	Privileg/Sonderstellung
6.	Denkmalschutz		Denkmalschutzgesetze der Länder	In der Regel sind die von den Religionsgemeinschaften festgestellten Belange zu beachten. Im Konfliktfall entscheiden in einigen Ländern die kirchlichen Behörden (KdöR). In einigen Ländern obliegt der kirchliche Denkmalschutz generell den kirchlichen Behörden (evangelisch, katholisch)
7.	Enteignung	Beschaffung von Ersatzland	§ 90 Abs. 2 Nr. 2 Baugesetzbuch	Grundstücke, die Aufgaben der Religionsgemeinschaft (KdöR) dienen, dürfen nicht zum Zweck der Ersatzlandbeschaffung enteignet werden (KdöR)
8.	Ethikkommissionen	Zentrale Ethikkommission der Bundesärztekammer	Berufsständische Regelung	Vertretung der Kirchen (je ein evangelischer und ein katholischer Moraltheologe und jüdische Gemeinden)
9.		Atompolitik, Sichere Energieversorgung	Auftrag der Bundesregierung von 2011	Vertretung der Kirchen: je ein Bischof (evangelisch, katholisch)
10.		Stammzellenforschung	§ 8 Stammzellgesetz	Vertretung der Kirchen (evangelisch, katholisch)
11.		Gentechnik	Berufsrechtlich geregelt	Vertretung der Kirchen (evangelisch, katholisch)
12.	Deutscher Ethikrat	Politikberatung	Ethikratgesetz	Vertretung der Kirchen (evangelisch, katholisch)
13.	Feiertage		Art. 140 GG, Art. 139 WRV, Landesgesetze	Schutz christlicher Feiertage (evangelisch, katholisch)
14.	Grundstücksverkehr	Land- und Forstwirtschaft	§ 4 Nr. 2 Grundstückverkehrsgesetz	Freistellung von Genehmigungspflicht (KdöR)

Nr.	Stichwort	Sachbereich	Rechtsvorschrift	Privileg/Sonderstellung
15.	Helm ab zum Gebet!	Bundeswehr	Ohne; nur Tradition	Gehört zum sogenannten Zapfenstreich, zusammen mit dem christlichen Lied »Ich bete an die Macht der Liebe«
16.	Insolvenz	Wirtschaft	§ 358 Sozialgesetzbuch III (Arbeitsförderung); Entscheidung des Bundesverfassungsgerichts 66, 1	Kirchen sind insolvenzunfähig. Sie brauchen sich nicht am Insolvenzgeld zu beteiligen (KdöR)
17.	Kirchenaustritt	Gebühren	Verwaltungskostengesetze der Länder	Kirchlicher Mitgliedsverlust wird von staatlicher Amtshandlung und von Gebühren abhängig gemacht (KdöR)
18.	Kircheneintritt	Taufe		Kirchlicher Rechtsakt als Basis für staatlichen Kirchensteuereinzug (KdöR)
19.	Kirchentage	Zuwendungen	Haushaltspläne von Bund, Ländern und Gemeinden	Regelmäßige staatliche Mitfinanzierung der Kirchen- und der Katholikentage (evangelisch, katholisch)
20.	Konfessionsschulen	Staatliche Schulen	Niedersachsen: §§ 129ff. Niedersächsisches Schulgesetz; Nordrhein-Westfalen: Art. 12 Abs. 3 Verfassung für das Land Nordrhein-Westfalen; §§ 26-28 Schulgesetz für das Land Nordrhein-Westfalen	Öffentliche Grund- und Hauptschulen als Bekenntnisschulen (evangelisch, katholisch)
21.	Konkordatslehrstühle	Universitäten	Art. 3 § 5 des Bayerischen Konkordats	25 Konkordatslehrstühle an neun deutschen Universitäten, davon 21 an sieben bayerischen Universitäten (katholisch)

Nr.	Stichwort	Sachbereich	Rechtsvorschrift	Privileg/Sonderstellung
22.	Konkordats-schulen	Niedersachsen: Schulen in kirchlicher Trägerschaft	Art. 8 Niedersächsisches Konkordat; §§ 154-156 Niedersächsisches Schulgesetz;	Besondere Finanzierung von bestimmten kirchlichen Privatschulen (katholisch)
23.	Kreuz/Kruzifix	Bayern: Grundschulen und staatliche Behörden	Art. 7 Abs. 4 Bayerisches Gesetz über das Erziehungs- und Unterrichtswesen; § 28 Allgemeine Geschäftsordnung für die Behörden des Freistaats Bayern vom 24. 4. 2018	Anbringung von christlichen Kreuzen/Kruzifixen vorgeschrieben (katholisch)
24.	Militärische Verteidigung	Allgemeine gesellschaftliche Pflichten	§ 7 Schutzbereichsgesetz	Rücksichtnahme auf kirchliche Einrichtungen und Anstalten
25.	Notstand, Verteidigungsfall	Allgemeine gesellschaftliche Pflichten	§ 4 Bundesleistungsgesetz	Keine Leistungspflichten (KdöR)
26.	Öffentlicher Dienst	Sonderurlaub	§ 16 Sonderurlaubsverordnung (Bund) und entsprechende Landesregelungen	Teilnahme von Beamten und Arbeitnehmern des öffentlichen Dienstes an kirchlichen Veranstaltungen (KdöR)
27.	Personenstandsregister	Auskunftsrechte	§ 65 Abs. 2 Personenstandsgesetz	Besonderes Auskunftsrecht der Kirchen als KdöR
28.	Rechnungsprüfung, Verwendungsnachweise	Staatliche Finanzmittel	§ 55 Haushaltsgrundsätzegesetz; §§ 91, 104 Bundes- bzw. Landeshaushaltsordnung	Kein Prüfungsrecht bei Finanzhilfen, Zuwendungen an KdöR, umstritten bei Mitteln für privatrechtlich organisierte Einrichtungen (Caritas und Diakonie)
29.	Rundfunk/Fernsehen	Gremien	Medienstaatsverträge Landesmediengesetze	Vertretung der Kirchen in den Gremien der Rundfunk- und Fernsehsender

Nr.	Stichwort	Sachbereich	Rechtsvorschrift	Privileg/Sonderstellung
30.	Rundfunk/ Fernsehen	Sendezeiten	Medienstaatsverträge Landesmediengesetze	Sendezeiten in Radio und Fernsehen (evangelisch, katholisch sowie vereinzelt humanistische Weltanschauungsgemeinschaften und jüdische Gemeinden)
31.	Sammlungen	Straßen- und Haussammlungen	Erlaubnispflicht (nur noch in Thüringen und im Saarland)	Erlaubnisfreiheit
32.	Sozialhilfe	Wohlfahrtspflege	§ 5 Sozialgesetzbuch XII (Sozialhilfe)	Subsidiarität staatlicher Maßnahmen gegenüber Kirchen und anderen freien Trägern
33.	Staatsbegräbnis, Staatsakt	Politik	Anordnung des Bundespräsidenten vom 2. Juni 1966	Kirchliche Trauerfeier kann Bestandteil sein. Zu den geladenen Gästen gehören stets Kirchenvertreter. Findet gelegentlich in Kirchen statt.
34.	Stiftung Flucht und Vertreibung	Stiftungsrat	§ 15 ff. Gesetz über die Stiftung Deutsches Historisches Museum	Vertretung im Stiftungsrat (evangelisch, katholisch, Zentralrat der Juden)
35.	Strafrecht		§ 166 Strafgesetzbuch	Beschimpfung von Religionen oder Religionsgemeinschaften ist strafbar
36.			§ 132 a Abs. 3 Strafgesetzbuch	Unbefugter Gebrauch von kirchlichen Amtsbezeichnungen und Amtstrachten (KdöR) ist strafbar
37.	Versammlungen	Veranstaltungen im Freien	§ 17 Versammlungsgesetz; gilt nur in acht Bundesländern, in sechs Bundesländern gibt es eigene Versammlungsgesetze	Keine Anmeldepflicht, kein Verbotsvorbehalt für Gottesdienste unter freiem Himmel, kirchliche Prozessionen, Bittgänge und Wallfahrten
38.	Zwangsmittel	Verwaltungsvollstreckung	§ 17 Verwaltungsvollstreckungsgesetz (Bund) und entsprechendes Landesrecht	Keine staatlichen Zwangsmittel gegen KdöR

Anmerkungen und Hinweise

Helmut Ortner: Glaube. Macht. Gott.
Warum die Welt weniger Religion braucht – und der Glaube Privatsache sein sollte

Religiosität in Europa: Vgl. Daniella Wakonigg, Nur für jeden zehnten Deutschen ist Religion wichtig, in *hpd – humanistischer pressedienst* vom 10. Dezember 2018

Religion und Politik: Vgl. Dirk Kurbuweit, Friede den Wehr-Christen – Warum Religionen Spott ertragen müssen, in *DER SPIEGEL* vom 13. August 2012
http://www.spiegel.de/spiegel/print/d-87737229.html

Ebenfalls Stefana Sabin und Helmut Ortner (Hrsg.), *Politik ohne Gott – Wie viel Religion verträgt Politik?*, Springe 2014

Staatliches Neutralitätsgebot: Vgl. dazu das lesenswerte Buch von Horst Dreier, *Staat ohne Gott – Religion in der säkularen Moderne*, München 2018

Charb, eigentlich Stephane Charbonnier, leitete als Chefredakteur die französische Satirezeitung *Charlie Hebdo*. Sein Buch ist in deutscher Übersetzung erschienen: Charb, *Brief an die Heuchler*, Stuttgart 2015

Zum Thema Blasphemie sei empfohlen: Jacques de Saint Victor, *Blasphemie: Geschichte eines »imaginären Verbrechens«*, Hamburg 2017

Das Interview von David Steinitz mit dem Komiker Rowan Atkinson, der findet, man solle über Alles Witze machen können – und jeder Mensch habe das Recht darauf, beleidigt zu sein, in *Süddeutsche Zeitung* vom 15. Oktober 2018

Einnahmen der Kirche zur Kirchensteuer: Vgl. Tobias Hentze, *Geldsegen für die Kirche*, Presseerklärung des Instituts der deutschen Wirtschaft vom 14. Dezember 2018

Zu »stillen Feiertagen«: Vgl. Melanie Staudinger, Jazz ja, Metal nein: Was an stillen Feiertagen erlaubt und was verboten ist, in *Süddeutsche Zeitung* vom 30. Oktober 2018

Zum CSU-Strategiepapier: Vgl. Gisela Bodenstein, CSU verabschiedet Positionspapier – Götterglaube entscheidet über die Bewertung medizinischer Innovationen, in *hpd – humanistischer pressedienst* vom 12. Januar 2019

Zu Kramp-Karrenbauer: Vgl. Florian Chefai, CDU–Kramp-Karrenbauer, Eine fundamentalistische Christin?, in *hpd – humanistischer pressedienst* vom 10. Dezember 2018

Religionsunterricht an Schulen: Vgl. Ahmad Mansour im Gespräch mit Andreas Main, »Gemeinsamen Religionsunterricht für alle Kinder«, *Deutschlandfunk* vom 30. November 2018 sowie *Süddeutsche Zeitung* vom 3. Dezember 2018, S. 14

Die Zitate von Amos Oz finden sich in seinem Buch *Liebe Fanatiker. Drei Plädoyers*, Berlin 2018, S. 25 und 33

Religion und Frauenrechte: Alle Religionen sind männlich dominiert und propagieren ein fragwürdiges, rückständiges, reaktionäres, ja anti-humanistisches Frauenbild. Lesenswert dazu: Julia Klöckner, *Nicht verhandelbar – Integration nur mit Frauenrechten*, Gütersloh 2018. Ebenfalls Hamed Abdel-Samad, *Integration: Ein Protokoll des Scheiterns*, München 2018

Religion und Sinnstiftung: Die zitierten Passagen von Yuval Noah Harari finden sich in seinem lesenswerten Buch *Homo Deus*, München 2017, S. 162, 287ff. und 432ff. Und Christopher Hitchens' Zitate finden sich in seinem Buch *Der Herr ist kein Hirte. Wie Religion die Welt vergiftet*, München 2007

Michael Schmidt-Salomon: Vor dem Gesetz sind nicht alle gleich. 70 Jahre Grundgesetz – 100 Jahre Verfassungsbruch. Warum wir die Kirchenrepublik überwinden müssen

Der Beitrag greift zurück auf den Aufsatz »Der blinde Fleck des deutschen Rechtssystems« (erschienen in der Zeitschrift *Aufklärung und Kritik*, Nr. 4, 2018, im Internet frei verfügbar unter: www.weltanschauungsrecht.de) sowie das Buch *Die Grenzen der Toleranz – Warum wir die offene Gesellschaft verteidigen müssen*, München 2016. Dort finden sich auch sämtliche Quellenbelege, die hier aus Platzgründen nicht aufgenommen werden konnten. Weitere Informationen zu den im Text angesprochenen Inhalten findet man auf den Webseiten der Giordano-Bruno-Stiftung (www.giordano-bruno-stiftung.de), der Forschungsgruppe Weltanschauungen in Deutschland (www.fowid.de) und des Instituts für Weltanschauungsrecht (www.weltanschauungsrecht.de).

Constanze Kleis: Fifty Shades of Gott
Die Weltreligionen stimmen in seltener Eintracht seit Jahrtausenden darin überein, die Frau als ein Mängelexemplar zu betrachten

1 Barbara Stollberg-Rilinger (Hrsg.), *Als Mann und Frau schuf er sie – Religion und Geschlecht*, Würzburg 2014, S. 49
2 Koran, Sure 4, Vers 34
3 Veronika Hofmann, *Frommes Feindbild Frau*, München 2010, S. 166
4 Fritz Bauer Institut (Hrsg.), *Grenzenlose Vorurteile: Antisemitismus, Nationalismus und ethnische Konflikte in verschiedenen Kulturen*, Frankfurt am Main 2002, S. 27
5 Deborah Feldman, *Unorthodox*, Zürich 2016 / taz vom 16. Oktober 2016
6 *taz* vom 16. Oktober 2016
7 *Emma* vom 1. April 2010
8 *DER SPIEGEL* vom 25. März 2008
9 *DIE ZEIT* vom 23. August 2018
10 *Süddeutsche Zeitung – Magazin* vom 11. Mai 2018

**Helmut Ortner: Lautes Schweigen.
Über sexuellen Missbrauch, organisiertes Vertuschen und
Verschweigen – oder: Das Versagen des Rechtsstaats**

Zur australischen Presse-Zensur im Fall Pell: Vgl. Die größte Geschichte Australiens, in *Süddeutsche Zeitung* vom 14. Dezember 2018, S. 7 sowie: Unter Verschluss, in *Süddeutsche Zeitung* vom 15./16. Dezember 2018, S. 48

Zur Entlassung Kardial McCarricks: Vgl. Matthias Rüb, Das Ende des Schreckens, in *Frankfurter Allgemeine Zeitung* vom 18. Februar 2019, S. 2

Eine Chronik des Missbrauchs von Boston und die schamlose Rolle des Bischofs Bernhard Francis Law, den ein Reporter-Team des *Boston Globe* 2002 aufdeckte, liefert Walter Robinson, damals Leiter des *Spotligt*-Teams, unter dem Titel: Der Schaden ist unermesslich, in *DIE ZEIT*, Nr. 9 vom 21. Februar 2019, S. 50

Zur Missbrauchsstudie der Deutschen Bischofskonferenz: Vgl. Daniela Wakonigg, Missbrauchsskandal in der katholischen Kirche – Systemisches Versagen von Kirche und Justiz, *hpd-telegramm* vom 10. Dezember 2018

Norbert Lüdeckes Plädoyer »Empörung reicht nicht« ist nachzulesen unter: http://theosalon.blogspot.com/2018/11/emporung-reicht-nicht.html
Der Autor hielt das Statement bei der Veranstaltung »Wir empören uns! Erfahrungsberichte und offene Fragen nach der Missbrauchsstudie der Deutschen Bischofskonferenz. Informationen und Diskussion« am 29. Oktober 2018 in Trier.
Vgl. auch Joachim Frank, Die Macht der Gläubigen, in *Frankfurter Rundschau* vom 7. November 2018, S. 5. Ebenfalls: Melanie Amann u. a., Kirchliches Geheimnis, in *DER SPIEGEL*, Nr. 44 vom 27. Oktober 2018. Vgl. dazu auch den Titel-Report »Du sollst nicht lügen – Der Papst und die katholische Kirche in ihrer größten Krise«, in *DER SPIEGEL*, Nr. 39 vom 22. September 2018

Zur Studie und den unterschiedlichen Opferzahlen. Vgl. das Interview mit Matthias Katsch »Die Bischöfe fahren diese Kirche an die Wand«, in *Der Tagesspiegel* vom 15. Oktober 2018. Die Zitate von Kardinal Brandmüller finden sich unter:
https://web.de/magazine/panorama/kardinal-brandmueller-empoerung-missbrauchsskandal-kirche-heuchelei-33495506

Zu den offenen Briefen an den Vorsitzenden der Deutschen Bischofskonferenz, Reinhard Kardinal Marx: Vgl. Thomas Gutschker, Katholiken fordern Wende in der Kirche, in *Frankfurter Allgemeine Sonntagszeitung* vom 3. Februar 2019. Ebenfalls der Brief von Wolfgang Thierse, in *DIE ZEIT* vom 7. Februar 2019

Zur Geschichte der Verteufelung und Verdrängung von Sexualität durch die Kirchen. Vgl. Bernd Deininger, Schuldgefühle, in *DIE ZEIT* vom 7. Februar 2019

Die Zitate des Kurienkardinals Gerhard Ludwig Müller finden sich im Interview »Als hätte Gott selbst gesprochen«, in *DER SPIEGEL* vom 16. Februar 2019

Zur Ablehnung der Koblenzer Staatsanwaltschaft: Vgl. Daniela Wakonigg, Generalstaatsanwaltschaft Koblenz lehnt Ermittlungen nach kirchlicher Missbrauchsstudie ab, in *hpd-telegramm* vom 18. Februar 2018

TV-Dokumentationen zum Missbrauch und den zögerlichen inner-kirchlichen und strafrechtlichen Konsequenzen: Vgl. Mona Botros und Thomas Schneider, Schuld ohne Sühne?, *ARD* vom 18. Februar 2019. Ebenfalls die Reportage von Nicolai Piechota und Andrea Schreiber, Abschottung oder Aufbruch? – Die Katholische Kirche und die Missbrauchskrise, *ZDF-zoom* vom 20. Februar 2019

Zur Chronik der Skandals, zum »Missbrauchsgipfel« in Rom und zur zweifelhaften Rolle des deutschen Papstes Benedikt, alias Kardinal Ratzinger: Vgl. Evelyn Finger, Sebastian Kempkens und Daniel Müller, Schuld und Sühne, *DIE ZEIT*, Nr. 9 vom 21. Februar 2019, S. 48

Besondere Aufmerksamkeit erhielt der Fall um den Erzbischof Philippe Barabrin, der im Januar 2019 gemeinsam mit sechs weiteren Beschuldigten in Lyon angeklagt wurde wegen Nichtanzeige der sexuellen Übergriffe des Pfarrer Bernhard Preynat. Der Erzbischof beließ ihn auch nach dessen internen Geständnissen in Amt und Würden. Bis 2015 wurde dem Pfarrer die Obhut von Kindern und Jugendlichen weiterhin anvertraut. Der Fall des Priesters Bernhard Preynat hatte in Frankreich landesweit Schlagzeilen gemacht. Gegen das kirchliche Schweigekartell hatten seine mittlerweile erwachsenen Opfer die Vereinigung »La Parole Libérée« (Das befreite Wort) gegründet.

Regisseur François Ozon verfilmte die Skandal-Chronik aus der Sicht der Opfer. Sein Film »Grâce à Dieu« (2019) hatte seine Weltpremiere auf der *Berlinale* – wenige Wochen vor einem wichtigen Gerichtstermin im laufenden Justizverfahren um den Missbrauchsskandal. Der französische Anwalt Frédéric Doyez hatte versucht, den Filmstart in Frankreich durch eine einstweilige Verfügung zu untersagen.

Weitere Links zur Missbrauchs-Studie sowie den weltweiten Missbrauchs-Verbrechen der Kirche: www.helmutortner/exit.de

Jacqueline Neumann: Streit um Gott
Kreuz-Erlass in Bayern und Lehrerinnen-Kopftuch
Zwei exemplarische Fälle – ein Verfassungsbruch

1   Michael Germann, Art. 4, Rn. 16, in Volker Epping/Christian Hillgruber (Hrsg.), Beck'scher Onlinekommentar Grundgesetz, Stand: 01.03.2016
2   https://weltanschauungsrecht.de/meldung/verbot-staatsideologie (abgerufen am 13.02.2019)
3   Gerhard Czermak, »Gott« im Grundgesetz?, *Neue Juristische Wochenschrift*, 1999, 1300, 1302 m.w.N.
4   https://weltanschauungsrecht.de/BVerfGE-138-296 (abgerufen am 15.02.2019)
5   Christoph Degenhart, Nachdenken über Religionsfreiheit, *Neue Juristische Wochenschrift*, 2017, S. 7

Corinna Gekeler: »Eine Kirchenmitgliedschaft
wird erwartet ...« Grundrechte für Beschäftigte?
Nicht bei Deutschlands zweitgrößtem Arbeitgeber!
Wie sich Betroffene erfolgreich wehren

1   Corinna Gekeler, *Loyal dienen – Diskriminierendes Arbeitsrecht bei Caritas, Diakonie und Co.*, Aschaffenburg 2013

2   Corinna Gekeler, Parallelbericht zum 19.-22. Staatenbericht Deutschlands an den
    UN-Antirassismusausschuss; Corinna Gekeler, Diskriminierende Effekte der
    kirchlichen Einstellungspolitik. Beide verfügbar auf: https://rassismusbericht.de/
3   Corinna Gekeler, Kirchliches Arbeitsrecht verstößt gegen UNAntirassismus-
    konvention, in IQ Fachstelle Interkulturelle Kompetenzentwicklung und Antidis-
    kriminierung und Verband für Interkulturelle Arbeit Bayern (Hrsg.), *Alles schon
    fair? Mit Recht zu einem inklusiven Arbeitsmarkt!*, München 2016, S. 62-64
4   Gunnar Schedel, Kirchliche Hardliner sehen keinen Veränderungsbedarf. Interview
    mit Corinna Gekeler. In *MIZ: Politisches Magazin für Konfessionslose und
    AtheistInnen*, 2018, S. 2

Adrian Gillmann: Menschen, zur Säkularität, zur Freiheit! Laizität als Religions- und Weltanschauungspolitik für das 21. Jahrhundert – oder: Warum der Bürger immer vor dem Gläubigen kommt

1   Laizität ist hier ein Befreiungsprozess der »öffentlichen Sphäre von der Macht der
    Religion«. Jean Baubérot, Säkularismus und Laizität, in Krzysztof Michalski (Hrsg.),
    Den Säkularismus neu denken. Religion und Politik in Zeiten der Globalisierung
    (Transit. 39), Frankfurt am Main 2010, S. 49
2   Der Publizist Medard Ritzenhofen spricht sogar von einer »[l]abile[n] Laizität«,
    die einen beiderseitigen Wandel vom »Dogmatismus zum Dialog« ermöglicht.
    Medard Ritzenhofen, Labile Laizität. Wie es Frankreich mit den Religionen hält,
    in Philipp W. Hildmann und Stefan Rößle (Hrsg.), *Staat und Kirche im 21. Jahr-
    hundert* (Berichte und Studien. Hanns-Seidel-Stiftung, Bd. 96), München 2012,
    S. 258-259
3   Unter Präsident Sarkozy wurde sogar versucht, eine »Positive Laizität« zu betonen
    und, auch angesichts der Herausforderungen durch die islamische Religion, eine
    Wiederannäherung an das Christentum zu versuchen. Hans Maier, Religion, Staat
    und Laizität. Ein deutsch-französischer Vergleich, in *Zeitschrift für Politik*, 2011,
    S. 216 und 218
4   Es gilt zwar zu unterscheiden, welche religiösen Belange nur zu tolerieren und nicht
    mehr zu akzeptieren sind, aber ein antireligiöser Säkularismus widerspricht seinen
    eigenen freiheitlichen Prinzipien. Michael Schmidt-Salomon, *Die Grenzen der
    Toleranz: Warum wir die offene Gesellschaft verteidigen müssen*, München 2016, S. 158
5   Charles Taylor und Jocelyn Maclure, *Laizität und Gewissensfreiheit*, Berlin 2011,
    S. 11. Das zunächst auf Französisch erschienene Buch zu einer aktualisierten Laizität
    »Laïcité et liberté de conscience«, Montreal 2010, kann als modernes Standardwerk
    erachtet werden.
6   Taylors Säkularität ist mehr ein sozialhistorischer Rahmen, in dem verschiedene
    religiöse und humanistische Optionen miteinander ringen, als eine eindeutige
    ideologische Diagnostik. Charles Taylor, *Ein Säkulares Zeitalter*, Frankfurt am Main
    2009, S. 15 und 889-890
7   Taylor und Maclure, *Laizität und Gewissensfreiheit*, a. a. O., S. 33
8   Michael Blume, *Islam in der Krise: Eine Weltreligion zwischen Radikalisierung und
    Rückzug*, Ostfildern 2017, S. 147
9   Für Horst Dreier besitzt Säkularität dann Verfassungsrang, wenn sie einen Staat
    meint, der sich keinen Zwang zum Glauben oder Unglauben zum Ziel setzt.
    Horst Dreier, *Staat ohne Gott: Religion in der säkularen Moderne*, München 2018, S. 91
10 Der Kulturwissenschaftler Jörn Rüsen spricht sogar vom öffentlichen Raum als
    »umkämpfter Ressource«. Jörn Rüsen, Strukturwandel der kulturellen Öffentlichkeit.
    Folgen für die Kulturpolitik, in Helen Fehervary und Bernd Fischer (Hrsg.),

Kulturpolitik und Politik der Kultur, Bern 2007, S. 129
11   Taylor und Maclure, *Laizität und Gewissensfreiheit*, a. a. O., S. 100
12   Ulrich Willems, Stiefkind Religionspolitik, in: *Aus Politik und Zeitgeschichte*, 2018, S. 28-29
13   Zitiert nach Ritzenhofen, *Labile Laizitität*, a. a. O., S. 265
14   Wohlgemerkt, Hariri will kein Prophet einer absoluten Datenreligion sein, sondern fordert eine kritische Überprüfung des dataistischen Dogmas seines Homo Deus. Yuval Noah Hariri, *Homo Deus: Eine Geschichte von Morgen*, München 2017, S. 532-553
15   Hariri, *Homo Deus*, a. a. O., S. 473
16   Für Bebel war die Religion nur das Mittel zum Zweck des Machterhalts der jeweils herrschenden Klasse. August Bebel, *Die Frau und der Sozialismus*. Mit einem einleitenden Vorwort von Eduard Bernstein (Internationale Bibliothek, Bd. 9), Berlin 1994, S. 399

Philipp Möller: Das Ketzer-Jubiläum
Bekenntnisse eines ehemals Unreligiösen und wie er zum »Atheisten-Aktionisten« wurde

1   https://www.fischerverlage.de/buch/philipp_moeller_gottlos gluecklich/ 9783596298808 S. 57f.
2   ebd. S. 65f.
3   https://www.fischerverlage.de/buch/steven_pinker_das_unbeschriebene blatt/9783596298310
4   https://www.ullstein-buchverlage.de/nc/buch/details/der-gotteswahn-9783548376431.html
5   https://www.fischerverlage.de/buch/philipp_moeller_gottlos gluecklich/9783596298808 S. 13f.
6   https://de.wikipedia.org/wiki/Atheist_Bus_Campaign
7   http://www.spiegel.de/wissenschaft/natur/atheisten-kampagne-deutsche-staedte-wollen-keine-gottlosen-botschaften-auf-bussen-a-614080.html
8   https://www.youtube.com/watch?v=c4NjzkXr4rM
9   https://www.youtube.com/watch?v=PV8tUv-6X8Q
10 https://www.giordano-bruno-stiftung.de/aufbau/regionalgruppen
11 https://fowid.de/meldung/entwicklung-religionszugehoerigkeiten-nach-bundeslaendern-1950-2011
12 https://fowid.de/meldung/generation-what-gluecklich-ohne-gott
13 https://www.siekd.de/wp-content/uploads/2018/11/Broschuere-Was-mein-Leben-bestimmt.pdf
14 https://www.giordano-bruno-stiftung.de/meldung/eugh-urteil-arbeitsrecht
15 https://www.giordano-bruno-stiftung.de/meldung/ende-des-kirchlichen-arbeitsrechts
16 https://www.fischerverlage.de/buch/philipp_moeller_gottlos_ gluecklich/9783596298808, S. 208ff.
17 https://www.fischerverlage.de/buch/philipp_moeller_gottlos_ gluecklich/9783596298808, S. 277ff.
18 https://de.wikipedia.org/wiki/Artikel_140_des_Grundgesetzes_f%C3%BCr_die_Bundesrepublik_Deutschland

Erläuternde und weiterführende Links zu diesem Beitrag sind online verfügbar unter: philippmöller.de/exit

„Religion ist Unsinn!"
Daniella Wakonnig im Gespräch mit Richard Dawkins

1 Die Radiosendung »Desert Island Disc« ist auf *BBC* bereits seit 1942 zu hören. In der wöchentlichen Sendung wird ein Gast – der »Schiffbrüchige« – gebeten, mehrere Musikstücke und Gegenstände vorzustellen, die er auf eine einsame Insel mitnehmen würde. Ziel der Sendung ist es, im Gespräch zwischen dem Moderator und dem Gast über diese Musikstücke und Gegenstände etwas über das Leben und die Persönlichkeit des meist bekannten »Schiffbrüchigen« zu erfahren.
2 Psalm 8,5
3 Shakespeare, *Heinrich IV*, Zweiter Teil

Das Interview wurde am 12.11.2018 während der »Säkularen Woche der Menschenrechte« in Berlin für den *Humanistischen Pressedienst (hpd)* geführt, der es am 21.11.2018 veröffentlichte. Das Interview fand in englischer Sprache statt. Übersetzung und für diese Veröffentlichung leicht überarbeitete Version: Daniela Wakonigg.

Die Autorinnen und Autoren

Hamel Abdel-Samad, Jahrgang 1957, geboren bei Kairo, arbeite für die UNESCO, am Lehrstuhl für Islamwissenschaften an der Universität Erfurt und am Institut für Jüdische Geschichte und Kultur der Universität München. Er ist Beiratsmitglied der Giordano-Bruno-Stiftung und zählt zu den profiliertesten islamischen Intellektuellen im deutschsprachigen Raum. Zuletzt erschien von ihm *Integration – Ein Protokoll des Scheiterns* (2018). Seine Bücher sind Bestseller und wurden in zahlreiche Sprachen übersetzt.

Andreas Altmann, Jahrgang 1949, hat viele Tätigkeiten ausgeübt, unter anderem als Fabrikarbeiter, Parkwächter und Schauspieler, bevor er begann, die Welt zu bereisen und als Reporter darüber zu schreiben. Er wurde unter anderem mit dem Egon-Erwin-Kisch-Preis und dem Seume-Preis ausgezeichnet und gehört heute zu den meistgelesenen deutschsprachigen Reiseschriftstellern. Seine Autobiographie *Das Scheißleben meines Vaters, das Scheißleben meiner Mutter und meine eigene Scheißjugend* stand monatelang auf der *SPIEGEL*-Bestsellerliste. Zuletzt erschienen von ihm *Frauen. Geschichten und Gebrauchsanleitung für die Welt* sowie die Bestseller *Verdammtes Land – Eine Reise durch Palästina* und *In Mexiko – Reise durch ein hitziges Land* (2018).

Autoren-Team: *Martin Staudinger,* Jahrgang 1968, begann seine journalistische Laufbahn nach Studentenjobs bei diversen österreichischen Regionalmedien als Redakteur der Wiener Stadtzeitung *Falter,* wechselte dann zum Magazin *Format* und 2004 zum Nachrichtenmagazin *profil*. *Robert Treichler,* Jahrgang 1968, arbeitet seit 1996 für *profil,* wo er gemeinsam mit Martin Staudinger seit 2012 das Auslandsressort leitet. Er ist Mitgründer des Kulturmagazins *Fleisch* und schreibt immer wieder für *DIE ZEIT*. *Christoph Zotter,* Jahrgang 1982, studierte in Wien, Vancouver und Helsinki und arbeitete danach als leitender Redakteur für das Monatsmagazin *Datum*. Er schrieb regelmäßig für *DIE ZEIT* (Österreich-Ausgabe) und gehörte zu den Gründungsmitgliedern der Internetplattform *NZZ.at*. Bei *profil* ist er als Auslandsredakteur tätig.
Alle drei wurden katholisch sozialisiert und haben langjährige Karrieren als Ministranten hinter sich, dürfen mittlerweile aber als resozialisiert gelten.

Richard Dawkins, Jahrgang 1941, in Nairobi geboren, ist Evolutionsbiologe. Seit 1995 hat er den eigens für ihn eingerichteten Lehrstuhl für Public Understanding of Science an der Universität Oxford inne. Schon sein erstes Buch *Das egoistische Gen*, 1978 auf Deutsch erschienen, war ein internationaler Bestseller, ebenso *Der Gotteswahn* (2007). Heute gilt er weltweit als einer der bekanntesten Evolutionsbiologen und Glaubenskritiker.

Georg Diez, Jahrgang 1969, studierte Geschichte und Philosophie in München, Paris, Hamburg und Berlin. Er schrieb für die *Frankfurter Allgemeine Sonntagszeitung*, *DIE ZEIT* und die *Süddeutsche Zeitung*. Heute ist er Autor beim *SPIEGEL* und von *SPIEGEL ONLINE*. Zuletzt erschienen von ihm *Der Tod meiner Mutter* (2009) und *Das andere Land* (2018).

Carsten Frerk, Jahrgang 1945, Studium der Politikwissenschaft in Freiburg und Berlin, Wissenschaftlicher Mitarbeiter am Otto-Suhr-Institut der Freien Universität Berlin. Freier Autor und Publizist. Er veröffentlichte unter anderem *Violettbuch Kirchenfinanzen – Wie der Staat die Kirchen finanziert* (2010) und *Gottes Werk und unser Beitrag – Kirchenfinanzierung in Österreich* (zusammen mit Christoph Baumgarten, 2012) sowie *Kirchenrepublik Deutschland – Christlicher Lobbyismus* (2015). Leiter der außeruniversitären Forschungsgruppe Weltanschauungen in Deutschland.

Corinna Gekeler, Jahrgang 1961, Studium der Politikwissenschaft in Amsterdam. Freie Publizistin und Medienpreisträgerin der Deutschen AIDS-Stiftung. Autorin von *Loyal Dienen – Diskriminierendes Arbeitsrecht bei Caritas, Diakonie und Co.* (2013) und zahlreicher Fachbeiträge zu Kirchenarbeitsrecht, Antidiskriminierung und Grundrechten. Dozentin für Datenschutz und Datenschutzbeauftragte einiger Organisationen im nicht-konfessionellen Sozial- und Gesundheitsbereich. Mehr: http://wellenlaengen-beratung.de

Adrian Gillmann, Jahrgang 1982, ist Mitglied im Bundesprecherkreis der Säkularen SozialdemokratInnen, hat kulturwissenschaftliche Religionswissenschaft und Philosophie studiert, arbeitet als Kulturvermittler am Deutsch-Amerikanischen Institut in Heidelberg, promoviert nebenberuflich an der Goethe-Universität in Frankfurt am Main und betreibt den Blog www.saekulareszeitalter.de.

Johann-Albrecht Haupt, geboren 1943 in Schwerin, Jurist, war bis 2008 stellvertretender Abteilungsleiter im Niedersächsischen Kultusministerium. Veröffentlichungen zum Staatskirchenrecht und zum Umweltrecht. Mitglied und sechs Jahre im Vorstand der Humanistischen Union. Er gehört dem Beirat des Instituts für Weltanschauungsrecht und dem Beirat der Humanistischen Union an.

Michael Herl, Jahrgang 1959, ist freischaffender Journalist und Autor (*stern, GEO, Süddeutsche Zeitung, DIE ZEIT, Merian, Weltwoche*). 1998 gründete er das Stalburg-Theater, eine Bühne mit eigenen Theaterproduktionen im Frankfurter Nordend, für die er als Künstlerischer Leiter selbstgeschriebene Stücke beisteuert. Zuletzt erschien von ihm die Kolumnensammlung *Eigentlich* (2017). Seit 2012 ist er ständiger Kolumnist der *Frankfurter Rundschau*.

Constanze Kleis, Jahrgang 1959, studierte Erziehungswissenschaften, bevor sie begann, als Journalistin zu arbeiten. Als freie Autorin schreibt die Frankfurterin unter anderem für *donna, ELLE, myself, freundin* und *Frankfurter Allgemeine Sonntagszeitung*. Allein und gemeinsam mit Susanne Fröhlich verfasste sie außerdem bislang zwanzig Bücher für Verlage wie Fischer, Dumont, Langenscheidt, Gräfe und Unzer. Einige davon Bestseller. Zuletzt erschienen *Sonntag! Alles über den Tag, der aus der Reihe tanzt* (2019).

Ingrid Matthäus-Maier, Jahrgang 1945, ehemalige Verwaltungsrichterin, 22 Jahre lang Bundestagsabgeordnete (zunächst FDP und später SPD), ehemalige Sprecherin der Kreditanstalt für Wiederaufbau, Vorsitzende des Kuratoriums der Friedrich-Ebert-Stiftung, Mitautorin des FDP-Papiers *Freie Kirche im freien Staat* (1974), sitzt im Beirat der Giordano Bruno-Stiftung, im Beirat des Instituts für Weltanschauungsrecht und ist Mitglied im *WDR*-Rundfunkrat.

Philipp Möller, Jahrgang 1980, ist Diplompädagoge und Buchautor. Er hat mehrere Bücher veröffentlicht, die allesamt Bestseller wurden, unter anderem *Isch geh´ Schulhof – Unerhörtes aus dem Alltag eines Grundschullehrers* (2012). Zuletzt erschien *Gottlos glücklich* (2017). Er ist Beiratsmitglied der Giordano-Bruno-Stiftung und lebt mit seiner Familie in Berlin.

Jacqueline Neumann, Jahrgang 1983, Studium der Rechtswissenschaften in Berlin, Leuven und Frankfurt am Main. Ihre Promotion zu Rechtsschutzmöglichkeiten im internationalen, europäischen und nationalen öffentlichen Recht wurde mit dem Baker-&-McKenzie-Preis 2013 ausgezeichnet. Von 2014 bis 2017 war sie Rechtsanwältin und juristische Beraterin der Giordano-Bruno-Stiftung. Seit 2017 arbeitet sie als Verwaltungsjuristin und ist Mitbegründerin und wissenschaftliche Koordinatorin des Instituts für Weltanschauungsrecht.

Gunnar Schedel, Jahrgang 1964, gründete 1994 den Alibri-Verlag und initiierte im gleichen Jahr die Assoziation Linker Verlage. Seit Ende der 1980er Jahre ist er in der säkularen Szene aktiv. Er schreibt regelmäßig für die Zeitschrift *MIZ* und ist Mitglied im Internationalen Bund der Konfessionslosen und Atheisten.

Michael Schmidt-Salomon, Jahrgang 1967, ist Philosoph und Schriftsteller sowie Vorstandssprecher der Giordano-Bruno-Stiftung. Laut dem Global Thought Leader Index zählt er zu den „einflussreichsten Ideengebern im deutschsprachigen Raum«. Er hat zahlreiche Aufsätze und Bücher veröffentlicht, unter anderem *Jenseits von Gut und Böse*, *Leibniz war kein Butterkeks* (mit Lea Salomon) sowie *Keine Macht den Doofen* und *Hoffnung Mensch*. Zuletzt erschien: *Entspannt Euch! – Eine Philosophie der Gelassenheit* (2019). www.schmidt-salomon.de

Katja Thorwarth, Jahrgang 1971, ist studierte Soziologin und Politologin mit den Schwerpunkten qualitative Sozialforschung, Mediensoziologie und Religionssoziologie. Sie arbeitet als Autorin und Redakteurin für die *Frankfurter Rundschau*.

Klaus Ungerer, Jahrgang 1969, wuchs in der Hansestadt Lübeck auf, deren aufgeklärter Geist ihn prägte. Mit 29 holte Frank Schirrmacher ihn ins Feuilleton der *Frankfurter Allgemeinen Zeitung*. Derzeit ist er Textchef der Wochenzeitung *der Freitag*. Als literarischer Autor spielt er mit Prosa, Drama, Lyrik und journalistischen Formen. Sein experimenteller Roman *Alles über die Welt* (2008) wurde hochgelobt, ebenso seine Bände mit Gerichtsreportagen *Was weiß der Richter von der Liebe?* (2012) und zuletzt *Der weinende Mörder* (2018).

Daniela Wakonigg, Jahrgang 1973, ist Philosophin, Katholische Theologin und Germanistin. Der Religionskritik widmete sie sich – zum Leidwesen ihrer Lehrer – bereits während der Schulzeit intensiv. Sie arbeitet ebenso passioniert an fiktionalen wie an nicht-fiktionalen Texten, als Autorin und Regisseurin von Hörspielen sowie als Journalistin in Hörfunk, Print und Online, unter anderem für den *WDR* sowie als stellvertretende Chefredakteurin für den *Humanistischen Pressedienst*.

Der Herausgeber

Helmut Ortner, Jahrgang 1950, hat bislang mehr als zwanzig Bücher – überwiegend politische Sachbücher – veröffentlicht, unter anderen *Der Hinrichter – Roland Freisler, Mörder im Dienste Hitlers, Der einsame Attentäter – Georg Elser* und *Fremde Feinde – Der Justizfall Sacco & Vanzetti*. Zuletzt erschienen *Wenn der Staat tötet – Eine Geschichte der Todesstrafe* (2017) sowie *Dumme Wut, kluger Zorn* (2018). Seine Bücher wurden bislang in 14 Sprachen übersetzt. Helmut Ortner arbeitet und lebt in Frankfurt und Darmstadt. Er ist Mitglied bei Amnesty International und im Beirat der Giordano-Bruno-Stiftung.
www.helmutortner.de

»*Es gelingt Ortner, den unfassbaren Dämon Freisler zur funktionierenden Todesinstanz in der realen Welt des Schreckens zurück zu verwandeln.*«

Der SPIEGEL

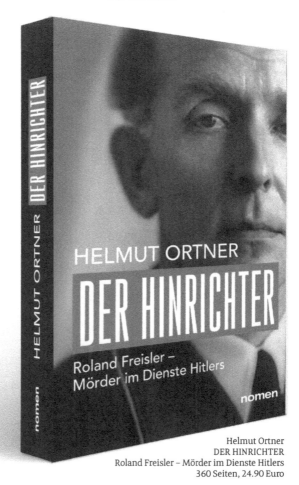

Helmut Ortner
DER HINRICHTER
Roland Freisler – Mörder im Dienste Hitlers
360 Seiten, 24.90 Euro

»Ortners Buch ist ein Lehrstück für alle, die
mit Andersdenkenden und Außenseitern
zu tun haben – wir alle.«

Frankfurter Allgemeine Zeitung

Helmut Ortner
FREMDE FEINDE
Sacco und Vanzetti – Ein Justizmord
296 Seiten, 24.90 Euro